Das Streiflichtbuch

Inhalt

Vorwort des Herausgebers

SEIT LÄNGERER ZEIT wird in der Öffentlichkeit darüber gerätselt, wie das Streiflicht täglich zustandekommt. Ich nehme als Herausgeber des hier vorliegenden Werkes die Gelegenheit gerne wahr, dies heute einem breiteren Publikum darzustellen, wenngleich ich den Vorgang selbst nicht wirklich verstehe. Doch präzise ist mir der Moment in Erinnerung, in dem der Chefredakteur mich bat, Streiflichtschreiber zu werden: sechsmal in der Woche die Kolumne, Tag um Tag schuften im Dunkel der Anonymität, kein Urlaub, dies exakt fünfzehneinhalb Jahre lang. Danach nie wieder materielle Sorgen, nie wieder Arbeit, nur tatenloses Relaxing in den verlagseigenen Kurbädern am Tegernsee, unermeßliche Zärtlichkeit der Geschäftsführung, die silberne Dankbarkeitsnadel der Personalleitung. Ein furchtbarer Pakt. Ich verhandelte. Man reduzierte die Zeit auf fünfzehn Jahre und garantierte mir das doppelte Deputat an Wies'n-Hendl-Gutscheinen. »Und bedenken Sie: Nie wieder werden Sie nach dieser Zeit eine Zeile schreiben müssen!« flüsterte eine Stimme aus der Redaktionsleitung. Da sagte ich zu. Ich hasse Schreiben.

Das ist acht Jahre her. Ich verfasse seitdem täglich das Streiflicht, allein, durchschnittlich dreihundertmal pro Jahr – sieben Jahre noch, mithin 2555 Tage und den Rest von heute. Ich lebe in soldatischer Disziplin einerseits, umsorgt von Kollegen andererseits, die mir großformatige Südsee-Bildbände und batteriebetriebene, bellende Plüschhunde durch die Gitterstäbe reichen oder ihren Nachtisch aus der Kantine mitbringen. Meine Ideen? Ich erhalte sie bei einer morgendlichen Rundfahrt mit dem Redaktions-Paternoster, indem ich (niemand wagt dies außer mir!) im fünften und letzten Stock nicht aussteige, sondern weiterfahre, meinen Körper durch ein System von Zahnrädern massieren lasse und dabei die geheime Streiflicht-Formel spreche. Danach begebe ich mich an die Arbeit.

Ich kann nur schwer über die Gefühle sprechen, die mich bewegen. Schlimm ist: Vor einiger Zeit mußte ich feststellen, daß ich keinen Gedanken über 73 Zeilen hinausverfolgen kann. Mein Gehirn hört dann auf zu arbeiten wie einer dieser Münz-Föhn-Apparate im Schwimmbad (wo ich auch schon sehr lange nicht mehr war). Noch schlimmer ist die Aufsplitterung meines Charakters in Unterpersonen mit verschiedenen Schreibstilen, die ich erfunden habe, um Abwechslung in die Kolumne zu bringen und Eintönigkeit zu vermeiden. In der Langeweile der Abende versah ich die fiktiven Sub-Autoren mit Lebensläufen und skurrilen Namen wie zum Beispiel Meyer oder Dr. Stephan, beginne mich selbst in den unterschiedlichen Existenz-Strängen zu verlieren, bin mir über den Kern meiner Person zunehmend im Unklaren, zweifle überhaupt an ihrem Vorhandensein und habe Angst, daß man in sieben Jahren nur einen Teil meiner selbst ins Sanatorium ziehen lassen wird, vielleicht den falschen, während der Rest schreibend langsam verlöscht. Daß ich dieses Buch herausgeben kann – dafür bin ich dankbar. Aber wem, hihi?

München, in meinem Zimmer, März 1994
Axel Hacke

Vorwort des Herausgebers

SEIT LANGEM WIRD in der Öffentlichkeit gerätselt: Streiflichter aus der Weltstadt? Links oben? Tagein – tagaus, Jahr für Jahr, Jahrzehnt für Jahrzehnt. Ist das normal? Ist das möglich? Wie möglich? Menschenmöglich? Woher unter den Produktionsbedingungen des Spätkapitalismus im verlöschenden zweiten Jahrtausend – woher bezöge der gewöhnliche Redakteur jenen für das Streiflicht unerläßlichen Mundvorrat an Bildung, Belesenheit, Manierismus, metaphorischer Vorsicht und meteorologischer Weitsicht? Könnte er sich aus der tödlichen Umklammerung der innerredaktionellen Schweigespirale befreien und zum Höhenflug in die Überzeitlichkeit ansetzen?

Die Offenlegung der Wahrheit mag für den geheimnislüsternen Leser desillusionierend sein; doch wahrscheinlich wird die Landung sanfter, wenn noch zu unseren Lebzeiten die Gerüchtemaschine zum Stillstand kommt, derzufolge Entwürfe aller Streiflichter seit dem Urknall gleichsam fertig über uns zu schweben scheinen (siehe dazu die unbegreiflichen Auslassungen des Dr. Stephan auf Seite 14 dieses Büchleins). Dreimal nein. Es gab eine Zeit, da wurde besagte Kolumne von wenigen Einzelnen aus Fleisch und Blut ohne fremde Hilfe persönlich ausgefüllt, notabene auch von mir. Allmählich stellte sich heraus (was mittlerweile als Allgemeingut von Kindern, Dichtern und Joggern angesehen werden darf), daß eine anständige alphabetisierende Hochtätigkeit den menschlichen Geistvorrat – jawohl, erschöpft, aufbraucht, der Potenz nicht unähnlich. Und es ist auch bewiesen, wie schädlich andauerndes Lesen und Schreiben gegen den Organismus und auf die Nerven sich auswirken. Hundertsiebzehn Streiflichter im Leben, höchstenfalls hundertfünfundzwanzig; dann ist generell Schluß. Verlöschung! Verschwendung rächt sich immer, von einem auf den anderen Tag stürzt das Analogie-Gebäude des eben hochgemuten, begnadeten Verfassers in sich zusammen. Wörtervorrat wie leergefegt. Nur Leitartikel sind noch möglich, Analysen des Alltäglichen – und natürlich Interviews. Diese Vielzahl der Interviews von Streiflicht-Invaliden! Ein Friedhof erloschener Erfindungskraft.

Das Ende des hausgemachten Streiflichts brach herein. Seitdem wird's ausgegeben, manchmal ist es auch ein »Eingesandt«. Das Verfahren bringt jenen Vorteile, welche sich unbewiesen in die Aura möglicher Autorenschaft hineinmogeln. Was wirklich hereinkommt, ist erstaunlich; was nicht kommt – auch. Auf den diversen Seiten der *Zeit* üben sie »Streiflicht« seit der Erschaffung Hamburgs durch Helmut Schmidt. Doch es will nicht werden, irgendwie fehlt ihnen die Suada, wenn sie sich giften. Anderseits (Andeutungen müssen genügen) bat der frühere FAZ-Herausgeber F. U. Fack flehentlich, an besagter Stelle heimlich den Bundeskanzler verhöhnen zu dürfen. Andernfalls stürbe er. Der andere Schmidt – Arno – ist pünktlich und oft dabei, ebenso Swift, Sterne und Börne, nicht aber Björn. Hingegen wurde ein Einsender, welcher sich »Prince of Wales« nennt, von den Chefredakteuren handgreiflich abgewiesen – er läßt und läßt nicht von seinen four-letter-words. Dringende Fragen wie: Macht Augstein mit? Nahm Grass jemals die Hürde? War nicht das Stielmus-Streiflicht von Habermas? sollen aus Gründen einer unzeitgemäßen Diskretion offen bleiben. Jedenfalls bin ich von Herzen dankbar, daß mir die Geschäftsführung des Verlages die Möglichkeit zur bestimmenden Herausgabe des Büchleins gegen eine kleine, an sie zu entrichtende Gebühr gestattet hat.

Weltstadt, März 1994
Claus Heinrich Meyer

Vorwort des Herausgebers

NUR ZU GERNE NEHME ICH als der Herausgeber
die Gelegenheit wahr, vor einem breiteren Publikum das Rätsel zu lüften, wie das tägliche Streiflicht zustande kommen mag. Vermutung über Vermutung ist schon geäußert worden, meist von
Außenseitern, meist völliger Unsinn. Dabei liegt die
Wahrheit auf der Hand: Selbstverständlich wird
das Streiflicht täglich von der gesamten Redaktionskonferenz verfaßt. Anders wäre schließlich
nicht erklärbar, daß gerade unter diesem Artikel nie
ein Autorenname steht. Die Namen aller Re-
daktionsmitglieder nähmen einfach zuviel Platz
weg.

Jetzt aber ausführlich zu der Frage, wie das im
einzelnen vor sich geht. Alles beginnt damit, daß
ein Anführer, zum Beispiel der Ressortleiter oder
Chefredakteur die entscheidende Anregung in den
Raum stellt, etwa wie folgt: Also, jetzt bräuchten
wir noch ein Streiflicht, hätten Sie da was auf der
Pfanne, Herr Unterstöger, haben Sie zum Beispiel
diese eine Agentur-Meldung gesehen darüber, daß
es jetzt schon drei Tage lang so kühl war wie schon
lange nicht mehr, das wäre doch mal ein Thema,
das Wetter, nicht wahr, oder fällt Ihnen dazu was
ein, Claus Heinrich Meyer, nein, tut es nicht, dann
sollte ich mir vielleicht selber ein Streiflicht schreiben, ich könnte es ja philosophisch überhöhen,
nein, soll ich nicht, gut, dann weiß ich wenigstens
einen schönen Vers von Rückert übers Wetter, den
sollten Sie unbedingt einarbeiten, Herr Stephan, ich
notier jetzt also mal: Frau Deckstein, über dieses
besondere Wetter, es wird Ihnen schon was einfallen. – Bravo, rufen alle Anwesenden, diese straffe

Diskussionsleitung! Wirklich, das Wetter, das ist mal echt ein Thema.

Im Grunde ist mit dieser kreativen Kraftanstrengung plus kollektiver Motivation die Arbeit schon getan, aber noch gemeinsamer geht es dann weiter. Jetzt ist es nämlich so, daß die Idee der Konferenz vorgelegt wird, dem Gesamtresonanzkörper der Zeitung sozusagen. Ach, wenn der erst einmal zum Klingen gebracht ist! Tolle Idee, sagt links vorne jemand, das Wetter, da hatten wir doch letztes Jahr schon so ein lustiges Streiflicht. Und übrigens, ruft einer aus der zweiten Reihe, in München haben wir eine Sorte Wetter, die mit Nachnamen Kardinal heißt. Und wie, wirft der Nachbar ein, nennen wir einen Menschen, der dauernd Wetten eingeht? Ob das nicht ein professioneller Wetter sei, manchmal sogar ein Wetter-Wetter? Hei, wie jetzt die Augen blitzen und die Funken stieben und die Pointen zur Decke krachen, solange bis die eine, die heute alles zusammenfassen darf, völlig erschlagen um Einhalt bittet. »Ey Leute, Schluß jetzt, das reicht ja für zehn Streiflichter schon!«

Wenn sie wieder aufwacht aus dem Erschöpfungsschlaf, ist das Stück praktisch schon geschrieben. Mir aber bleibt die Dankbarkeit: Daß ich dieses Buch herausgeben und endlich Klarheit bringen darf ins Dunkel eines berühmten Lichts.

München, Konferenzsaal der SZ, März 1994
Herbert Riehl-Heyse

Vorwort des Herausgebers

DAS ZUSTANDEKOMMEN von Streiflichtern ist der Öffentlichkeit seit sehr langer Zeit ein Rätsel. Ich nehme, wenngleich als Unbeteiligter, die Gelegenheit gern wahr, hier einige Lösungshinweise zu geben. Vorausgeschickt muß allerdings sein: Das eigentliche Zustandekommen (im Sinne von Werden) jener luziden Textgestalten bleibt je verborgen im Dunkel des unvordenklichen So-Seins. Streiflichter werden nicht (weder erstellt noch erdichtet); vielmehr sind sie als Ent-Würfe immer schon in die Welt – das ist hier: in den Raum 713 des Redaktionsgebäudes – geworfen.

Wenige wissen, und auch die Wenigen sterben aus: Der Raum 713 wurde nicht nachträglich ins Redaktionsgebäude eingefügt oder seiner Bestimmung gewidmet. Vielmehr war er von Anfang da, als sozusagen offenes, in die bergende Verborgenheit des Geistes ragendes Nichts; danach erst entstand um ihn herum die zunächst ihrerseits bergende, zunehmend aber verbergende Hülle des Redaktionsgebäudes, ja der Zeitung selbst.

Fragen, wie ein Streiflicht entsteht, heißt so gesehen: Fragen, wie ein Streiflicht verschwindet. Der konkrete Vorgang ist der: Nach dem täglichen Tagen der Geheimkonferenz (wovon später) betritt der Redaktionsassistent Dr. von Schauderwindt, zuweilen begleitet von seiner Ziehtochter Laura, den Raum 713, entnimmt dem Streiflicht-Thesaurus den je gebotenen Text und übergibt ihn zur Gegenzeichnung und Kenntnisnahme dem diensttuenden Redakteur. (Daß sich darüber hinaus gehende redaktionelle Eingriffe verbieten, ergibt sich aus dem So-Sein der Streiflichter von selbst.) Anschließend leitet der Diensttuende den Text an die Lay-out-Abteilung des Hauses weiter, von welcher er links oben auf die erste Seite des im Erscheinen begriffenen Blattes – und somit recht eigentlich in die Welt – gerückt wird. Dieses (in der Fachsprache so genannte) »Einrücken« meint freilich je zugleich ein Entrücken – insofern als das so behandelte Streiflicht damit für immer dem Raum seiner ursprünglichen Geworfenheit (Raum 713) entzogen ist. (Näheres zu den subjektiven Wirkungen dieser Entzugserscheinungen bei Claus Heinrich Meyer, dessen bemerkenswerte Abhandlung des Themas dieser Tage in einem Streiflicht-Sammelbändchen des Verlagshauses A. Kunstmann erschienen ist.)

Die Frage, wer denn nun aber die schon da seienden Streiflichter verfaßt habe, kann nach dem bisher Gesagten nur aus philosophisch ungeschultem Munde kommen. Noch einmal: Erst war das Streiflicht da; dann der Journalismus – letzterer gefaßt als sich ans Scheinhafte des Hier und Jetzt vergeudendes und darum a priori immer schon vergeudetes Schreiben. Wesenhaft für diese Art des Schreibens (die sich längst über die Journale hinaus ausgedehnt hat) ist das Sich-Anklammern des Schreibenden – nicht selten auch der Lesenden – an die eigene individuelle Begrenztheit, die derart begrenzt ist, daß sie ihre eigene Begrenzung nicht bemerkt und sich demgemäß der Welt gegenüber stolz als Urheber- oder Autorschaft zu präsentieren pflegt. Anders das Streiflicht: Es trägt nicht deshalb keine Unterschrift, weil damit der Autor verborgen werden soll. Vielmehr werden Anspruch und Charakter jener Texte als unbegrenzte, ungebundene, auch nicht an Namens-Schall-und-Rauch anbindbare, durchs Fehlen der Autorenzeile geradezu entborgen. Was immer schon da war und, notabene, immer da sein wird, kann nicht gemacht, es kann nur aufgefunden werden. Die Auffindung nun als solche ist Behuf der erwähnten Geheimkonferenz, die im frühen Morgengrauen zusammentritt, um sich fern von allem Diesseitig-Aktuellen und sonst Unerheblichem allein dem An-Denken ans schiere Sein zu widmen, animiert nicht von Computern und nicht von dpa-Nachrichten, sondern einzig von schweren Genußgiften und, zuweilen, von des Redaktionsassistenten Ziehtochter Laura. Aber das gehört nicht hierher.

Linton-in-Craven/Mürzzuschlag, im März 1994
Rainer Stephan

Vorwort des Herausgebers

Seit einiger Zeit wird in der Öffentlichkeit gerätselt, wie und durch wen die Streiflichter der *Süddeutschen* zustande kommen. Gern nehme ich die Gelegenheit wahr, als Herausgeber des vorliegenden Bändchens ein paar Dinge zurechtzurücken. Nur zu oft werden ja, nicht zuletzt in den inneren Redaktionskreisen, die Streiflichter als Menschenwerk hingestellt – »göttlich« zwar, aber nichtsdestoweniger Menschenwerk. Tatsächlich sind sie das nur insofern, als sie von Menschenhand geschrieben werden, auf Papier, in die Maschine, ins Redaktionssystem, in den Wind. In Wirklichkeit kommen sie von jenem höheren Wesen, das die Christen Heiliger Geist nennen. Verständlicherweise will der Mensch, und nun gar der SZ-Redakteur, diese Urheberschaft verdrängen, ist sie doch ein Beweis seiner Nichtigkeit, seiner Schwäche. Apropos Schwäche: »Der Geist«, sagt Paulus, ein Insider immerhin, »hilft unserer Schwachheit auf« (Röm 8,26).

Wer nun einwendet, der Geist habe Besseres zu tun, als in der *Süddeutschen Zeitung* zu wehen, zeigt sich als ein neuer Nikodemus. Ihm erläuterte der Herr einst das Wirken des Geistes folgendermaßen (Joh 3,8): »Der Wind bläset, wo er will, und du hörest sein Sausen wohl; aber du weißt nicht, von wannen er kommt und wohin er fähret.« Und Nikodemus, der Klotz? »Wie mag solches zugehen?« stammelte er. So auch viele Leser, denen an dieser Stelle ruhig einmal erklärt werden soll, wie »solches« zugeht. *Der Wind bläset:* Das heißt, es ist Redaktionskonferenz, ein Streiflichtthema muß gefunden werden, um jeden Preis. *Wo er will:* Dieses

Wo meint einen Menschen, einen anwesenden Schreiber; ist der nicht völlig verstockt, so fährt der Geist in ihn, mit der Folge, daß er (der Schreiber) für die nächsten Stunden »außer sich« ist. *Du hörest sein Sausen:* Nun ist der Autor in seiner Klause, man hört ihn rumoren, poltern und, wie bei Sehern immer schon üblich, von Zeit zu Zeit »Wahnsinn!« rufen, oder »Warum immer ich?« *Du weißt nicht, von wannen er kommt und wohin er fähret:* Damit ist angedeutet, daß der Autor von Ursprung und Ziel seines Textes nicht den geringsten Schimmer hat, daß er, wie die Apostel seinerzeit, in Trance ist, gewissermaßen »in Zungen« (Apg 2,4) redet. Nur selten ist ihm das bewußt, und wenn er dessen inne wird, überspielt er die in seinen Augen peinliche Situation mit Understatement: »Da bin ich aber mal gespannt, wie dieses Streiflicht heute wieder ausgeht.«

Rabulistik? Möglicherweise. Doch man kann die Ursache auch aus der Wirkung erklären. Erinnern wir uns an Elias: Als über den der Geist kam, »brach er hervor wie Feuer, und sein Wort war wie ein flammender Ofen« (Sir 48,1). Bei uns stapeln sich die Leserbriefe, in denen die Streiflicht-Geistschreiber als »feurig« gelobt werden. »Ihr Text neulich fühlte sich wieder an wie ein flammender Ofen«, hieß es unlängst in so einem Brief. Zufall? Wo Streiflichter auf diese Weise entstehen, gibt es keine Zufälle.

München, Rom. Am Sonntag Oculi 1994
Hermann Unterstöger

Weltall
oder: Woher die Katzen kommen

DIE DOPPELSONNEN STRAHLEN HELL über Kordoban weit hinter Betageuze. Zarpiteds Poyox, angestellt bei der Hauptverwaltung Interstellare Archivalien, atmet tief das würzige Methan ein, um dann mit der Katalogisierung von Zeugnissen außerkordobanischer Zivilisationen fortzufahren. »Terra, Terra …«, murmelt Poyox, »da hatten wir doch diesen sonderbaren Flugkörper.« Die siebzehn Finger seiner rechten Hände huschen über die Tastatur, auf dem Bildschirm erscheint ein Text. »Ach ja, *Pioneer,* richtig, an Bord Artefakte einer Kultur, Infantilitätsstufe IIb«, erinnert sich der Archivar, »außerordentlich häßliche Giftatmer, O_2, oberes Körperende behaart, direkte Fortpflanzung.« Das Materiefax spuckt eine golden schimmernde Folie aus, eingeschweißt in Transparenzstahl mit dem Aufdruck »Original, gefunden an Bord des *Pioneer*-Satelliten«. Unter mißbilligendem Rotieren seiner beiden Köpfe studiert Poyox die Folie: »Nur zwei Beine und zehn Finger, ein Kopf, aber zwei Geschlechter – die Terraner sind eindeutig ein toter Zweig in der Entwicklung intelligenten galaktischen Lebens.«

So könnte es gehen, wenn dereinst der *Pioneer*-Satellit, mit seiner albernen Botschaft an die außerirdische Intelligenz an Bord, irgendwo, zum Beispiel auf Kordoban, zerschellt. Die verrückten Amis übrigens haben dem *Pioneer* auch noch einen *Voyager* hinterhergeschickt, mit einer Bildplatte, auf der unter anderem der Leutnant und UN-Generalsekretär a. D. Waldheim die Außerirdischen mit einem herzlichen Gruß bedenkt (zumindest können dann auch die Kordobaner den Kurti gleich auf die galaktische *Watch List* setzen). Angesichts dieser Zustände müßten wir uns eigentlich der drängenden Frage zuwenden, ob es überhaupt intelligentes Leben auf der Erde gibt. Wir lassen es und beschäftigen uns doch noch ein wenig mit den Außerirdischen.

Im »UFO-Report 1990« nämlich enthüllt der Physiker Stanton Friedman, daß auf einem amerikanischen Fliegerhorst seit 42 Jahren die Leichen von vier Außerirdischen versteckt gehalten werden. Es handele sich um kleinwüchsige graue Wesen mit großem Kopf und traurigen Augen (Klonbrüder von: SED-Bezirksfunktionären? Oskar Lafontaine? Ferdinand Marcos?). »Konkave Ohren« sollen sie haben, in Kopfvertiefungen liegend (man muß sich das wohl genau andersherum wie bei einem bekannten deutschen Außenpolitiker vorstellen, dessen konkaver Kopf sozusagen in Ohrenvertiefungen liegt). Die Haut der Eingefrorenen sehe aus »wie bei einem orientalischen Greis« (also doch Marcos), und abgestürzt seien die Extraterrestrier in New Mexico, 1947 in der Wüste. Weiß man's? Da 1989 eindeutig das Jahr der Umwertung aller Werte ist (Mauer weg, Rust in der Klapse, 1. FC Nürnberg auf dem 6. Platz), würde es uns nicht sehr wundern, wenn Bush nach Malta als Gastgeschenk für Gorbatschow nun auch noch eine E.T.-Mumie mitbrächte.

ERNSTHAFTE KATZENFREUNDE WISSEN, daß Katzen irgendwann aus dem Weltraum auf die Erde gekommen sind. Viele der von einer Felin-Generation zur anderen vererbten Verhaltensweisen sind am einleuchtendsten mit der außerirdischen Abstammung zu erklären: Das ständige Herumstreichen und Stöbern geht auf einen Such-Reflex (»Wo ist mein Raumschiff?«) zurück; das stundenlange Anglotzen der unmöglichsten Dinge hat seine Wurzel im jahrelangen Sitzen vor Flugkontrollsystemen; das permanente Verkriechen in Schachteln ist der instinktiv noch immer gesuchte Schutz vor Meteorschauern. Der beste Beweis für die extraterrestrische Herkunft der Katzen aber ist die Tatsache, daß die Bewegungen des Schwanzes überhaupt nichts mit dem Rest des Körpers zu tun haben. Auf der Erde scheint das Auf und Ab, das Hin und Her des Katzenschwanzes sinnlos zu sein. Im Weltall aber, das die Urkatzen in wohl jahrhundertelangen Reisen durchmessen haben, ist die Selbständigkeit des Schwanzes nur zu gut zu erklären: In der Schwerelosigkeit der Raumreise diente der Schwanz als Steuerungsorgan und garantierte den Kosmoskatzen auch im Schwebezustand die ihnen eigene Eleganz der Bewegung.

Anders als die Katzen ist das Menschengeschlecht erst seit 30 Jahren dabei, die Tücken der Schwerelosigkeit zu erkunden. Noch segeln Astronauten tapsig in *Shuttle* und *Spacelab* herum, jagen hinter der davontreibenden Zahnpasta her und stellen sich bei den einfachsten Verrichtungen fürchterlich an. Apropos anstellen: Von Cape Canaveral aus soll wieder einmal ein *Shuttle* starten,

und es wird erstmals ein Ehepaar, ein jungverhei-
ratetes noch dazu, an Bord haben. Die beiden (ach,
20. Jahrhundert) verliebten sich während des
Astronautentrainings. Nun weiß man ja, was jung-
verheiratete Paare andauernd und noch dazu an
den unmöglichsten Plätzen (Küchenbüffet, Türrah-
men) treiben. Weil das auch in Amerika nicht anders ist, hat die NASA versichert, daß die Astronauten Jan Davis (Frau) und Mark Lee (Mann) in
den sieben Tagen ihres All-Aufenthalts private Beziehungen »zurückstellen« würden. Das ausgerechnet in einem *Shuttle* mit dem Namen *Endeavour,*
Anstrengung.

Grausiger Kosmos! Wie schön wäre es, wenn
Jan und Mark das Experiment »GV 17/Anstren-
gung« nicht nur im Dienste der Wissenschaft, sondern auch der Minne durchführen dürften. Es wäre
schwierig, gewiß. Man müßte sie, wie ein Raum-
fahrtmediziner mitteilt – was eigentlich hat Liebe
mit Medizin zu tun? –, »aneinanderschnallen, um
Fehlverortungen zu verhindern.« Fehlverortungen?
Die beiden würden das bestimmt hinkriegen, ganz
ohne Houston und *mission control.* Technisch
kann »es« trotz der Schwerelosigkeit im All eigentlich auch nicht schwerer sein als auf der Erde.
Schließlich haben das die Katzen, wenn auch mit
Steuerungsschwanz, vor Jahrtausenden schon bewiesen.

WER SICH JE MIT FRAGEN DER EXISTENZ Außerirdischer beschäftigt hat, den läßt die Furcht nicht mehr los: Was wäre, wenn nun ein Körperloser durchs Fenster rauschte, und man würde wortlos in ein flaches Raumboot gepackt und später in ein größeres Weltallschiff befohlen und irgendwohin geschossen, in den Pferdekopfnebel oder nach Epsilon Erridani? Würde also radikal aus dem Leben gerissen, obwohl man die Kinder aus der Schule holen sollte und morgen einen Termin bei Dr. J. hatte – warum? Um in einem Hörsaal vor Mutanten mit Augen wie Taucherbrillen und offen zuckenden Gehirnen zu stehen und den Astronauten zu hören, der einen abgeholt hat: »Dieser hier ist von Terra, und dies sind seine Augen und jenes könnte ein Ohr sein, und das Kleine hier dient der Fortpflanzung.« Ja, dahin könnte es führen, wenn wir nicht leise sind und uns verstecken hinter dem Mond, so gut es geht!

Was aber tut die Nasa? Nicht nur, daß sie Mondflüge organisiert hat und nun den Mars ins Auge faßt und Nachrichten ins Irgendwo schießt, mit denen die genaue Lager der Erde verraten wird. Sie hat im puertoricanischen Dschungel eine Riesenschüssel in Betrieb genommen, mit der in den Weltraum hinausgelauscht wird, so genau, daß man hören kann, wenn auf Tau Ceti ein Fahrrad umfällt. Interessiert uns das? Gesetzt den Fall, man hörte nichts – was wäre? Wir wüßten genauer, daß wir allein sind, so entsetzlich einsam in diesem traurig-dunklen Weltall, daß es zum Heulen ist. Oder: Es sind doch welche da draußen, aber sie sind so leise, daß wir sie nicht einmal mit Ohren groß wie Olympiastadien hören können – und genauso leise werden sie hergeflogen kommen und uns ... *mitnehmen!*

Und wenn man etwas hört? Ein Raunen, Rauschen, Brausen; ein Wummern, Tuckern, Puckern; ein Knorzen, Morsen, Schnorsen? Ein Singen oder ein Erzählen oder ein Rechnen? Dann wäre dies Signal seit Lichtjahren unterwegs und käme also von einer Zivilisation, die der unseren weit voraus wäre, die ihrerseits seit langem uns belauscht mit Ohren sooo groß und sooo empfindlich. Die unsere Talkshows hört und Fernsehserien, unsere Privatradioprogramme und die Funktelephonate deutscher Westfirmen mit den Ostfilialen. Und die dies nicht mehr ertragen kann und es obendrein zudringlich und obszön findet, daß wir Primitivlinge nun beginnen, an fremden Planeten zu horchen. Die deshalb beschlossen hat, uns zu besuchen, um unser puertoricanisches Ohr zu verstopfen und einzelne von uns – vorerst nur einzelne! – zu Untersuchungszwecken mitzunehmen. Deshalb ist es vielleicht zu spät, deshalb sind sie möglicherweise schon hier. Am Montag hat die Nasa zu horchen begonnen, und denen da draußen reicht es jetzt, sie können uns nicht mehr hören und wollen nicht von uns gehört werden und sind schon da – die Tür geht gerade auf, verdammter ☎²④ ☛ † ☎♂††† ...†... ach, Sie sind's Chef!

GESTERN ABEND, als es dunkel wurde, saßen wir noch auf dem Balkon und überlegten, wie es wäre, eine große Leiter an den Himmel zu stellen, in den Weltäther hinaufzuklettern und unseren Lieblingsstern für einen Augenblick hinunterzuholen. Aber er würde sicher nicht mitkommen wollen, dachten wir dann. Wenn wir ein Stern wären und einen schönen Platz hätten am Himmel, also, wir würden mit niemand zur Erde hinunterklettern – wozu denn? So blieben wir auf dem Balkon, irgendwie melancholisch und resigniert, und als es 21.55 Uhr wurde, sahen wir einen groß angekündigten ZDF-Film, in dem zum Beispiel der neunjährige Johnny Napolitano aus New York von Außerirdischen erzählte, die ihn im Raumschiff auf einen Tisch gelegt und untersucht hätten. Ufos! Mein Gott, wenn man doch bloß mal selber eines sähe!

Was haben wir nicht schon alles gelesen über Ufos: ihre Landungen bei Woronesch und Darmstadt, ihre Untertassen- bzw. Zigarren- bzw. Walnußförmigkeit, die Haarlosigkeit ihrer Insassen und deren Liebe zu Tanz und Gesang, ihre Verletzungen der Neutralität des österreichischen Luftraumes. Über das Schweigen Bonns, Washingtons, Moskaus. Aber nie sind *wir* mal besucht worden, wir hier auf dem Balkon – hallo, hallo! Wenn ein galaktisches Ashtar-Kommando uns von Frieden und Weisheit berichten würde, wenn man uns persönlich ein Frauenhaar vom Planeten Meton im System Proxima Centauri brächte, wenn die Inhaber des »Einen Lichts« *uns* in ihrem Mutterschiff auf den Tisch legen und examinieren würden … aber das passiert nicht! Immer nur die Johnnies in New

York oder der Hamburger Hilfsgärtner Horst oder Frau Holzer aus Neuötting. Wir, Brüder und Schwestern im All, wir wollen auch mal drankommen! Hört Ihr uns, kosmische Meister?

Wißt Ihr denn nicht, was es bedeutet, wenn mit der Glaubwürdigkeit einer großen, sehr ernstzunehmenden Zeitung von Eurer Klugheit und Freundlichkeit berichtet würde, Euren schmalen Augen und der Einteiligkeit Eurer Raumanzüge, auch Eurer Verachtung für neueste amerikanische Pläne, riesige Reklametafeln in den Orbit zu schießen, welche neben unserem Lieblingsstern für Limonade oder Schwarzenegger-Filme werben sollen? Holt uns ab, fliegt mit uns, dematerialisiert uns, zeigt uns Ganymed und Beteigeuze und auch Eure wulstigen Stirnlappen! Und bringt uns abends zurück, zum Redaktionsschluß und zum Abendessen! Uns wird man diese Geschichten nicht unter Hypnose aus der Nase ziehen müssen wie anderen in diesem Fernsehfilm. Wir werden von selbst erzählen, schwarz auf weiß, hier! (Oh, verdammt, das war jetzt sehr direkt alles. Man kriegt richtig 'n bißchen Angst. Wenn ... es sie ... wirklich gibt? Wenn ... sie uns wirklich holen? Leser? Leser!!! Achten Sie in den nächsten Tagen besonders darauf, was an dieser Stelle geschieht, ja?)

IM WELTRAUM IST WIEDER MAL DIE HÖLLE LOS!
Das liegt an der Sonne, die man sich beileibe nicht
so vorstellen darf, wie die alten Griechen das taten:
daß Helios mit vier Feuerpferden tagsüber von Ost
nach West düst, um nachts auf dem Okeanos-
Strom wieder zum Ausgangspunkt zurückzukehren. In Wirklichkeit ist die Sonne ein Stern, und
zwar ein gewaltiger. Wie es heißt, paßt die Erde,
auch sie nicht gerade ein Zwerg, 333 434mal in sie
hinein. Von uns aus gesehen, strahlt die Sonne halt
so vor sich hin, doch auch dies ist bei näherer Betrachtung aufregender, als man meinen möchte. Im
Sonnenzentrum spielen sich nämlich dauernd Kern-
prozesse ab, und die ergeben, jetzt mal ganz verein-
facht gesagt, jenen Sonnenschein, den wir alle so
schätzen.

Wenn im Weltraum die Hölle los ist, so liegt das
daran, daß die Sonne gelegentlich völlig aus dem
Takt gerät, daß dem guten alten Helios die Gäule
durchgehen. Dann produziert sie außerplanmäßige
Eruptionen, die wir Menschen Protuberanzen nennen. Sie könnten uns im Grunde egal sein, wären
da nicht die Abermillionen von Partikelchen, die
wenig später auf die Erde einschlagen. Am Freitag
war eine solche Eruption; die Teilchen dürften mittlerweile angekommen sein, und *Bild am Sonntag*
rief in tiefer Sorge den heutigen Montag zum ge-
fährlichsten Tag des Jahres aus. Es werden, so das
Blatt, die Pflanzen nicht mehr wissen, ob und wann
sie blühen sollen, die Tiere werden träge und ängst-
lich, und über uns Menschen kommt, neben anderem, »auch unkontrollierbarer Appetit auf Sex«.
Das rührt daher, daß die Partikel das Erdmagnet-

feld und mit ihm unseren Biorhythmus stören. Darüber hinaus schlägt die »Nachricht« den Bogen zum Helios der Griechen, der auf diesem Gebiet ebenfalls äußerst unkontrolliert war: Die von ihm verführte Leukothoë zum Beispiel wurde von ihrem Vater Orchamos lebendig begraben; Helios konnte, indem er die Ärmste in den Weihrauchbaum verwandelte, seinen Ruf damals nur mit Ach und Krach retten.

Die Woche geht also, wie man so sagt, gut an, und das wird sich bis zum Mittwoch noch steigern, denn dann haben wir wieder Vollmond. Wer der Protuberanz noch widerstehen konnte, muß jetzt die Waffen strecken. Er wird kribbelig, aggressiv, wahrscheinlich sogar in seinem Appetit auf Sex unkontrollierbarer als eh schon, und und all das bewirkt der von der *Bild am Sonntag* mit Recht so genannte »kugelförmige Kamerad da oben«. Ohnmächtig stehen wir vor den Kräften des Kosmos. Ohnmächtig? Nun ja, so ganz nun auch wieder nicht, denn die Natur arbeitet für uns. Du nämlich, Sonne, scheibenförmige Tante da oben, wirst dich wieder beruhigen, wirst unserem Biorhythmus Freundin und Partnerin sein. Was aber dich, Mond, betrifft, so können wir's erwarten, bis du abnimmst, und dann bist du nichts weiter als wieder ein ganz simpler sichelförmiger Geselle.

GRAD NOCH GUTGEGANGEN. Joioioi. Als wär ein Riesenkomet, Weltuntergang im Gepäck, nahe vorbeigeflutscht. Andererseits: Könnte ja jeder kommen und uns aus der Seelenbahn werfen wollen. Sind wir nicht ein ein Volk, was Volk! – ein ganzer Kontinent von Agnostikern? Gott ist tot, zumindest unsichtbar. Hält sich bedeckt. Gott ist nicht im PC, hat keinen eigenen Sender, geschweige denn eine Talk-Show. Aber irgendwas braucht der Mensch, wahrscheinlich; irgendeinen überirdischen (oder indischen?) transzendentalen Schmusehasen. Unmöglich darf der gelbgesichtige Abteilungsleiter allerletzte Instanz sein, dieser Schnösel mit hämmernder Lache und grauer Sandale.

Gott sei Dank nein. Wir haben den gestirnten Himmel, die Sternzeichen und ihre Deutungen, seit alters her. Sie antworten von draußen (droben?), wer wir sind, was aus uns wird und wohinnen wir fahren. Jedenfalls nächsten Dienstag und im kommenden Jahr. Nun wollen wir die zwölf Sternzeichen aufsagen:

– na ja, einigermaßen, setzen. Sternzeichen helfen bei der stenographischen Selbstbeschreibung (Ich Wassermann – du Krebs?), sie (er)klären Kategorien. Jungfraumänner? Gelten als katastrophal, werden aber immer wieder gern genommen. Warum aber erntet unser Stier seine Frauen *immer* im Teich der Fische? Und Löwe und Skorpion? Sofort auseinander, hat gar keinen Sinn. Sternzeichen, gesellschaftlich fest etabliert, liefern psychoanalytische Software für alle Kreise. Aszendent ersetzt Transzendenz und beschert unendliche, leicht verständliche, äußerst irdische Kombinationen samt Gesprächsstoff. Bloß die westfälische Waage läßt uns ratlos zurück, wie der niederrheinische Wassermann – weil sie falsch geht. (Wir selbst sind gemäßigter Widder.)

Soweit war der astrologische Himmel auf Erden vollkommen – bis gestern. Da setzte die britische Astronomin Jacqueline Mitton den Meißel an und behauptete, die Erde – nach Lichtenberg »möglicherweise ein Weibchen« –, ausgerechnet die Erde sei ausgeleiert und eiere furchtbar um ihre Achse. Deshalb durchlaufe sie nicht zwölf, nein *dreizehn* Tierkreiszeichen. Dreizehn! Und das Neue hätte zum Siegel den schlangenumwundenen Äsculapstab. Gut, aber wohin damit? 30. November bis 17. Dezember? Seid ihr wahnsinnig? Dann würde das Feuerzeichen *Widder* zum wäßrig-schuppigen *Fisch,* der *Löwe* zum *Krebs,* die *Jungfrau* zum *Löwen* – seid ihr wahnsinnig! Gewiß, wir haben gelegentlich mit neuen Zodiakalbildern *gespielt* (Pandabär wurde vorgeschlagen, Beutelwolf, Heimcomputer). War aber nur Scherz zu vorgerückter Stunde. Wir, Astronomin Mitton, brauchen astrologische Festigkeit und aszendentale Verläßlichkeit in diesen Zeiten, wir schmettern Sie ab, hiermit. Ihr Killerkomet ist vielleicht vorbeigeflutscht. Joioioi. Die Erde mag leiern und eiern – Widder ist Widder und Fisch bleibt Fisch.

ES BEGANN EINE LANGE, glücklich-unglückliche Beziehung, als der erste Mensch den Blick vom Boden nahm, sich aufrichtete und den kalten, unheimlichen Pfannkuchen am Himmel, wahrscheinlich im Chor mit den Wölfen, schauerlich anjaulte. Blutrot, gelb oder gleißend weiß, ständig sich verändernd und offenbar großmächtig als Erzeuger von Springfluten, Tau, Gezeiten, und wer weiß was, erschien das erdnächste und vermeintlich größte Gebilde im Kosmos. Einmal männlich, ein anderes Mal weiblich, Lumpenlaterne, Gott-Göttin (feministisch: Mondin), Zentrum von Glaube und Aberglaube, Erreger der Dichter und, zwischen jagenden Wolkenfetzen, Droge der Romantiker, welche die »mondbeglänzte Zaubernacht« (Ludwig Tieck) entdeckten und besangen. Aber nüchterne Forschergeister rückten dem Geheimnisträger mit scharfen Gedanken und Fernröhren auf den fremdlichterhellten Leib. Vor hundert Jahren ungefähr schien der Mond so gut wie enträtselt. Seine Krater wurden fein in Gips modelliert, und es gab erstaunliche fiktive Beschreibungen des Aufgangs der Erde.

Bei diesem an sich befriedigenden Stande der Wissenschaft hätte der Trabant in Ewigkeit und in Ruhe auf- und untergehen können. Immerwährende menschliche Sehnsucht nach Überallhin, mehr aber noch das damalige Ich-bin-stärker-als-du-Spiel zwischen den Muskelmächten hat die ersten Menschen, Armstrong und Aldrin, leibhaftig auf den Mond getragen. Sie und ihre Nachfolger fanden vor, was man längst gewußt hatte: Staub, Kälte, Hitze, geringere Schwerkraft und – riesengroß und wunderbar aus der Ferne – der blaue Planet, Erde genannt.

Aufbruch ins All, lauteten die Schlagzeilen. Riesengroßer Schritt für die Menschheit, dichtete Armstrong, gut vorbereitet, beim Ausstieg aus der Fähre. Das irreführende Bild verdroß nicht jene listigen Anarchisten, welche meinten, die ganze Aufführung habe bloß im Saale, respektive Fernsehstudio stattgefunden. Was uns geblieben ist, liebe Kinder? Den Mondfahrern wurde später schlecht, es legte sich ihnen, nicht überraschend, Traurigkeit auf die Seelen. Von der Teflonpfanne (überholt) und vom Unterwasser-Kugelschreiber (dito) reden wir diesmal nicht, wohl aber davon, daß die praktizierte Mondsucht von neunundsechzig rein gar nichts bewirkt hat. Die Erwachsenen sind nicht bescheidener, nicht großmütiger, nicht weltbewußter, nicht philosophischer geworden; sie haben ihre Kleinheit nicht erfahren, wollten es nicht, sie haben die verletzliche Schönheit ihres Sterns nicht verstanden, werden es nicht. Ob er aber, wenn man durch die besten Fernröhren ganz genau schaut, im wieder verlassenen Meer der Ruhe, hoppelt wie in alten Tagen Lunovis, das Mondschaf des Dichters Morgenstern, das sich geschickt verborgen gehalten hatte, streift um den Müll der Menschen, schnuppert dann und wann am Mond-Auto, hebt den Kopf und heult den untergehenden blauen Planeten an, aus sicherer Distanz.

BEIM LETZTEN NEUMOND, als der scharfe Ost den Himmel über D geschruppt, die menschlichen Dünstungen vertrieben und den gestirnten Himmel über uns geklart hatte, richtete sich der unbewaffnete Blick vieler Erdlinge auf ferne Galaxien. Wir hielten uns bei guten Bekannten auf. Seht ihr den Orion über Keitum? Betageuze? Sirius, den grünen? Was sind wir dagegen? Warum noch weiterstreiten? Dann geriet ein Licht in Bewegung, torkelte über das Himmelszelt und vollführte raffinierte Winkelzüge – das *mußte* ein Ufo sein! Leider war es bloß ein Kleinflieger bei seiner ersten Nachtübung. Einmal in Bewegung, ließ die übermächtige Sehnsucht nach Wesen von irgendwoher sich nicht mehr abschalten; sie sind so Alf-ig, so Gremlin-isch, lieb wie Pu der Bär, nur viel, viel intelligenter. Im Juli erst waren Außerirdische massenhaft tätig gewesen bei der Herstellung von Getreide-Kreisen in Südengland, sie hatten den belgischen *Starfighter*-Obersten Wilfried de Brouwer durch unmäßiges Davonrasen in einem Schockzustand zurückgelassen, waren einfach nicht zu fassen. Warum aber mieden sie Deutschland? Und besonders Niederbayern?

Jetzt ist es passiert, endlich. Ein Feuerball in Rautenform (!), andere sagen: ganz genau ein glühendes Raumschiff wie die Enterprise mit Schweif und allem Drum und Dran – überquerte das mittlere Europa. Gewiß waren »sie« gekommen, um endlich Exemplare der sagenhaften deutschen Art an Bord zu nehmen und zu »untersuchen«, wie sie es nennen. (Wahrscheinlicher ist, daß die Besucher ziemlich geil sind und an Bord Doktor spielen.)

Aber es ist immer dasselbe. Kaum sehen unsere humanoiden Landsleute Ufos in ihrer vollen Pracht und Herrlichkeit, werden sie aufgeklärt, daß es sich um querfliegende Meteoriten gehandelt habe. Abscheulich. Die Leute brauchen Ufos so nötig wie ... wie ... das Volk Opium. Sie brauchen etwas, woran sie glauben können. Gott ist tot. Er hat keine Megabites und entspricht nicht heutigen Anforderungen an ein höheres Wesen. Die außerirdischen Lebensformen sind uns mikro-elektronisch überlegen. Sie sind außerdem leichter faßlich, entsenden immer wieder Kundschafter zu unserem von sämtlichen Galaxien, schwarzen Löchern und Super-Novae heißgeliebten Planeten. Werden wir ihrer ansichtig, transformieren sie uns zu Asche. Sie haben eben diese Strahler, und, komischerweise wie der alte Gott, sie mögen es nicht, wenn der Mensch frech schaut.

In einem solchen Rückblick dürfen wir heute bemerken, angesichts des überwältigenden, massenhaften Besuchs fremder Himmelskörper in unserem vereinten Vaterland, daß in früheren Zeiten ob solcher Phänomene Heulen und Zähneklappern herrschte; günstigenfalls wurde angenommen, himmlische Heerscharen seien zu Besuch gewesen. Wir aber glauben wissen zu dürfen, daß die Ufo-Flotten über dem Schwarzwald, der Oberpfalz und Niederbayern nichts geringeres bedeuteten als eine Huldigung deutscher Tüchtigkeit, Liebenswürdigkeit, Geistigkeit. Ja, meine Damen und Herren Außerirdischen, wir stehen zur Verfügung. »Untersuchen« Sie uns bitte!

DIE FESTSTELLUNG DER TÜBINGER Astronomi-
schen Vereinigung, daß die Nacht unter zunehmender »Lichtverschmutzung« leide, ist nur dem flüch-
tigen Augenschein nach eine berufsspezifische
Klage. Nimmt man den Restlichtverstärker zu Hilfe, so eröffnen sich Dimensionen, die ins weite Feld
des Existentiellen weisen. Immerhin geht es, über
den Einzelfall hinaus, um die allgemein bewegende
Frage, wie das Menschenrecht auf Nacht in die
Praxis umzusetzen sei. Zum Beispiel: Kann das
Recht auf eine möglichst dunkle Nacht (das in der
Fachwelt nicht unumstrittene *ius obscurae noctis*)
postuliert werden oder nicht? Wer jetzt einwendet,
die Nacht sei wie das Wetter eine Naturerscheinung
und insofern dem menschlichen Einfluß entzogen,
der übersieht, daß die Nacht zwar »hereinfällt«,
also durch nichts zu verhindern ist, daß sie sich
aber, im Gegensatz zum Wetter, als mit Maßen ge-
staltungsfähig gezeigt hat, indem sie mit Lampen
ausgeleuchtet werden kann.

Um zu klären, ob die chemisch reine Nacht,
auch »stockfinster« oder »rabenschwarz« genannt,
im Schöpfungsplan überhaupt vorgesehen war,
muß man auf die Genesis zurückgreifen. Die dort
erhältliche Auskunft ist für die Tübinger Astronomen alles andere als erfreulich. Sie besagt, daß Gott
ein großes und ein kleines Licht machte, zu beherrschen den Tag und die Nacht; zum Mond, dem
kleinen Licht, gesellte er dann noch die Sterne, weil
schon damals bekannt war, daß Punktstrahler eine
gute Stimmung machen, gerade in so weiten Räu-
men wie dem Firmament. Wenn wir die Sache richtig deuten, hielt man seinerzeit die gemäßigt finstere

Nacht für die dem Menschen zuträglichste Variante, eine Spekulation, die von der Realität bestätigt wird. Nehmen wir nur den Polartag und die Polarnacht, in der es jeweils sechs Monate hell beziehungsweise dunkel ist: Beides fördert den Alkoholismus und den Saunagedanken. Man hätte dies alles, nebenbei bemerkt, dadurch vermeiden können, daß man die Erde geradegestellt hätte; dazu ist es jetzt zu spät.

Bei allem Verständnis für die Tübinger Astronomen seien doch zwei Dinge angemerkt. Erstens: Daß sie ihr Anliegen vor den Bundestag tragen wollen, spricht für ihr Steckenpferd, das seinen Adepten offensichtlich ein kindliches Gemüt bewahrt. Zweitens: Ihr Bedarf an sehr lichtarmen Nächten sollte sie nicht darüber hinwegtäuschen, daß die Mehrheit mit den künstlichen Lichtquellen ganz gut zu Rande kommt. Zu denken wäre hier an Leute, die aus dem Wirtshaus kommen und sich grob zu orientieren suchen. Der Dichter Paul Zech beschreibt das so: »Die Menschen aber staunen mit entrückten / Gesichtern in das ausgestirnte All / Und sind wie Früchte reif zum Fall.« Wer so weit ist, der denkt über tüchtig angestrahlte Kirchen oder grelle Leuchtreklamen möglicherweise etwas milder als die Finstermänner am Fernrohr.

Tiere
oder: Wir müssen das Schneckenproblem differenziert betrachten

OFT DENKT MAN, es reicht für Rennpferde aus, wenn sie flinke Beine und eine gute Lunge haben. Das ist eine anthropomorphe, an menschlichen Läufern orientierte Sicht der Dinge und wird dem Pferd in seiner Komplexität nicht gerecht. Vor dem Oberlandesgericht Hamm war unlängst ein Streitfall anhängig, der Licht in die Tierseele werfen könnte: Es ging um 200 000 Mark Schadenersatz, den die Besitzerin des Rennpferdes »Landliebe« für ihr verstorbenes Tier forderte. Mit »Landliebe« aber hatte es sich so verhalten, daß sie zusammen mit einem Schaf in ihrer Box lebte. Als dies nun eines Tages den Weg aller Schafe ging und starb, da erschien auch der Stute das Leben nicht länger lebenswert. Sie wurde nervös und folgte ihrer wolligen Genossin ein halbes Jahr später nach. So kausal jedenfalls sieht es die Besitzerin, die meint, der Trainer hätte zur Trauerminderung ein neues Schaf einstellen müssen. Die Klage wurde abgewiesen.

Nichtsdestoweniger bleiben Fragen wie die offen, ob der Trainer das Verhältnis zwischen Pferd und Schaf nicht als das hätte durchschauen können, was es offenkundig war: eine echte Landliebe. Namen sind schließlich auch bei Pferden nicht nur Schall und Rauch. Die Vermutung, daß hier eine – äh – Beziehung obwaltete, hätte sich um so eher einstellen müssen, als es sich offenkundig um keine Symbiose in dem Sinn handelte, wie sie zum Beispiel zwischen dem Elefanten und dem zu Recht *Crotophaga ani* genannten Madenhacker besteht, wo der eine davon lebt, daß er den anderen von seinen Parasiten befreit. Details der seltsamen, mit einiger Wahrscheinlichkeit platonischen Landliebe gehen uns Menschen nichts an. Wir können nur vermuten, daß die Devise »Einer trage des anderen Last« auch in der Box Gültigkeit hatte, mag sie gleich einseitig verwirklicht worden sein, etwa indem das Pferd seine vom Galopp ermüdeten Beine auf dem Schaf hochlagerte, wechselweise, versteht sich.

Das Schaf hat so einem dominanten Partner ja wenig entgegenzusetzen. Es müßte, wollte es seinerseits die Beine hochlagern, mit einem Dackel zusammenleben, was man indessen nie gehört hat und was aus Gründen, die außerhalb des Schafes liegen, auch kaum gut ginge. Der Leser merkt es: Unsere Sympathie gehört – bei allem Verständnis fürs Rennpferd – dem Schaf. Warum denn ist es gestorben? Der uns vorliegende Prozeßbericht gebraucht das verräterische Wort »Beistellschaf«. Es hat einen verächtlichen Unterton, klingt nach Bereitschaftsdienst, Verfügungsschaf oder Beistellherd und läßt ahnen, warum man das Schaf ursprünglich in die Box nahm: Damit sich das Pferd vor dieser »Folie« noch besser würde profilieren können. Daß Liebe daraus wurde, war nicht vorauszusehen. Vielleicht hat der Trainer, indem er kein zweites Schaf »beistellte«, vor der Persönlichkeit des ersten mehr Respekt gezeigt, als ihm selbst je bewußt war.

ÜBER DAS LAND ZU FLIEGEN, in dem wir wohnen, bei guter Sicht – ja so ist es dann unten auch! Rechtwinklig, begradigt, kein Halm oder Strauch, die nicht erst ihre Nützlichkeit hätten nachweisen müssen. Sonst Pflanzenschutzmittel, wie der raffiniert gewählte Name lautet, und ex! In dieser vom Menschen zurechtgestutzten, auf ihn zugeschnittenen Landschaft wird am Sonntag auf faustische Weise ordentlich spazierengegangen und der Frage nachphilosophiert: Wer bringt eigentlich die Ostereier? In Bayern der Polt, das ist seit Kurfürst Maximilian verbürgt. Aber die Volkskundler zeigen auch noch auf den Storch, den Kuckuck, den Kranich, die Himmelshenne, den Hahn, den Fuchs und natürlich auf den mythologisch übermächtigen Osterhasen. Nun kommt literarisch die Wende. Unser Doktor Faustus, Goethe im Tornister, möchte seinem leicht hysterischen Pudel endlich mal einen echten Hasen zeigen, jenen, den man ganz leicht fängt, indem man Salz auf seine Blume streut. Der Pudel sucht und sucht vergeblich und will schon glauben, daß Faustus ihn angeschwindelt habe. Da meldet sich gerade noch rechtzeitig die Hamburger Umweltbehörde und klärt alles auf. Richtige Hasen, träufelt sie in das faustlich-österlich aufgeweichte deutsche Gemüt, fristen nur noch ein Schattendasein. Knicks und Feldgehölze gerodet, Hasennahrung ausgerottet; man werde Reservate einrichten müssen.

Ist schon Zeit für einen Nekrolog? Nun, wenigstens vorbereitende Überlegungen, Materialsammlung. Der Hase, wie so viele Erfindungen der Natur, ist von Menschen immer gründlich mißverstanden worden, jüngst noch von Beuys, der daran glaubt, daß Hasen sich einen Bau graben, und immer von allen Kochbuchfrauen – Beispiel aus dem Wildkochbuch: »Junge Hasen erkennt man daran, daß sich die Ohren leicht der Länge nach einreißen lassen.« In menschlichen Legenden wird Hasen unbedeutende Intelligenz vorgeworfen, außerdem Furchtsamkeit, Hasenfüßigkeit genannt. Obwohl der Hase früher um die nächste nicht flurbereinigte Ecke zu Hause war, weiß man wenig von ihm oder verschweigt die unpassende Wahrheit. Fürs christliche Ostern nämlich ist's Häslein ganz und gar ungeeignet, weil hemmungslos sexistisch. Es gilt als boshaft und lernfähig, was immerhin in die menschliche Sprache Eingang gefunden hat. Ein alter Hase, ein alter Rammler sind nicht leicht zum Jagen zu tragen. Daß Hasen fallendes Herbstlaub auf den Tod nicht ausstehen können, trug ihnen auch noch den Neurose-Verdacht ein. Phantastisch ist sein Luftwiderstandsbeiwert.

Menschen sahen im Hasen vor allem Massen jagdbaren Wildes. Im ehemaligen Hasenwinkel des deutschen Reiches an der Saalemündung bei Barby/Elbe wurden in dezemberlichen Treib- und Kesselschlachten gleich Tausende zur Strecke gebracht. Um dort Jagdkönig zu werden, stützte sich Wilhelm II. auf Büchsenspanner. Gegen seine Peiniger erwies sich der Hase als undankbar. Angeschossen und verwundet, klagt er laut wie ein Menschenkind. Nicht auszuschließen, daß die noch lebenden Hasen Rache planen. Bei Revierförster Fuchs in Wildenberg lebte einmal ein Hase, der war mit dem Hühnerhund befreundet und hatte sich schon auf menschliche Fleischkost, Schwartenwurst zum Exempel, umgestellt. Er wurde, Harvey genannt, sehr, sehr groß und stark.

STILL UND DUNKEL DIE ZEIT DES NOVEMBER, scheinbar unendlich der Abend; da war es ein kostbares Licht, wenn Onkel Hans kam und Geschichten erzählte vom *Vogel Bülbül,* welcher mit seinem zaub'rischen Gesang die verhärteten Herzen grausamer Könige so zu erweichen vermochte, daß sie fortan nur noch Gutes taten / die Prinzessin freiließen / Pfeffernüsse buken. *Vogel Bülbül* – das klang nach Paradies, während wir bloß zeternde, hüpfende Bällchen, Spatzen genannt, um uns wußten, oder Amseln im Kampf mit dem Erdwurm. Später lernten wir, daß der Bülbül nicht nur im Märchen lebt, sondern wirklich, als persische Nachtigall. Und irgendwann, als es noch Buschwerk gab, grüne Verstecke, und nicht jenes streng gescheitelte, naturbereinigte europäische Maisanbaugebiet namens Deutschland – irgendwann haben wir Bülbüls Verwandte schlagen hören, die hiesigen Nachtigallen (oder waren es Sprosser?). Und irgendwann, in einer mondbeglänzt-kitschigen, natürlich lauen, umbrischen Nacht, auf den Pfaden des Franz von Assisi, durften wir einmal ein mehrdutzendstimmiges Nachtigallen(Sprosser?)-Konzert hören, links den Liebsten, rechts den Barolo. Und uns war so unbeschreiblich *bülbül* zumute – bis es uns zu laut war und wir das Fenster schlossen. Stadtmenschen.

Doch irgendwann verschwand *nahtigala* (Ahd.) ganz aus unserem Leben und Bewußtsein. Computer fiepen statt dessen ihr immergleiches Lied, allenfalls bei Gelegenheit apostrophiert ein alter Berliner: »… ick hör dir trapsen.« Oder der gebildete Freund behauptet: »Es war die Nachtigall und nicht die Lerche – Shakespeare.« Auf einmal, plötzlich, hat Nachtigall (der Sprosser dito) die Wahl zum Vogel des Jahres gewonnen. Medienstrahl auf ein Tierchen, dem wir systematisch Lebens-, Nist- und Brutgelegenheiten wegnehmen. Haben wir keine anderen Sorgen? Nun, das ist eine große – oder fällt es gar nicht mehr auf, wie tot schon das »Land« ist, wie verstummt? Die Nachtigall hat auch unsere Stimme, weil sie für die Dichter singt, für Märchenmenschen, für Liebende und Sterbende, denen sie einen sanften Tod herbeiflötet. Zwanzig bis vierundzwanzig Strophen (schmetternde, sanfte, fröhliche, wirbelnde, hastige, schmelzende etceterea) sollte sie wenigstens können, sonst stellen wir den Fernseher an. Onkel Hans hat übrigens auch noch erzählt, daß Nachtigall am schönsten schlägt, wenn eifersüchtig, und daß sie schlampige Nester baut, weil Künstlerin. Wie im richtigen Leben.

Da es Beruf der Nachtigallen ist, Herzen erweichen zu können, bitten wir hiermit um etliche Millionen Tierlein für die Brüder und Schwestern in beiden Deutschlands. Jedoch sei warnend gesagt, Nachtigallen, wo immer ihr uns vernehmt, daß nach dem Geist der Verdrossenheit, welcher uns beherrscht, bald zu rechnen sein wird mit einer Klage wider euren furchtbaren, ruhestörenden Lärm.

Es KANN GUT SEIN, daß er für Jahrzehnte von der
Bildfläche verschwindet und daß wir uns vielleicht
beeilen müssen, einen zu sehen, solange wir leben,
weil die dritte große Lemming-Periode unseres
Jahrhunderts nämlich zu Ende geht, wahrscheinlich, vermutlich. Also, auf nach Nordfinnland,
Nordschweden, Norwegen, um dabeizusein, wenn
diese Tiere – sich immerzu – in einer schwermüti-
gen nordischen Landschaft – über die eisigen steil-
ragenden Klippen – in das gischtende Meer –
stumm zu Tode stürzen – massenhaft natürlich,
denn sonst wären es ja keine Lemminge. Aber die
Metaphernkünstler an ihren Kommentarmaschi-
nen müssen vom massensuicidsüchtigen Beispiel
nach drei Jahrzehnten finnischer Lemmingfor-
schung Abschied nehmen – es sei denn, sie machen
es wie wir anderen, die sich auch nicht vom Rum-
Fäßchen am Halse des uns ausbuddelnden Bernhar-
diners trennen wollen.

Unser Rat gilt denen, die trotz seines veränder-
ten Erscheinungsbildes ausziehen wollen, den Lemming zu finden. Beachte, daß er sehr unter der
menschlichen Vorurteilsbildung leidet: Er bringt
nicht nur sich selbst um, sondern auch noch Unglück dem, der ihm begegnet, und seine Herkunft
gilt als grauenhaft. Kein Wunder, daß sich Lemminge hysterisch aufführen, wenn sie zufällig Menschen, ihre Andichter, treffen – so sehr, daß sie
einem Herzschlag nahe sind. Sie bellen und keifen,
sie verlieren die Nerven, sie sind die Rumpelstilz-
chen der Nagerwelt, weil sie auf dem Höhepunkt
der Aufregung einen fürchterlichen Salto voll-
führen. Wie Meyer, den Jähzorn der Lemminge

ergänzend, berichtet, habe im ganzen Tierreich allein das Perlhuhn mit dem zutreffenden italienischen Namen Faraona ein ähnlich katastrophales Nervenkostüm. Im übrigen kann der Lemming seinesgleichen auch nicht gut aushalten. Trifft er auf Artgenossen, wird er auf der Stelle wütend und zieht aus – oder weiter – neben Nahrungsmangel und Bevölkerungsexplosion einer der Gründe für die bekannten Wanderungen, deren berühmteste bisher als »Fontanes Wanderungen durch die Mark« in die Geschichte der Lemminge eingegangen ist.

Der Lemming frißt täglich zweimal sein eigenes Körpergewicht, was im Lapplandwinter gar nicht so leicht ist, und kann sich, darin seinem Verleumder Mensch ähnlich, auch im Winter vermehren, sogar hektisch, ebenso wie in den übrigen Jahreszeiten. Wenn er zuviel wird und das Moos zuwenig, emigriert der Lemming. Warum das alles in Perioden, Zyklen passiert, wird von Amerikanern, Physiologen und Verhaltensforschern heftig diskutiert. Jener Lemming im übrigen, der keine Metapher ist, sondern lebendig bis zu zwanzig Zentimeter groß wird, haßt eigentlich das Wasser. Wenn nicht zu umgehen, betritt er es zögernd, Zehe für Zehe. Sollte nun jemand trotz dieser Hinweise in Nordskandinavien keinen Lemming treffen, dann war eben schon das vergangene Jahr das letzte der laufenden Lemming-Periode.

RECHTZEITIG ZUR DIESJÄHRIGEN Gartenschnek-
kensaison ist in der Schriftenreihe des Bayerischen
Landesamtes für Umweltschutz das Heft 97 erschienen. Es behandelt die Mollusken, die Weichtiere, also Muscheln und Schnecken. Aus diesem
Anlaß setzen wir unsere Serie über das Tier im
Streiflicht fort, heute mit dem in den sechziger Jahren zugewanderten Mistvieh *Arion lusitanicus*. Ob
diese Spanische Wegschnecke wirklich zugewan-
dert ist, wissen wir nicht, aber die Malakologen,
die Weichtierforscher, benutzen diesen Ausdruck.
Die Wanderung von Westspanien und Portugal
könnte etwa 200 Jahre gedauert haben; 1868 war
diese braune Nacktschnecke jedenfalls in Frankreich unterwegs, wo der Franzose Mabille sie stellte
und beschrieb.

Gewisse Leute möchten das Auftreten von *Arion
lusitanicus* im nordalpinen Europa portugiesischen
Gastarbeitern in die Schuhe schieben, die an ihren
Stiefeln die Eier der Schnecke eingeschleppt hätten.
Das darf als Ausdruck subtiler Fremdenfeindlich-
keit gelten, denn ein Schuldiger muß her, dem wir
das Elend verdanken, welches Steinbachs Naturführer, Band Weichtiere, bereits im zweiten Satz des
Vorwortes so beschreibt: »Im Garten bekämpfen
wir die ebenso langsamen wie wehrlosen, aber
scheinbar unbesiegbaren Nacktschnecken mit der
Gegnerschaft des Verlierers.« Das ist große Prosa,
inspiriert von der Tragik, die darin liegt, daß die
riesige Vielfalt der fast 700 europäischen Meeres-
und Binnenmollusken durch eine einzige Nacktschnecke in Verruf gekommen ist. Austern mit Zi-
tronensaft, Jakobsmuscheln, Pfahlmuscheln, Tin-

tenfische, Weinbergschnecken in Knoblauchsauce und andere Vertreter der gutartigen und nahrhaften Tiergruppe sind durch die Verwandtschaft mit *Arion lusitanicus* kompromittiert. Diese hat keine Freunde, aber offenbar auch keine natürlichen Feinde. Trotzdem legt sie aus Furcht, ihre ungeliebte Art könnte aussterben, 400 Eier, während andere, zum Beispiel *Arion intermedius,* sich auf 2 bis 5 Eier beschränken. Drosseln sollen *Arion lusitanicus* fressen, solange diese noch jung und klein sind; auch eine chinesische Entenart schrecke vor den klebrigen Ekeln nicht zurück, wird behauptet. Der Igel, auf den unsere biologisch-dynamischen Gartenbücher immer wieder hinweisen, weil er angeblich Schnecken frißt, verschmäht mit Recht die »häufigste und einzige wirklich schädliche Nacktschneckenart« (Steinbachs Naturführer).

Diese scharfe Verurteilung durch die Autoren Fechter und Falkner – trotz ihrer Namen an sich milde Freunde der Weichtiere – hat sich *Arion lusitanicus* zugezogen, weil er/sie (Schnecken sind Zwitter) die in Bayern heimische rote Waldwegschnecke *Arion rufus* verdrängt. Lusitanicus frißt auch nicht nur junge Bohnen und frischgepflanzte Zinnien, wie der Gärtner immer meint, sondern dringt in naturnahe Biotope ein. Und das alles, während die Bayerische Zwergdeckelschnecke »potentiell gefährdet« und das Zweizähnige Moospüppchen bereits ausgestorben ist. Mit anderen Worten: Wir müssen das Schneckenproblem differenziert betrachten.

ACH, ES GIBT EINE WELT, in der das Licht durch
weiße Gitter fällt, und diese Welt heißt Hühnerstall, und die Tage heißen Hühnertage. Wir lesen in
der Bibel: »Und Gott machte die zwei großen Lichter – das größere Licht, zu beherrschen den Tag,
das kleinere Licht, zu beherrschen die Nacht – und
die Sterne.« Und es ward Abend und Morgen, und
Gott schuf die zahmen Tiere und das Gewürm und
den Menschen, zu beherrschen die zahmen Tiere
und das Gewürm, und unter den zahmen Tieren
waren die Hühner, und die Hühner fraßen das Gewürm und legten Eier. Unter den Menschen aber
waren die Hühnerzüchter, welche den zahmen Tieren das Gewürm wegnahmen und durch silierte
Kartoffeln und Fischmehl ersetzten. Und es ward
Abend und Morgen, und die Hühner legten mehr
Eier. Und es gab auch den Hühnerforscher Magdy
Shanawany, derzeit zu Gast an der Technischen
Universität in Weihenstephan. Und Magdy Shanawany machte seinen 1200 »Versuchshühnern« nur
ein kleines Licht, zu beherrschen den Tag, und er
machte große Dunkelheit, zu beherrschen die
Nacht – und die Sterne machte er gar nicht. Und es
ward Abend und Morgen, und die Hühner legten
größere Eier.

Wir lesen in der Zeitung: Es habe Herrn Magdy
Shanawany gefallen, den Tag eines Huhnes auf 28
Stunden zu erweitern, bei zwölf Stunden Licht und
16 Stunden Dunkelheit. Resultat: weniger, aber
dickere Eier – ein Umverteilungsprozeß insgesamt
gleichbleibender Gesamteimasse. Denn wenn der
Tag 28 Stunden hat, dann hat die doch 168stündige
Woche nur noch sechs Tage und also keinen Sonn-

tag mehr, an welchem die Hühner einem alten Schlager zufolge »auch mal« zwei Eier legen. Glückwunsch Herrn Shanawany, welcher 1981 mit einer Arbeit über den Einfluß von natürlichem und künstlichem Licht auf die Geschlechtsreife von Geflügel promoviert wurde! Die Schöpfung verbessert durch schiere Umverteilung von Licht! Glückwunsch auch der Zubehörindustrie, welche sich bereits auf einen Nachfrageboom bei Eierbechern in Übergröße einstellt! Wir lesen auch, daß Kühen, die ihre eigenen Euter nicht mehr tragen können, nun eine Art Büstenhalter zur Verfügung steht. Europas dringendste Probleme (Zu wenig Milch! Zu kleine Eier!) – bald gelöst?

Es wird aber Abend und Morgen werden, und aus größeren Eiern werden größere Hühner schlüpfen, die größere Eier legen, aus denen größere Hühner schlüpfen, die größere … Und am Morgen eines langen Hühnertages wird dereinst ein Hühnerzüchter irgendwo in Europa einen Hühnerstall betreten, und es wird dort sitzen ein einziges großes Huhn, von 16stündigem Schlaf erquickt. Es wird die Sterne sehen wollen, und es wird begehren, über den Einfluß von Licht auf die Geschlechtsreife von Hühnerzüchtern promoviert zu werden. Und dann wird es die Lampen ausknipsen, und es wird Abend werden für den Hühnerzüchter, aber nicht mehr Morgen.

Geschichte
oder: Die Schutzvereinigung
verfolgter KZ-Orte

WIE ES UM DEN ZUSTAND EINER GESELLSCHAFT
und ihrer politischen Repräsentanz steht, erweist
sich vielleicht am deutlichsten in den Augenblicken,
in denen es Grund zur Trauer gibt. In der Regel ist
man ja versucht, vieles gar nicht so schlimm zu finden, was der Alltag an politischem Gezänk produziert. Klar, daß bei heftigen Debatten auch mal die
Fetzen fliegen, sagen wir uns, und um so schöner,
wenn man sich hinterher wieder die Hand gibt oder
bei einer Fernsehdiskussion fast den Eindruck er-
weckt, als denke man ernsthaft über das Argument
des politischen Gegenübers nach. Manchmal stehen uns Zuschauern richtig die Tränen der Rührung in den Augen über so viel politische Kultur.

Die versiegen dann schnell wieder in den Augenblicken, in denen wir von unseren Repräsentanten
nicht mehr verlangen würden als ein wenig Würde
und einen Grundbestand an Vernunft – und statt
dessen erleben müssen, wie der Kleingeist seine großen Stunden hat. Da schickt sich also die Stadt
München an, im nächsten Jahr eines der schwärze-
sten Tage ihrer Nachkriegsgeschichte zu gedenken,
des Tages, an dem vor (dann) fünf Jahren eine
Bombe in ihr fröhliches Oktoberfest platzte, 13
Tote endgültig klarmachten, daß die brutale Gewalt in diesem Land nun auch wieder auf jenem
Boden gedeiht, von dem man gehofft hatte, daß er
nach 1945 dürr geworden sei. Jeder weiß – und die
Stadt München weiß es besonders –, daß Gewalt
auch auf anderen Böden wächst, jeder Vernünftige
ist dafür, daran immer wieder zu erinnern und die
Ursachen zu diskutieren. Nur daß eben am 26. September 1985 des fünften Jahrestages des von einem

Rechtsradikalen verübten Oktoberfestattentats gedacht werden soll, weshalb es – hätte man gedacht – im Stadtrat selbstverständlich Einigkeit darüber geben müßte, aus diesem Anlaß über das Problem des Rechtsradikalismus zu diskutieren.

Aber nichts ist selbstverständlich in einem politischen Klima, in dem es offenbar darauf ankommt, buchstäblich über Gräber hinweg Punkte zu sammeln. Also funktioniert das Ritual, wie es das bei jedem anderen Streit auch tun würde: Sobald die Grünen in einem Antrag ihr Lieblingswort Faschismus benutzen (das übrigens hin und wieder auch angemessen sein kann), sieht sich der Vertreter der CSU ganz einfach gezwungen, in einen Zusatzantrag den Linksradikalismus zu packen und zu verlangen, über den müsse bei der Gedenkdiskussion ebenfalls gesprochen werden, widrigenfalls auch der Sprecher der FDP einem gemeinsamen Vorgehen aller Parteien leider nicht zustimmen kann. Und so wird es denn weitergehen, wie wir es schon lange kennen: Jedes Verbrechen wird mit einem Verbrechen aus der anderen Ecke verrechnet, jeder Diskutant wird bis auf die Zwischentöne daraufhin abgehört, ob er sein Entsetzen nicht zu einseitig formuliert – und was so produziert wird, ist eine Unmenge von Sprechblasen, die aber dafür schön ausgewogen sind. Jedes ernsthafte Gespräch jedoch, das ja auf der Grundlage der gemeinsamen Verurteilung aller Gewalt erst beginnen könnte, erstickt unter dem bekannten Wust an Ängstlichkeit, Verkrampfung und vorsichtiger Demagogie. Ob sich die Politiker nicht wenigstens darauf einigen können, das offizielle Trauern ganz zu lassen, wenn sie es so offensichtlich nicht können?

ES IST IM GRUNDE GAR NICHT SO SCHWER, mit
der Tatsache fertig zu werden, daß die Geschichte
der Menschheit auch eine Geschichte grauenvoller
Verbrechen ist. Solche Verbrechen verabscheuen
wir – aber sie sind uns in der Regel aus dem finste-
ren Mittelalter überliefert, oder sie tragen sich ganz
weit weg zu, in Afghanistan oder Chile zum Beispiel. Wenn also in der Stadt Bergen, Landkreis
Celle, dieser Tage jemand auf die Idee gekommen
wäre, auf dem Marktplatz einen Gedenkstein gegen
das Unrecht in der Welt zu errichten – sein Antrag
hätte mit Sicherheit die einmütige Billigung aller
Parteien des Stadtrates gefunden. Leider hatte aber
der Antrag das in jeder Hinsicht näherliegende
Ziel, die Straße des Ortes, die zum ehemaligen KZ
Bergen-Belsen führt, nach Anne Frank zu benen-
nen, nach einem Opfer also, das sieben Kilometer
vom Bergener Rathaus entfernt ermordet wurde.
Und deshalb ist der Antrag nun eine Provokation.

Es macht, unglücklicherweise, wenig Mühe, zu
verstehen, was in den Bürgern von Belsen gerade
vorgeht; sie machen ja auch kein Geheimnis daraus
in den Kommentaren und Leserbriefen ihrer Zeitung, in denen es zum Beispiel heißt, eine Anne-
Frank-Straße sei eine »tägliche Vorführung« und
man wolle sich nicht »mit einem Kainsmal brandmarken lassen«. Die gleichen Argumente kennen
wir aus Dachau, wenn es darum geht, eine internationale Jugendbegegnungsstätte zu verhindern,
kennen wir bis zum Überdruß vom deutschen
Stammtisch, wenn wieder einmal im Fernsehen ein
KZ-Film die beste Sendezeit verhunzt: Endlich das
Büßerhemd ausziehen, wir wollen kein Kainsmal

mehr. Zugegeben, die Stammtischbesatzungen in München oder Buxtehude haben es leichter: Sie werden nicht täglich an »all das« erinnert – und so gesehen ist es gewiß irgendwo »ungerecht«, wenn einer zufällig in Bergen oder Dachau oder Flossenbürg wohnt und einmal im Jahr im Gespräch einem Ausländer erklären muß, daß in der Nähe seines Geburtsortes in der Tat jenes berüchtigte KZ gestanden habe. Nur – ist es wirklich die schlimmste aller Zumutungen, sich manchmal daran erinnern zu lassen, was in unser aller Namen geschehen ist? Und bringen wir das Kainsmal wirklich von unser aller Stirn, wenn wir sie mit lauter hübsch-neutralen Straßenschildern vernageln?

Demnächst wird die Schutzvereinigung der verfolgten KZ-Orte vermutlich einen Antrag vorlegen auf Errichtung eines stilvollen Sammeldenkmals, das weit entfernt von jeder menschlichen Ansiedlung in einer Heide liegt, gleich neben der Atommülldeponie, die auch keiner haben will. Noch einmal: Es gibt wenig Grund, nun angewidert auf jene Bergener zu zeigen, die es, wie viele andere hierzulande auch, für eine Zumutung halten würden, in der Anne-Frank-Straße zu wohnen – auf Leute, die nicht verstehen, daß ein solcher Name nichts weiter ist als eine kleine, höchst willkommene Chiffre für die gemeinsame Trauer einer Stadt, eines Volkes. Gerade weil aber die Bergener wieder einmal in unser aller Namen zu verdrängen versuchen, was es da zu betrauern gibt, gerade deshalb dürfen wir ihnen dieses Verdrängen nicht gestatten.

An diesem Abend hatte sich längst die blau-schwarze Nacht über die großen Gebäude an der Pennsylvania Avenue gesenkt. Jim Gungho, Marine-Infanterist aus Sweetwater/Texas war stolz, ganz einfach stolz. Zum ersten Mal stand Corporal Gungho Wache vor dem Oval Office, dem Dienstzimmer des Präsidenten. Gerade schwelgte Gungho im Hochgefühl der feierlichen Stille der Macht, als plötzlich die Tür aufgerissen wurde. Eine kreischende Frauensperson stöckelte eiligst, nur angetan mit einem französischen Seidenhöschen, aus dem Allerheiligsten. Ihr folgte, tatsächlich, der Präsident, bekleidet mit einem schwarzen Socken, die *Stars and Stripes* um die Hüften gewickelt. »Wüüüstling«, gickelte die wohlproportionierte Blonde, während der Präsident den Corporal, ein Ölbild von George Washington sowie mehrere Aktenordner mit der Aufschrift »Kuba-Krise« mit Champagner bespritzte. Als die wilde Jagd den Flur hinunter Gunghos weit aufgerissenen Augen entschwunden war, stürzte noch ein Luftwaffen-Oberst aus dem Büro, schrill und panisch immer wieder »Mister President, die atomaren Einsatzbefehle ...« rufend.

So etwa, stellen wir uns vor, könnte ein beliebiger Abend in der Amtszeit von John F. Kennedy verlaufen sein. Zu diesen Assoziationen treibt uns nicht der tief verwurzelte Anti-Amerikanismus des deutschen Kopfarbeiters, sondern vielmehr eine gerade in den USA erschienene Biographie über Jackie weiland Kennedy weiland Onassis (schwarzhaarig!). Autor David Heymann nämlich schreibt, daß seinerzeit nicht nur überall im Weißen Haus

Nackte herumgesaust seien, sondern Jackie sogar angeblich mit Marilyn Monroe darüber verhandelt habe, ob diese nicht vielleicht den Platz jener als First Lady einnehmen wolle. Auch hier zeigt sich der Unterschied zwischen Großmacht und Protektorat: Während in Bonn damals die Trunkenheit eines Verteidigungsministers in einer Krisennacht zum Skandalon wurde, herrschte, Heymann folgend, im Weißen Haus ein Sex-Maniac, der der Monroe, der Mansfield und vielen weniger Bekannten erfolgreich nachstellte.

Bei einem Zeitgeschichtler lassen diese Geschichten auch noch andere Alarmglocken klingeln. Wie wir wissen, befand sich der Russe damals auf dem Höhepunkt dumpf-kommunistischer Bosheit und der Westen, also wir, kämpfte tagtäglich im Kalten Krieg. Es bedarf nur geringer Kombinationsgabe, um festzustellen, daß es sich bei Marilyn und Jane vermutlich um Agentinnen des KGB gehandelt hat. Erstens untergruben diese in allen Soldatenspinden plakatierten Damen sowieso die Verteidigungskraft des Westens (Rückenmarksschwund!). Zweitens hielten sie den Präsidenten vom Regieren ab. Drittens funkten sie vermutlich jedesmal, bevor sie mit John ins Separée gingen, die Botschaft »Russ', kannst kommen« in den Kreml. Daß er dann doch nicht gekommen ist, beweist nur, wie heimtückisch er schon damals war.

EINIGE UNTER UNS, welche den Untergang des Nazireiches mit angesehen haben, bildeten sich damals ein, *diesmal* könnten die Deutschen ihre Lektion gelernt haben. Zu offensichtlich war das moralische Desaster einer arroganten, eigensüchtigen Kulturnation, war das Versagen ihrer Eliten. Selbst den dümmsten und verstocktesten Parteigenossen des Hitler dämmerte, daß »so was von so was« gekommen war, daß Größenwahn und Rassismus zum Kriege geführt und in der Entbehrung geendet hatten. Es dämmerte – verdammt kurze Zeit. Und die Hoffnung, während einiger Generationen verschont zu sein von völkischen Exzessen, war tatsächlich bloß Einbildung, hielt nicht einmal fünfzig Jahre. Nein, einen Konsens bei der Betrachtung des Historischen, notabene der erlebten Zeitgeschichte, hat es nie gegeben, er wurde nicht gelehrt. Man kam auch mit leerem Blick gut voran. Der Rest – verfolgt bestürzt, jedesmal überrascht, gründlich ratlos, konsterniert, betreten um Worte ringend – verfolgt also nicht wirklich den neuen Jugend-Nazismus, welcher sich die verwundbarsten, dünnsten Stellen der deutschen Geschichte als höchst provozierendes Auftrittsgelände ausgesucht hat. KZ-Gedenkstätten. Sachsenhausen. Buchenwald. (Die Alt-Nazis nahmen sie wenigstens nicht zur Kenntnis.) Und gleich wieder das offizielle verräterische Gestammel: Wenn doch nur das Ausland nichts merken wollte. Waren nur Jugendliche. War *nur* Protest. Man muß *nur* die Gesetze verschärfen. Und *nur* die paar kaputten Scheiben rasch ersetzen.

Daß Abschreckung nötig sei, allein aber nicht ausreiche, wird unisono kommentiert. Aber was dann? Doch die Eltern schuld? Im Osten können es wohl kaum die ihre Kinder antiautoritär verzärtelnden »Achtundsechziger« gewesen sein. Vielleicht sollten wir uns mal das Blickfeld eines Skins ausleihen? Um des Himmels willen. Wir wachen auf inmitten eines Wertsystems, dessen alleinige Sonne »Geld« heißt – und Sonnenkönig ist eine Gestalt namens »Investor«. Wir haben eine Welt betreten, in welcher eine geschändete, mißbrauchte Sprache als Weg und Mittel von Phantasie und Vorstellungskraft keine Rolle mehr spielt. Wir sind umgeben von einer elektronischen Bilderflut, deren häufigste Metapher das Messer an der Kehle des anderen ist. Und der Blick auf die Zukunft? – wird verstellt durch einen neuen Sozialdarwinismus, welcher Mikrochips und nicht Menschen für das wichtigste Gut unseres Zeitalters erklärt.

Im wirklichen Leben schweigt der Skin. Er schwiege fort, wenn wir ihn fragen würden, ob er deswegen, weil die Reichen arm sind, Hakenkreuze schwingen und in Buchenwald einmarschieren müsse. Schweigt mit Recht. Wir alten Säcke sollten uns selbst zu erziehen beginnen und unser flurbereinigtes Leben ändern, ehe wir's bei denen probieren, die unsere Exportoffensive behindern.

WARUM? Je unfaßbarer der Mord, je häufiger die Gewalt gegen Ausländer, desto heftiger die Suche nach Erklärungen, die der Gemeinheit zumindest ein Motiv verpassen – zumal in einem Land, das sich eine Generation lang als Inbegriff bürgerlicher Normalität betrachten durfte. Aber schon nach Mölln und erst recht nach Solingen greifen zwei beliebte Theorien nicht mehr. Die eine, die »rechte«, behauptet, daß die Flut der Asylbewerber die mörderische Reaktion zeuge. Die andere, die »linke«, zeigt auf die Umstände: auf Arbeits-, Hoffnungs- und Wurzellosigkeit in Ostdeutschland, welche Jugendliche den Rattenfängern zutreibe. »Schotten dicht!« lautet die kaltäugige Parole der einen: Wer draußen bleibt, kann drinnen nichts mehr provozieren; der deutsche Mensch gibt Ruhe, wenn das Volk wieder völkisch sein darf. »Schaffe Arbeit, und du stiftest Lebenssinn«, fordern die anderen; erst wenn der Staat in der dezimierten Ex-DDR das Wohlstandsgefälle beseitigt hat, wird die Entfremdung, die Aggression gebiert, verfliegen.

Leider weigern sich Mölln und Solingen, in derlei Schablonen zu passen. Mölln ist ein Städtchen, das mitten im Wachstumsgebiet um Hamburg liegt, und die Angeklagten standen in Lohn und Brot. Solingen ist auch nicht gerade eine sozio-ökonomische Müllkippe, sondern ein solides Mittelstandsgebiet, dessen Probleme – acht Prozent Arbeitslosigkeit – in Rostock nur Glücksgefühle zeugen dürften. Ganz und gar nicht wollen sich die Opfer – Türken in Mölln, Türken in Solingen – in die allzu bequeme Theorie von der »Asylantenflut« einreihen. Derzufolge müßten Pakistani, Nigerianer oder

Srilanker die »bevorzugten« Zielscheiben sein. In Mölln und Solingen aber sind nicht die neuen, sondern die alten Einwanderer auf bestialische Weise ermordet worden: Angehörige einer türkischen Gemeinde, die seit 30 Jahren in Deutschland lebt und das Sozialprodukt sowie das Steueraufkommen mehrt. Übrigens würde die Doppelstaatsbürgerschaft hier wenig ausrichten: nicht der falsche Paß, sondern die falsche »Rasse« ist das Objekt der Gemeinheit. Jedenfalls hat die Gewalt in den amerikanischen Ghettos nie vor denen Halt gemacht, die mit dem Silberadler auf dem Paß gewappnet waren.

Es wiederholt sich ein Muster der Geschichte. Ins Visier des Hasses geraten nicht die ganz Armen und Hilflosen, sondern die halbwegs Erfolgreichen, die härter arbeiten und zugleich anders sind: die Juden in Mitteleuropa, die Inder in Uganda, die Chinesen in Ostasien, neuerdings die Koreaner in den amerikanischen Innenstädten, schließlich die zutiefst bürgerliche Händler- und Arbeiterklasse der Türken in Deutschland. Die Angreifer entstammen einem abstiegsbedrohten Kleinbürgermilieu; ihre verbrecherische Energie ziehen sie weniger aus *Mein Kampf* als aus dem Unterbewußten, das schreit: »Was fällt dir Minderrassigem ein, besser sein zu wollen als ich!«

Einheit
oder: Vom großen dicken und dem kleinen dünnen Land

Ist es ein Wunder, daß jenes Eleven-letter-word Deutschland so schwer, zögerlich oder gar nicht von den Lippen gehen will? Immerhin währte das private und das öffentliche Stottern über Deutschland einige Jahrzehnte, und auch jene Nummer größer, die vorher war – Groß-Deutschland –, war wie ein faules Ei zu Recht zerplatzt, wegen anhaltenden Mißbrauchs. Was hatte man uns, nicht erst seit der Reichsgründung, traktiert. Deutsch sein heißt: Eine Sache um ihrer selbst willen tun! (Anschließend Marschmusik.) Das einzige Mittel, deutsch zu bleiben, ist deutsch zu sein! – Deutschland muß leben, und wenn wir sterben müssen! Als dieser Imperativ zweimal im zwanzigsten Jahrhundert in Scherben gefallen war, begann das verlegene Hüsteln. »Wir«, diesseits, waren die besseren, die tüchtigeren Deutschen, hießen Bundesrepublik (mit dem oftmals verschluckten Zusatz: Deutschland), waren aus den Westzonen respektive Tri-Zonesien hervorgegangen. Wer Westdeutschland oder BRD sagte oder schrieb, machte sich verdächtig und des inneren Verrats an der freiheitlich-demokratischen Grundordnung schuldig – obwohl die Verfassungsväter uns nichts Geringeres aufgegeben hatten, als in einem Transitorium zu leben, einem Durchgangsstaat zur Einheit.

Aber solche, kaum jemals allgemeine Verwirrung des bundesrepublikanischen Selbstverständnisses, die zudem allmählich einem Gefühl der gut angetroffenen Endgültigkeit Platz gemacht hatte, war ein Nichts, verglichen mit jener Kaskade von klassenbezüglichen oder jedwede Eigenstaatlichkeit deklassierenden Benennungen der deutschen

Osthälfte. Sowjetische Besatzungszone – Zone – SBZ – sogenannte DDR – Pankow – Brüder & Schwestern – Arbeiter-und-Bauern-Staat – Zweiter deutscher Staat – Jenseits von Mauer und Stacheldraht – Drüben – Real existierender Sozialismus. Das Ende ist bekannt: Noch-DDR. Ex-DDR, Beitrittsgebiet. Wahlgebiet Ost. Fini!

Unterdessen, alles vereint, was zu vereinen ist, leben beide Teile in einer durch »Die Neuen Fünf Länder« vergrößerten Bundesrepublik Deutschland und nehmen mit nicht geringer Verlegenheit zur Kenntnis, daß »Deutschland« die Wahl zum Wort des Jahres gewonnen hat. Tusch? Ist es nicht wunderbar, daß wir endlich ein gemeinsames deutsches Haus bewohnen? Nein, die Geschichte funktioniert nicht so schnell. Lebenspläne und Begriffswelten sind durcheinandergewirbelt worden, und unter der Hand wird noch sehr viel Wert gelegt auf die erlernte und eingeübte Herkunft. Etwa so: Ich bin ein älterer Mitbürger aus der alten Bundesrepublik, während du, mein Freund, zwischen Elbe und Oder zu Hause bist. Wo überhaupt liegt dieses neue Deutschland »in uns«? Irgendwo im Niemandsland zwischen Leber und Großhirn? Oder im Sprachzentrum? – Ja, da wäre noch etwas: Zu den Spitzenwörtern des Jahres zählen nämlich auch Stasi, Seilschaften, Anschubfinanzierung – und, wenn wir unsererseits eines hinzufügen dürften: Hoffnungsträger.

WINSTON CHURCHILL – Vaclav Havel – Maria
Callas – J.F. Kennedy – Albert Einstein – Ch. de
Gaulle – John Lennon – W. Brandt – Indira Ghan-
di, ja selbst R. Reagan. Was, lautet die 100-Dollar-
Mittwochsfrage, verbindet diese willkürliche Mischung bekannter Personen der Gegenwart?
Vielleicht das gleiche Parfüm? Möglich. Sicher ist:
sie alle waren oder sind im Besitz jener unkäufli-
chen Gnadengabe oder Gnadenzuwendung des
Herrn, geistlich gesprochen, die wir als Charisma
deuten. Und diese Gnadengabe – siehe 1. Korinther
zwölf – schloß ein die Fähigkeit, gesund machen zu
können, Geister zu unterscheiden oder Sprachen
auszulegen. Weltlich hilft uns der Soziologe Max
Weber wieder einmal weiter. Er definierte Charisma
als Summe überalltäglicher Eigenschaften oder
Ausstattungen, konzentriert in einer Person. Ja, so
sind sie. Unser Feingeist übrigens übersetzt Charisma einfach als Zauber der Persönlichkeit.

Pause. Langsam schweift der Geist zurück,
kramt aus den sogenannten Olympischen Winter-
spielen in Albertville den unsäglichen Namen GUS
– oder G.U.S. – die Benennung eines gefährlichen
Trümmerhaufens, und wir erinnern uns der Nachricht, daß der amerikanische Außenminister Baker
derweil beim russischen Außenminister *Jawieheißt-
ergleichnoch* zu Besuch war (jedenfalls nicht Sche-
wardnadse). Und plötzlich schließt sich die Asso-
ziationskette. Fast nichts gegen alle anderen, aber
hier und da fehlt uns wenigstens ein ganz kleiner
Charismatiker anstelle der gewöhnlichen menschlichen Worthülsen- und Langeweilefabrikanten aus
Politik, Wirtschaft und Kultur. Wir gestehen, daß

uns auch Michail Sergejewitsch Gorbatschow ziemlich abgeht, einstmals der bekannteste Muttermalträger des Planeten, und, nebst Raissa: was für ein zauberhaft charmierendes Weltreisepaar.

Seit er zurücktrat, haben sogar die Fragen aufgehört, ob er nicht vielleicht ein Außerirdischer ist; ja, was macht er überhaupt, Gorbi unser? Nicht lachen. Er zahlt. Er muß schwer dafür büßen, daß er uns die Wiedervereinigung geschenkt hat. (Bitte doch das Knurren sein zu lassen!) Gorbi wird nach Strich und Faden an die deutsche Brust und an unsere winzigen, aber siegreichen Gegebenheiten gedrückt. Er darf nach München, mit Streibl nach Oberammergau, zum Fischessen der CSU ins Hofbräuhaus, reden in den winzigen Kammerspielen über große deutsch-russische Aspekte ... und ... und ... Ach was, gelüftet sei das Geheimnis. Der pensionierte Charismatiker schrieb wie die Feuerwehr ein neues Büchlein und muß nun wie jeder beliebige hiesige Kleinschriftsteller durchs Land tingeln. Auch Gütersloh im tiefsten Ostwestfalen steht auf dem Reiseplan von Gorbiunser, dort, wo auf grüner Wiese der Riese Bertelsmann haust und braust und nach russischer Seele lechzt und schluchzt. Ja, Charisma – Gorbi, die Gnadenzuwendungen des Herrn gehen Wege, wunderbar, besonders, besonders in diesem unseren Lande.

DAS HAUSHALTSLOCH! Das Deutsche Haushaltsloch (DHL) ist viel gefährlicher als das Loch Ness
von Schottland, in welchem lediglich ein gutartig-
scheues Monster (Dino) haust. Gibt sich mit drei
Gallonen Malt-Whiskey pro Tag zufrieden. Unser
bösartiges Haushaltsloch hingegen verschlingt Un-
mengen privaten Geldes. Ein Nimmersatt. Neuerdings wird es von seinem Erfolgszüchter Waigel
scharf gemacht, es möge den Umzug des Parlaments, den Umzug von »Kernbereichen« der deutschen Regierung nach Berlin anfallen und fressen.
Böses, böses Haushaltsloch. Tausende von Beam-
ten, Abgeordneten, Sekretärinnen sehen zu, rufen
außer sich vor Freude: faß! Und applaudieren.
Nicht anrühren aber darf das furchtbare DH-Loch
den Bau des neuen Bonner Abgeordnetenhauses sowie alle anderen Manifestationen der endgültigen
Regierungssitzwerdung in der lieblichen Residenz
am Rhein. Das neue Haus der MdB darf ruhig
achthundert Millionen kosten ... Ja, unser Haushaltsloch weiß um den kleinen Unterschied.

Genug der Märchenstunde für Montagskinder –
weil wir nämlich jetzt unangenehm werden. Die
meisten »Berlin-Gegner« (und wohl auch manche
Freunde) scheinen nicht zu sehen, daß der Haupt-
stadt-Beschluß des Bundestages keineswegs bloß
verschmockte Lippenbekenntnisse aus der Tei-
lungszeit gleichsam abarbeiten will; daß es auch
nicht um mechanistische Umzugswillkür geht, welche es nun mit dem Hammer der miserablen Haus-
haltslage günstigerweise zu erledigen gilt. Die
»Idee« Berlin enthält vielmehr die Sehnsucht, mit
dem teilweisen Ausstieg aus dem autistischen, in-

70

trovertierten Raumschiff Bonn auch eine Idee des Politischen wiedergewinnen zu können. Natürlich gibt es keine Garantie, daß eine Berührung mit der Elektrizität des Spannungsfeldes Berlin, die Begegnung mit den Abgründen der deutschen Geschichte, daß schließlich die Wiedergewinnung kultureller und urbaner Neugier ein »besseres Ergebnis«, sprich: eine welt- oder wenigstens europaläufigere Politik erzeugen wird. Anderseits ist die Summe der von Bonn nach der Vereinigung ausgehenden Politik – besser wohl: Akte einer konfusen Staats-Verwaltung – gewiß nicht so beschaffen oder so einsichtsvoll und souverän, daß wir in den Verhinderungs-Ruf einstimmen könnten: Bonn forever – und nichts anderes.

Die Berührungsängste derer, die sich im reizvollen Mittelrheintal zwischen Siebengebirge und Venusberg festkrallen, sind subjektiv verständlich; die Gefahr, daß Tagespolitik in der Metropole Berlin nicht mehr allein wichtig und bedeutend wäre, kann man nicht leugnen. Wenn man aber etwas nachdächte, anstatt das populistische Kostenlamento immer von neuem herzubeten, dann wären in Berlin genug preiswerte Immobilien zu haben für das kleine bißchen Hauptstadt-Spitze. Gott segne das böse Bonner Haushaltsloch. Es frißt sogar Ideen.

VERSÖHNLERISCH, WIE DIESE ZEITUNG nun dauernd ist, wollen wir uns heute wieder einmal schützend vor eine Personengruppe werfen. Diesmal sind es die Pharisäer. Seit bald zweitausend Jahren wird diese Gruppe von Schriftgelehrten und Politikern nun weltweit angegriffen, nur weil ihre Mitglieder seinerzeit ein wenig selbstgerecht gewesen sein sollen. Geradezu berüchtigt geworden ist jener Satz eines Ph., den Lukas (18.11) überliefert: »Gott, ich danke dir«, habe der Mann gesagt, »daß ich nicht so bin wie die andern.« Aber muß man nicht anerkennen, daß sich der Fromme wenigstens bedankt hat beim Herrn für seine Frömmigkeit und zwar im stillen Kämmerlein? Heinz Klaus Mertes vom Bayerischen Rundfunk beispielsweise tut das nicht, der ist von Natur aus gerecht und gibt das regelmäßig im Fernsehen bekannt.

Zuletzt am Montag dieser Woche in *Report* – und das war nun wirklich das Stärkste, was seit langem in Sachen Abstrafung der freien Ostler durch die tapferen Westler zu sehen gewesen ist. Wenn wir alles richtig verstanden haben, ist Manfred Stolpe vor allem deshalb ein Schuft, weil er zu häufig »am Tisch der Mächtigen« gesessen ist und nicht nachweisen konnte, daß er mehrmals gegen DDR-Gesetze verstoßen hat. Nachdem das schon mal geklärt war, stellte sich Herr Mertes dynamisch vor Stolpe auf und teilte ihm mit, daß er nicht an seinem Amt kleben und am besten zurücktreten solle. »In die Augen gesagt«, formulierte Mertes diese Forderung, weil er nämlich unglaublich unerschrocken ist. Und über eine so große Portion Gratis-Mut verfügt, daß er sogar seinem jungen Kollegen davon abgeben kann, der sich – man muß ja ein wenig verkürzen – bei Stolpe schlicht nach seiner »Stasi-Vergangenheit« erkundigte. (Gratis-Mut ist bekanntlich jene Sorte von Tapferkeit, die überhaupt nichts kostet, außer anderen Menschen die Ehre.)

Doch, doch, es mußte wohl gerade vom Bayerischen Rundfunk einmal das Thema des aufrechten Umgangs mit den Mächtigen aufgegriffen werden. Wer je mit ansehen durfte, wie trotzig, aber doch entschlossen sich bei festlichen Gelegenheiten die Helden und Chefs von *Report* um die gütigen Mächtigen des Freistaats versammeln, um E. Stoiber zum Beispiel oder E. Huber, der kann sich einfach sehr gut vorstellen, wie heftig sie ihre Fäustchen unter dem Tisch geballt hätten, wenn das Schicksal sie an die Tafel des weniger gütigen E. Honecker verschlagen hätte. Hat es natürlich zu Recht nicht, weil sich der liebe Gott schon genau ansieht, wen er an welchen Platz stellt – schließlich braucht es auch in Freimann Heroen, die gelegentlich mit energischer Hand die Ausstrahlung von Filmen verhindern, auf denen der ehemalige bayerische Ministerpräsident mit dem ehemaligen Staatsratsvorsitzenden der DDR zu sehen ist. Wir aber wollen uns vornehmen, so schnell niemanden mehr einen Pharisäer zu nennen.

HEY, WOLLT IHR HEUTE WIEDER die Geschichte vom großen dicken und dem kleinen dünnen Land hören, ja? Na gut. Also: Ihr wißt ja, daß das große dicke Land und das kleine dünne Land eines Tages wieder miteinander zu spielen begannen, nachdem sie lange nichts voneinander hatten wissen wollen. Das große dicke Land brachte Lego-Kästen mit und Autobahnkreuze und einen Allgäuer Bauernhof mit einem richtigen Landwirtschaftsminister drauf. Das kleine dünne Land hatte bloß ein paar Plastikautos, und wenn das große dicke Land die sah, mußte es immer so schrecklich lachen, daß seine Augen kugelrund wurden und Walnußeis portionsweise aus seinen Ohren quoll. Dann sagte das kleine dünne Land, es habe auch schöne Sachen, ein soziales Netz zum Beispiel und lange Alleen und viele Kindertagesstätten. »Hast du nihicht!« rief das große dicke Land, »mein soziales Netz ist viel schöner als deiheins, und die Alleen hast du nur, weil du keine Mercedes-Autos hast, und in den Kindertagesstätten wollten deine blöden Eltern dich indoktrinieren.« Dann warf es das Spielzeuggeld des kleinen dünnen Landes in die Luft, und der Wind trug es fort, weil es bloß aus Aluminium war.

Da mußte das kleine dünne Land so weinen, daß das große dicke ihm einen Wirtschaftsminister schenkte und einen ADAC, und es versprach ihm, daß es neue Nummernschilder für seine Autos bekommen werde; das L für Leipzig habe man schon daheim in der Schublade. Am nächsten Tag brachte das große dicke Land seinen Verkehrsminister Zimmermann mit und den Verkehrsexperten Jobst, die den ganzen Nachmittag prahlten, daß sie zu Hause

Alkohol am Steuer trinken und »mit ganz doll schnellen Autos« (Jobst) herumrasen und Straßen bauen dürften, soviel sie wollten. Als sie gegangen waren, fehlten dem kleinen dünnen Land elf Allee-bäume aus seinem Baukasten.

Das große dicke Land fühlte sich sauwohl bei seinem neuen Freund. Immer wenn das kleine, manchmal etwas verträumte Land auch mal eines von seinen Spielen spielen wollte, »Dritter Weg« zum Beispiel, greinte das große dicke Land, es kön-ne ja den ADAC wieder einpacken und gehen; hier könne nur einer bestimmen, was gespielt wird. Was solle man von einem kleinen dummen Land ler-nen?! Da guckte das kleine dünne Land wieder ganz traurig, und die Finanzministerin Breuel sagte, man könne ja dem kleinen dünnen Land das näch-ste Mal so eine Steuerreform und ein »entschlack-tes, vereinfachtes Steuerrecht« mitbringen. So was liege zu Hause immer herum, weil niemand es ha-ben wolle. Später könne das große dicke Land die-ses ganz ganz einfache Steuersystem ja übernehm-men, ein geradezu »idealer Fall«, auch mal etwas von dem kleinen dünnen Land zu lernen, sagte die Ministerin und streichelte ihm über den Kopf. Da nahm das kleine dünne Land all seinen Mut zusam-men, faßte die Hand auf seinem Scheitel, zog sie herunter und biß kräftig hinein. (Jajaaa, der letzte Satz ist gelogen, aber wer weiß, wie lange noch.)

KANN MAN SICH VORSTELLEN, daß Bonn kurz die
Klappe hält?! Nicht für alles eine Presseerklärung
bereithält? Daß man auch in Frankfurt mal still ist
jetzt, nur einen Moment? Drei Wochen ist es her,
daß sich der PDS-Abgeordnete Riege das Leben genommen hat, den CDU-Abgeordnete im Bundestag
brüllend »Stasi-Heini« und »Stasi-Bruder« genannt
hatten. (Kurz darauf war er für das *Neue Deutschland,* dessen alte Widerwärtigkeit immer wieder
aufblitzt, eines der »ersten prominenten neuen
Maueropfer«.) Nun hat sich Detlef Dalk umge-
bracht, Vorsitzender der Fraktion »Neues Forum/
Bündnis 90« im Kreistag von Bernau. Er hat zuvor
dem Bundeskanzler geschrieben, daß er gesund sei,
nicht schwachsinnig und auch kein Stasi-Spitzel. Er
wolle aber die Politiker im Westen »wachrütteln«
und mit seinem »öffentlichen Tod« dagegen protestieren, daß die Menschen im Osten »nur Anpas-
sungsvorgänge an die Strukturen der Bundesrepublik« erlebten. Er selbst und seine Familie seien
nach dem Prinzip »Rückgabe vor Entschädigung«
betroffen von Eigentumsansprüchen aus dem Westen, und »inständig« bitte er, an diesem Prinzip etwas zu ändern. »Ansonsten werde ich nicht der
letzte sein.«

Was geschieht? Stoppt die Maschine? Denkt jemand nach, was zu tun wäre, damit Selbstmord
nicht zum Normalfall politischer Auseinanderset-
zung wird? Was geschehen müßte, damit Dalk wenigstens doch der letzte ist? Kramt einer in Statisti-
ken, denen man entnehmen kann, daß es viele gibt,
die sich aus ebenso großer Verzweiflung wie Dalk,
aber ohne Mitteilung an den Kanzler, aus Fenstern

stürzen oder auf Dachböden erhängen? Verwegen, so zu denken! Es nennt der Kanzleramtsminister Bohl den Selbstmord von Bernau einen »tragischen Vorfall« (als sei das keine Selbstverständlichkeit) und erklärt, Dalks Tat sei »nicht symptomatisch« für die Lage in den neuen Ländern – als habe der Verstorbene nicht einen ganzen Abschiedsbrief darauf verwandt, das Gegenteil zu erklären. Und es steht in der *Frankfurter Allgemeinen* unter der Überschrift »Ein sinnloses Opfer« ein Kommentar, in welchem Herrn Dalk posthum erläutert wird, er habe »sein Leben weggeworfen«, obwohl er als Fraktionsvorsitzender »genügend Möglichkeiten« gehabt habe, »sich über seine rechtliche Lage Klarheit zu verschaffen«. Dann: »Der neue Staat setzt einen mündigen Bürger voraus, der seine Rechte kennt und wahrnimmt.«

So ist das: Wir leben in einem Staat, der bedauerlicherweise andere Bürger voraussetzt als jene, die sich darin verzweifelt zurechtzufinden versuchen. Der entsprechende Lernprozeß, steht in der FAZ, sei zu fördern, aber: »Ein Zurück zu dem alten, fürsorglichen Obrigkeitsstaat kann und darf es nicht geben.« Gäbe es ein Zurück für Herrn Dalk, könnte er erklären, daß er dies mit keiner Silbe je gefordert habe. Indes sah er keinen anderen Weg, als ein Argument zu benutzen, nach dem man mit ihm nicht mehr diskutieren kann.

Bayern
oder: Streibls
Wartehäuschen

JENE ANARCHISCHEN MENSCHEN UNTER UNS, die manchmal im kleinen Kreis die Frage diskutieren, wozu es überhaupt eine Regierung brauche, haben wirklich nur zum Teil recht: Es ist zwar korrekt, daß zum Beispiel die Post noch nie einen Postminister benötigt hat, um unsere Briefe verspätet zuzustellen, und daß ein deutscher Amtsrichter zur leidenschaftslosen Ausstellung der Strafbefehle nicht wissen muß, wie der Bundesjustizminister heißt. (Wie heißt er denn gleich wieder?) Nur sind das alles noch keine Argumente für die Entbehrlichkeit jeglicher Regierung. Die reine Wahrheit ist nämlich, daß wir alle ohne unsere Minister den *Alltag* nicht bewältigen würden.

Im Augenblick ist zum Beispiel, womit unsereiner nicht rechnen konnte, die kalte Jahreszeit ausgebrochen – und wie wir da so frierend und ratlos von einem Fuß auf den anderen hüpfen, steht plötzlich die bayerische Staatsregierung neben uns: Die aber hat den großen Überblick und macht davon Gebrauch. Was wäre denn etwa, wenn Sozialminister Neubauer uns nicht am 8. Januar in einem eigenen Fernschreiben mitgeteilt hätte, wie wichtig es ist, bei dieser Kälte unseren Kindern »warme Kleidung, ohrenbedeckende Mützen sowie Handschuhe« anzuziehen? Und wie stünden wir da, wenn sich nicht tags darauf Wirtschaftsminister Jaumann für uns den genialen Trick ausgedacht hätte, die bösen Stockflecken in der Wohnung durch regelmäßiges Lüften zu bekämpfen, dabei aber die Heizkörper zuzumachen, da diese sonst, wie der Minister herausgefunden hat, »die Umgebung heizen« würden. Und dann ist da noch der Umweltminister, der gerade in dieser harten Zeit der Minister jeglicher Kreatur sein muß. Der Minister Dick also hat gesagt, wir alle sollten dem frierenden Graureiher einen Einschlupf gewähren. Daß dies freilich rechtzeitig am Morgen geschehen sollte, das sagt nun wieder der Sozialminister Neubauer, der uns darauf hingewiesen hat, daß es auch im Winter die Arbeitgeber nicht gerne sehen, wenn wir zu spät zur Arbeit kommen.

Ist nun jedem klar, wozu wir unsere Minister dringend brauchen? Wenn ja, dann wollen wir aber auch die Konsequenzen ziehen: Schon von morgen an, nicht wahr, werden wir jede halbe Stunde die Wohnzimmerfenster aufreißen, werden dabei nicht vergessen, unserem Gast, dem Graureiher, die Ohrenschützer aufzusetzen und mit unseren Kindern, die auf den abgedrehten Heizkörpern sitzen, die Hochrufe einzustudieren auf die Weitsicht der bayerischen Staatsregierung. Sollten wir es auf diese Weise irgendwann wirklich geschafft haben, den Winter zu überstehen, nehmen wir zu Frühjahrsbeginn zehn Kilo Pressemitteilungen der bayerischen Ministerien, zerreißen sie in tausend kleine Schnipsel und veranstalten damit eine Konfettiparade zugunsten der Anarchie.

OPTISCH HAT SICH DER AUSFLUG der *Bonner Perspektiven* nach Südfrankreich nicht gelohnt. Daß sich der Oleander im Winde wiegt und Segel auf des Meeres Bläue treiben, war zu erwarten; daß Franz Josef Strauß die Haare zur Bürste gestutzt trägt und bei der Auswahl seiner Sakkos kein Glück hat, konnte als filmische Ausbeute ebenfalls nicht befriedigen. Wenn das dabei entstandene Interview trotzdem Geschichte macht, dann deswegen, weil es beweist, wie locker in der Politik die Maske des sprachlichen Anstands sitzen kann. Sie, die sonst nur im Getümmel von Wahlkampf und Redeschlacht fällt – diesmal fiel sie auf sonniger Ferienterrasse, ohne ersichtlichen Trennungsschmerz, ganz so, als wär's ein abgefieseltes Hendlhaxl, das einer hinter sich ins Gebüsch wirft. Sie fiel so tief, daß es mit dem augenzwinkernden, kinnkraulenden FJS-Getue vorderhand sein Ende hat: Man muß auf äußerste Distanz gehen und ihn fürs erste nur noch »Herr Strauß« nennen.

Herr Strauß, der Urlauber, räumt also die Möglichkeit ein, daß die vierzehn Chilenen, um deren Asylanspruch in letzter Zeit so viel gestritten wird, »unfein behandelt« worden seien. Spricht Herr Strauß so, weil er selbst schon in Chile war und weil ihm sein Freund Pinochet bei dieser Gelegenheit vielleicht die »Papageienschaukel« anhand eines amtseigenen Vogelbauers erklärte? Spricht er so als guter Katholik, der seine Heiligenlegenden intus hat? Laurentius zum Beispiel, den sie auf dem Rost gebraten haben, mußte ausdrücklich darauf aufmerksam machen, daß er auf einer Seite schon gar sei und daß er sich, falls er nicht sofort gewendet werde, diese unfeine Behandlung verbitten müsse. Damals hat er sich, zu allem übrigen, auch hübsch den Schnabel verbrannt. Herr Strauß hat das nicht weniger getan; nur wird er's selber nicht so empfinden. Er hat, so wird er sagen, doch lediglich an die alte Volksweisheit erinnert, wonach man anerkannten Verbrechern nicht mit Samthandschuhen kommen könne. Ein Stromstößerl hier, ein glühendes Zigaretterl da – wer werde denn da gleich von Folter reden?

Wenn heute ein Politiker ankündigt, er sage dies und das ganz bewußt, dann weiß jeder Denkende, daß der Sprachnebelwerfer schon vorgefahren ist. Die Ankündigung hat sich Herr Strauß geschenkt, dafür war seine Rede alles andere als unbewußt. Wer sagt, der chilenische Präsident müsse zwei Gnadenakte »begehen«, ist nicht unbedingt senil, und es zeugt auch nicht unbedingt von Verkalkung, wenn einer die Erwartung bespöttelt, jene vierzehn Chilenen könnten das »Heil« über Deutschland bringen. In der Tat: Als das letztemal das Heil über Deutschland gebracht wurde, waren auch schon keine Chilenen daran beteiligt. Aber was redet man nicht alles, wenn vor einem die ZDF-Kamera steht und hinter einem der Oleander rauscht. Die eine wehrt sich nicht – der andere ist kein Watschenbaum.

NATÜRLICH DENKEN WIR JEDEN TAG an die bayerische Staatsregierung, es geht gar nicht anders, weil uns schon auf dem Weg zum Omnibus der Ministerpräsident Streibl von einem Wahlplakat anblickt, so gütig und streng zugleich, daß wir uns entschließen, heute zum letztenmal schwarz ins Büro zu fahren. Leider müssen wir auch jeden Tag an die bayerische SPD denken; schon ein paar Meter weiter steht ein Plakat dieser Partei (»Lore Rust – wer sonst schafft jetzt soziale Gerechtigkeit ...«). Beim Umsteigen in die S-Bahn haben wir sie aber wieder vergessen. Hingegen die Staatsregierung: Wie sie uns umhegt! Uns nie aus den Augen läßt! Egal ob wir gerade dem Landesjugendzupforchester lauschen oder die Fahnenweihe des Ammerseer Bauerntheaters besuchen – mindestens ein Staatssekretär ist dabei! Gestern lasen wir sogar in der Zeitung die Überschrift: »Leibhaftiger Minister übergibt ein Bushäuschen.« Na, ein kritischer Unterton? So à la: Muß sich die Staatsregierung um jeden Mist kümmern? Bewahre, die Zeile stand im *Münchner Merkur,* dort gibt es, die Staatsregierung betreffend, keine kritischen Untertöne. Die Wahrheit ist doch: Hätte nicht ein leibhaftiger Minister das Bushäuschen übergeben, dann der Leibhaftige selbst. Und der ist Sozi.

Übrigens handelte es sich ausweislich des offiziellen Terminkalenders um ein »Holz-Buswartehäuschen«, und falls das irgend jemand lächerlich finden sollte, lese er bitte das Protokoll der letzten Kabinettssitzung. Ministerpräsident Streibl: »... eröffne die Sitzung. Tagesordnungspunkt eins: Einweihung eines Holz-Buswartehäuschens. Wer macht das?« Schweigen, Aktenarbeit. Streibl: »Staatssekretär Beckstein…« Beckstein: »Entschuldigung, Herr Ministerpräsident, ich habe die Ehre, Sie beim Ball des Tanzsportverbandes vertreten zu dürfen.« Gemurmel: »Was ist ein Holzbus? Weiß man bei MBB davon? Hat es mit Airbus zu tun?« Streibl: »Stoiber …« Stoiber: »Herr Ministerpräsident, ich fühle mich zurückgesetzt, weil Sie zuerst Beckstein gefragt haben. Außerdem hat Staatssekretär Zeller schon wieder eine Dampfloksonderfahrt mitgemacht, obwohl ich auch mal wollte.« Streibl: »Zehetmair, was schreiben Sie denn die ganze Zeit?« Der Kultusminister (steht auf und nimmt Haltung an): »Festrede zur Einweihung einer neuen Flasche Tipp-Ex in der Redaktion des *Liebfrauenboten,* Herr Ministerpräsident!« Streibl: »Dann muß es Nüssel machen.« Der Landwirtschaftsminister sackt in sich zusammen und übergibt unter dem Tisch dem Wirtschaftsminister die Schirmherrschaft der Erdäpfelkirwa in Weiden.

Wir lassen weite Passagen des Protokolls aus, weil die Arbeitsatmosphäre für Normalbürger unerträglich hart wird. Nur einmal verläßt jemand den Raum, der Staatssekretär Gauweiler, der den Landrat von Pfaffenhofen/Ilm wegen Amtsanmaßung verhaften läßt: die dort vorgenommene Eröffnung eines Krötenüberganges bei Scheyern sei Kabinettssache gewesen. Bei Schluß der Sitzung fleht ein Regierungsmitglied den Ministerpräsidenten an: »Bitte, lassen Sie mich am Dienstag die Preise im Luftballon-Weitflugwettbewerb verleihen, bitte!« Streibls Gesichtszüge verhärten sich. Er sagt: »Das mache ich selbst.«

AUS MANCHEN LESERKREISEN WIRD uns der
schlimme Vorwurf zugetragen, die Presse ruiniere
gerade eines der schönsten Göttergeschenke: die
Freundschaft, »kostbarste Gabe für den Menschen«, wie Disraeli sagt. Nein, da wollen wir uns
jetzt gar nicht lustig machen oder anzüglich spa-
nisch sprechen: Im Gegenteil wären wir froh (und
wäre es nützlich für uns Bürger), wenn gerade auch
die Staatsmänner ein paar Menschen hätten, vor
denen sie laut denken können, die ihnen freimütig
die Meinung sagen, mit denen sich abends beim
Bier über die Dinge des Lebens reden läßt und nicht
immer nur darüber, wer nächstes Jahr unbedingt irgendwo Staatssekretär werden muß. Ein Freund,
ein guter Freund, das ist das schönste, was es gibt
auf der Welt, sagt schon der Dichter oder wenigstens Heinz Rühmann.

Also, warum gibt es dann überhaupt diese Miß-
verständnisse, wenn wir uns insoweit einig sind?
Deshalb zum Beispiel, weil zwischen denen da oben
und uns anderen offenbar nicht mehr klar ist, was
die gemeinsam benutzten Begriffe wirklich bedeuten sollen. So wie die Lage inzwischen ist, meint ein
bayerischer Politiker vielleicht, einen Freund erken-
ne man verläßlich daran, daß er die Rechnung
übernimmt für das Bier, bei dem die Dinge des Lebens besprochen werden. Unsereiner wiederum
freut sich zwar auch über freundschaftlich spen-
diertes Bier, führt aber dann als Gegenleistung keine politische Verhandlungen für den Spender. Wir
sind jetzt also endlich – genau: bei dem bayerischen
Ministerpräsidenten, der diesmal Strauß heißt. Und
bei der Frage, woher nur dieses verbreitete Miß-

trauen der Menschen gegen manche Freundschaften kommen mag.

Es kommt zum Beispiel aus dem Studium gewisser Akten, die uns dieser Tage Einblick in die Höhepunkte einer besonders wunderbaren Freundschaft verschafft haben. Gewiß war es ja erst einmal seine Privatsache, wenn der selige Herr Strauß so gerne seine Abende mit einem anregenden Rosenheimer Großmetzger und Bierbrauer im philosophischen Gespräch verbracht hat. Aber jetzt müssen wir lesen, daß bei den Gesprächen nicht nur manchmal der ebenfalls sehr freundschaftliche Herr Schalck zugegen war, sondern daß die Freundschaft außer einem Milliardenkredit einige weitere hochinteressante Konsequenzen erbracht hat. Für Freund März, Rosenheim, führte sie dazu, daß seine Stellung als Fleisch- und Wursthändler in der DDR *unangetastet* geblieben ist. Herr Schalck und seine DDR brauchten zum Ausgleich *keine sichtbaren Gegenleistungen* zu erbringen. Alles war also gut – außer halt für die Bürger der DDR, die gehofft hatten, ihre Regierung werde zum Dank für die Milliarde das Mindestalter für Westreisen senken müssen. Leider kann aber auf solche Petitessen eine echte Männerfreundschaft keine Rücksicht nehmen.

Politikbetrieb
oder: Mit Waigel um die Welt

DER DEUTSCHEN BERÜHMTESTE WITWE ist jemand anderes. Wem in Deutschland das Wort Witwe in den Sinn kommt, der verbindet es sogleich mit dem Namen Bolte. Die Witwe Bolte wurde arg von Max und Moritz gefoppt, die dafür – aber nicht nur dafür – in einer Mühle zu Schrot gemahlen und von Meister Müllers Federvieh aufgefressen wurden. Dem Federvieh, genauer den Hühnern, hatte, so berichtet es der Zeichner und Dichter Wilhelm Busch, die größte Zuneigung der Witwe gegolten. Des Dichters Ausdrucksweise lädt an dieser Stelle zu der Vermutung ein, daß dies ihr ganzes Leben hindurch so war, weshalb die Liebe zu ihrem Manne auch vor seinem Tod nicht die allergrößte gewesen sein dürfte. Mit anderen Witwen teilt Buschs Witwe Bolte die Schwäche, durchaus Unschuldige für entgangene Freuden büßen zu lassen.

Der Deutschen berüchtigtste Witwe war überhaupt nicht die Witwe des Mannes, für dessen Witwe sie gelegentlich gehalten wird und an dessen Nachruhm, soweit dieser zweifelhaft ist, sie jedenfalls nach Witwenart schuldig ist. Elisabeth Förster-Nietzsche war keineswegs eine geborene Förster, die dann den Philosophen Friedrich Nietzsche geheiratet hätte, sie war vielmehr eine geborene Nietzsche, die einen gewissen Förster heiratete und nach dessen Tod sich des mählich verdämmernden Lebens ihres Bruders, später, nach seinem Hinscheiden, der Pflege seines Nachlasses widmete. Mit diesem Nachlaß verfuhr sie nach eigenem philosophischen Gutdünken, was dem Geschmack vieler Deutscher über Jahrzehnte hinweg entgegenkam, aber von der Wissenschaft mißbilligt wurde. Zu

Elisabeth Förster-Nietzsches Entschuldigung mag immerhin angeführt werden, daß sie mit ihrem Wirken in Konkurrenz zu einer anderen großen, im Thematischen unseligerweise nicht weit entfernten Witwe stand: zu Cosima Wagner, der Witwe des deutschen Tonsetzers Richard Wagner. Cosima Wagner, die Tochter des Komponisten Franz von Liszt, darf unter den deutschen Witwen des wirklichen Lebens als führend gelten.

In Indien gab es einst den Brauch der Witwenverbrennung: Ehefrauen hatten ihren Männern nach deren Tod sogleich ins Jenseits nachzufolgen. Dieser Brauch ist barbarisch – auch wenn die Inder ein sehr altes Kulturvolk sind – und deshalb unbedingt abzulehnen. Kluge Männer, deren Größe die Nachwelt nicht zuletzt aus diesem Grunde zu Recht rühmt, vermeiden es deshalb auf die eine oder andere Art – da bleibt vieles im Privaten –, eine Witwe zu hinterlassen. Päpste gehen dabei am radikalsten vor. Auch Goethe tat alles, um ein solches Alter zu erreichen, seine Frau Christiane starb 16 Jahre vor ihm. Wäre neun Jahre vor seinem Tod sein Werben um die 19jährige Ulrike von Levetzow nicht abgewiesen worden und hätte er sie damals geheiratet, hätten wir heute ein anderes Goethebild, denn die Levetzow lebte noch bis 1899. Nun ja.

DER GEMEINE MANN AUF DER STRASSE neigt zur Zeit dazu, Kohl, Waigel und Lambsdorff als die drei gerissensten Steuergauner der neueren Geschichte anzusehen. Das kann in dieser Form unmöglich stehenbleiben. Beim Grafen Lambsdorff zum Beispiel läßt sich der häßliche Verdacht mit einem Umkehrschluß entkräften: Wäre der Mann vielleicht Präsident der Deutschen Schutzvereinigung für Wertpapierbesitz oder gar Kurator des Johanniter-Krankenhauses Rheinhausen, wenn auch nur ein Makel ... na also! Was aber Theo Waigel angeht, so ist er, seiner diabolischen Augenbrauen ungeachtet, ein ebenso starker (ethisch, nicht räumlich) Katholik wie Helmut Kohl. Man muß davon ausgehen, daß beide im Rahmen einer zünftigen Bußandacht bei dem Dominikanerpater Basilius ihre Herzen längst wieder gereinigt und die paar Steuerlügen unter den Teppich der Geschichte gekehrt haben. Zur Buße beten sie 7,5 % mehr Vaterunser als sonst.

Weil wir gerade bei der Kunst und Sünde des Lügens sind, so fällt uns da eine heiße Geschichte über den Heiligen Thomas von Aquin ein – auch ein Dominikaner übrigens. Zu dem also sagt einmal ein Freund: »Sieh mal, da fliegen Ochsen!« Thomas, nicht faul, schaut in die Höhe, die Länge und die Breite, er schaut hinum und herum, bis besagter Freund sich vor Lachen kaum mehr einzukriegen weiß. Und Thomas, den man den Aquinaten nennt? Thomas spricht, Ernst in der Miene: »Bruder! Man muß leichter glauben, daß Ochsen fliegen, als daß ein christlicher Mund lüge.« Was uns, neben anderen Dingen, vom doctor angelicus unterscheidet, ist dies, daß wir nicht gläubig zum Himmel blickten, als die drei Bonner Scherzbolde uns die Ochsen der Steuerfreiheit weismachen wollten. Wir hielten es, man kann es leider nicht anders sagen, für durchaus möglich, in dem Fall sogar für sehr wahrscheinlich, daß christliche Münder lügen, daß sie von Ochsen reden, während man das Schwein der Steuererhöhung schon deutlich aus dem Kabinett grunzen hört. Daß wir recht behalten, ist nun die gerechte Strafe für unsere unchristliche Skepsis.

Wenn die oben vermutete Bußandacht beim Pater Basilius tatsächlich stattgefunden hat, dann fällt ihr Verlauf natürlich unters Beichtgeheimnis. Das bindet indessen uns nicht, so daß wir hier einer naheliegenden Spekulation nachhängen können. Wir nehmen an, daß der Pater den beiden Sündern mit effektiveren Texten zusetzte als der Binsenweisheit, wonach Lügen kurze Beine haben, oder dem Vers »Wer einmal lügt usw.«, der in Bonn regelmäßig Gelächter und »Hört, hört!« auslöst. Nein, wahrscheinlich operierte er mit dem Spruch Salomonis 20,17: »Lügenbrot ist dem Menschen angenehm: aber hernach wird sein Mund voll Steine werden.« Wenn dieses Wort fiel und wenn es so wahr ist, wie es dasteht, dann wäre auch klar, warum Kohl (anders als der verstockte Waigel) in letzter Zeit so ungewöhnlich schweigsam ist: Mit vollem Munde spricht man nicht.

WIR MELDEN UNS mit unserem Streiflicht direkt
aus dem inneren Sperrgürtel des geheimsten Ge-
heimereignisses mit der größten beabsichtigten Ein-
schaltquote. Begreiflicherweise dürfen wir nicht
ausplaudern, wo wir uns befinden. Auch weiß niemand: Warum! Da – ein amtlicher Kolporteur erscheint. Die schwere eiserne Rüstung hat seinen
Hals wundgescheuert. Trotzdem buchstabiert er
gelöst auf kyrillisch die kleine Sensation, daß sich
der Bundeskanzler mit einer humanitären Geste des
guten Willens an die Adresse der schlechter verdienenden Länder durchgesetzt hat. Wir befinden
uns also im ehemaligen München, welches soeben
eingedenk frischer Attribute in »Gipfelstadt Franz
Josef Strauß« umbenannt wurde. Hierorts, hat der
Bundeskanzler allen seinen alten und neuen Kame-
raden soeben erklärt, gehen weltoffene Herzstadt-
bürger unbeirrt ihrem Brauchtum nach, und deshalb werden sie UNS nicht daran hindern, im
Namen der Geschichte eine Botschaft der Zuversicht und des Vertrauens dem Nachtbriefkasten am
Hauptbahnhof anzuvertrauen.

Wer sind nun die Absender dieses Gipfels der
Hoffnung an alle Menschen guten Willens? Sieben
sind es, sieben Große, sieben Mächtige, sieben *gi-
ants* (engl. sprich: = Giganten) – sowie Delors und
Boris Jelzin. Unter ihnen zwei Neue. Wer sind sie?
Wer weiß es? (Schreibt die Namen gut lesbar und
ausreichend frankiert auf eine Postkarte und adres-
siert diese an: Weltwirtschaftsgipfel in achttausend
Gipfelstadt Franz Josef Strauß, Einsatzzentrale. Gewinner erhält umgehend die Schlußcommuniqués
der nächsten drei Meetings auf Bütten.) Ja, sieben!

Eine magische Zahl. Hiob zeugte sieben Söhne. Sieben Engel blasen sieben Posaunen. Was aber mag nun die großen Sieben zur Führung des seltenen Titels »Giganten« veranlassen oder berechtigen? Nach Vorlage von sieben Akkreditierungen erhielten wir Antwort: Gigant ist, wer sieben gepanzerte Lincolns in seinem Troß hat, oder siebenhundert Journalisten, oder die gleiche Menge persönlicher Mitarbeiter zur Stützung bei vertraulichen Kamingesprächen. Gigant kann schließlich werden, wer mindestens siebentausend ortsfremde Polizisten aufbietet, oder wer französischer Staatspräsident ist.

... immer noch beobachten wir mit unserem Streiflicht stellvertretend für unsere ausweislosen Mitbürger die menschliche Seite des größten psychosozialen Experiments der Neuzeit. Die armen Giganten. Mal so, mal anders taumeln sie von Gipfel zu Gipfel. Uruguay-Gipfel, Maastricht, KSZE, Lissabon, Wirtschaftsgipfel (17) – die gleichen Schneisen, Kordons, Damenprogramme, Landepisten, Beraterpulks, Rehmedaillons, Grundsatzpapiere, Helikoptergerüche. Werden sie diesmal wenigstens wissen, wo sie getagt und was sie getan haben, in *our lovely German summit-town*? Kronawitter? Streibl? Lola Montez? Einen Augenblick bitte, Herr Präsident ... ? Vorbei. Aber da, Helmut Kohl. Was hat er gesagt? Der Gipfel, hat er unseren Lesern gesagt, ist ein Prozeß.

MANCHMAL IN DEN ALTEN ZEITEN – also vor 20
Jahren oder so – sind wir furchtbar erschrocken,
wenn eine Nachricht wie diese in der Zeitung
stand: Daß eine Rentnerin tot in ihrer Wohnung im
vierten Stock gefunden worden sei, wo sie schon
einen Monat gelegen und offenbar niemandem gefehlt habe. Wie grauenhaft, haben wir dann vielleicht gedacht und uns die Meldung für Weihnachten aufgehoben und für den Fall, daß wir dann eine
Betrachtung würden anstellen müssen über die See-
lenlosigkeit der großen Städte oder die Vereinsa-
mung alter Menschen.

Solche Meldungen gibt es inzwischen seltener,
schon deshalb, weil zu viele Menschen Wochen
nach ihrem Tod in ihren Wohnungen aufgefunden
werden, nicht nur in Großstädten, nicht nur Alte.
Wir kommen überhaupt nur deshalb heute auf das
Thema zurück, weil es heißt, daß Petra Kelly und
Gert Bastian schon seit Anfang Oktober erschossen
in ihrem Reihenhaus gelegen hätten, ohne daß sie
jemand vermißte – und weil das nun doch verblüf-
fend ist. Die beiden waren doch berühmt: Promis.
Medienpersönlichkeiten, mit jeder Menge von
Freunden im gar nicht einsamen öffentlichen Leben! Richtig. Und in all dem Trubel kann schon
mal jemand verlorengehen.

Für eine bestimmte Sorte Menschen (Politiker,
Manager, Autoren vor allem) ist das ganze Land
längst ein einziges Debattierkarussell mit flüchti-
gen, aber herzlichen Begegnungen: Man trifft sich
im Flugzeug und erkennt aus der Entfernung, daß
der andere soweit ganz munter wirkt. Immer noch
eine Tagung einer evangelischen Akademie muß

hochkarätig besetzt sein, immer noch eine Podiumsdiskussion zwischen Ossis und Wessis, ein Fernsehauftritt zwischen *III nach neun* und fünf vor zwölf. Wer dauernd eingeladen wird, leidet unter dem Streß, weiß aber, daß er dazugehört. Wer nicht mehr eingeladen wird, ist out und leidet erst recht. Läßt sich vorstellen, wie jemand leiden muß, der vom Debattierkarussell fliegt, obwohl er dringend etwas sagen möchte? Es wird ihn die Einsicht nicht trösten, daß man in dem ganzen Lärm ohnehin kaum noch gehört wird. Eine der schlimmsten Erfahrungen für Petra K. muß es zuletzt gewesen sein, als sie gedacht hatte, in einem privaten Fernsehsender über Umweltprobleme aufklären zu können, und feststellen mußte, daß es dem Sender natürlich nur um Einschaltquoten ging.

Nach dem Scheitern dieses Versuchs ist sie erst einmal gar niemandem mehr abgegangen, nicht den zärtlichen Parteifreunden, nicht den alten Mitstreitern, nicht den Medien. Ja, wenn sie eine Talk-Show-Verabredung gehabt hätte beim SWF oder bei *Talk im Turm*, da wäre wenigstens zum Beginn der Sendung dem Moderator aufgefallen, daß jemand fehlt. Aber so: Wer nicht mehr gefragt ist, nach dem fragt auch niemand. Bis er tot aufgefunden wird.

THEO UND SEINE FREUNDE, die erste – Halt, Moment mal! Theo ist Theo Waigel, oder? – Ja und? – Hat Theo Waigel überhaupt Freunde? – Er hat sogar ein ganzes Dutzend davon, lauter Journalisten. Können wir jetzt? Also dann: Theo und seine Freunde, die zweite. – Journalisten? Komisch. Wenn man liest, was in den Zeitungen über Waigel geschrieben wird ... – Diese zwölf schreiben aber nicht. Die fliegen mit Theo Waigel durch die Welt. – Warum? – Sind Sie schon einmal ohne Theo Waigel durch die Welt geflogen? Tun Sie's nicht! Sie kriegen Kaffee aus recyclebaren Plastiktassen und Schlaffsemmeln mit eßbarem Plastikkäse, doch das ist nicht das Schlimmste. Das Schlimmste sind die Nadelstreifen-Rüpel. Die leiten daraus, daß die Firma ihnen einen Business-class-Flug bezahlt, das Recht ab, sämtliches Plastik auf den Boden zu schmeißen, die Stewardessen anzupöbeln und sich hinterher übers unfreundliche Personal zu beschweren. – Wenn man aber mit Waigel fliegt? – Dann ist man ein VIP, very bedeutende Person. Und wird schon auf dem Flughafen verwöhnt, in der Senator-Lounge! Oder nicht?

Theo und seine Freunde, die dritte (eine wahre Geschichte). Der Minister und die Journalisten betreten die Lufthansa-Senator-Lounge des Flughafens Berlin-Tegel. »Guten Tag«, sagt die Empfangsdame, »zeigen Sie bitte Ihre Senatorcard vor!« Theo lacht. »Ohne Card kann ich Sie nicht hereinlassen«, sagt die Dame. »Ich bin der Bundesfinanzminister«, sagt der Bundesfinanzminister, »und wir setzen uns jetzt dorthin.« Er setzt sich dorthin und grübelt darüber nach, daß es mit dem Ansehen von

Politikern noch schneller abwärts geht als mit der Bilanz der Lufthansa. Der Betriebsleiter der Lufthansa betritt die Lounge und sagt, die Lufthansa könne es sich bei ihrer Bilanz nicht leisten, daß Theos Freunde hier die Bar plünderten. »Ich bezahle alles«, murmelt Theo. »Tut mir leid«, sagt der Betriebsleiter, »wenn Sie nicht verschwinden, muß ich von meinem Hausrecht Gebrauch machen.« Klappe.

Theo und seine Freunde, die vierte. Auftritt der VIPs, alle im Nadelstreifen-Anzug, very bedeutend. Die VIPs rümpfen die Nase: Kein Journalist trägt Nadelstreifen; Theo Waigel trägt Jeans und ein grün-weiß gestreiftes Campinghemd. »Um Himmels willen«, fleht die Dame, »nehmen Sie doch Rücksicht auf unsere Gäste.« Waigel sagt, daß 51 Prozent der Lufthansa dem Bund gehören. Seine zwölf Freunde malen sich begeistert aus, wie die Polizei sie und ihren Freund Theo abtransportieren wird. Ins Chaos aber platzt die Bundesluftwaffe und offeriert eine Maschine für den Weiterflug nach Bonn. Theo will wenigstens noch ein Käsebrötchen haben, kriegt aber keines. *Quod licet bovi, non licet iovi.* Zu deutsch: Ein Hornochse in Nadelstreifen gilt mehr als ein Minister im Campinghemd. Oder, im O-Ton Lufthansa: »Der Lufthansa-VIP-Service läßt grüßen.« Wir grüßen artig zurück.

Affären
oder: Madenhacker, Mandantenstämme

HEUTE ZEIGEN WIR beim heiteren Beruferaten einen Menschen, der – typische Fußbewegung bitte – erst seinen rechten Fuß langsam nach vorne streckt und dann seinen linken. Richtig, der Mann ist Politiker. Und streckt die Füße vor, weil ihm ja sonst die Freunde aus Wirtschaft und Bankwesen auf der gemeinsamen Urlaubsreise in die Ägäis (!) nicht die Nägel schneiden könnten. Darauf aber hat der Politiker einen Anspruch.

Wir erzählen diese pedikürliche Episode aus dem Leben des FJS (die wir übrigens dem bekannten Zeitkritiker Franz Schönhuber verdanken, der später verständlicherweise beschloß, Politiker zu werden), wir erzählen sie also nicht nur so dahin: Sie steht vielmehr wie immer in einem großen Kontext. In diesem Fall handelt es sich um das neueste Kapitel der unendlichen Geschichte »Freuden und Leiden des Staatsmannes«, welches diesmal im Schwabenland gespielt und einen »leidenschaftlichen Ministerpräsidenten« (Späth) sein Amt gekostet hat. Was aber hat Späths Leidenschaft gespeist, was hat es ihm über Jahre ermöglicht, täglich 26 Stunden für sein Land zu arbeiten und dem Bundeskanzler Widerworte zu geben – eine Angewohnheit, die schließlich auch Nerven kostet? Genau: Es muß die Gewißheit gewesen sein, daß es sich am Ende doch irgendwie lohnt; die Genugtuung darüber, persönlich mit dem indonesischen Staatspräsidenten die Zukunft Schwabens wie des südostasiatischen Raums durchgesprochen zu haben und darüber hinaus mit einem richtigen Blendax-Manager befreundet zu sein. Was nämlich kann überhaupt befriedigender sein, als in den wenigen privaten Stunden, die einem die Pflicht vergönnt, einem erfolgreichen Hühnerbrater zu erklären, inwiefern sich die Akropolis von der Agrikultur unterscheidet? Das mindeste, was der Hühnerbrater dafür tun kann, ist die Einladung zu einer Kreuzfahrt.

Ach so, da sind wir versehentlich schon wieder bei Strauß, der sich insofern mit Späth wirklich nicht vergleichen läßt, als er sich zu seinen Urlauben nach Terracina oder ins wilde Albanistan immer vor aller Augen hat einladen lassen und sich keineswegs unter so originellen Namen wie Schwab (oder Bayer?) auf einer malaysischen Insel entspannt hätte. Andererseits geht es sowieso nicht um Namen, sondern jenseits aller Parteigrenzen, um Muster, hier um das wechselseitige Bedeutungserhöhungsspiel: Politiker zu sein ist schön, weil man da hochbezahlte Wirtschaftsführer in der Badehose erleben kann. Wirtschaftsführer zu sein ist schön, weil man da im Vorstand erzählen kann, daß man L. Späth in der Badehose kennt. Im Augenblick sieht Späth angezogen wie nackt relativ alt aus, und die Chance ist nicht sehr groß, daß ihn überhaupt noch jemand kennt. Ist es abwegig, wenn uns der Mann in dieser Situation schon wieder ziemlich leid tut? Ein Opfer seines Berufs, dessen typische Fußbewegungen er weiß Gott nicht erfunden hat.

VEREHRTER HERR STAATSSEKRETÄR, lieber Erich
Riedl! Seit Jahren verfolgen wir Ihr Tun und Treiben – ob glücklos im Fußballgewerbe oder glück-
haft im Luft- und Raumfahrtgeschäft – mit großer
Spannung, weil wir's bis heute nicht fassen können,
wie weit es der Mensch mit einer Doktorarbeit über
die »Bankenaufsicht in der Verkehrswirtschaft«
doch bringen kann. Ob Sie sich wohl noch ebenso-
gut wie wir an den November 1990 erinnern? Damals forderten Sie im Pfarrsaal St. Heinrich, Schar-
nitzstraße, die erbosten Bürger auf: »Treten Sie die
Politiker in den Hintern! Ich bin bereit, meinen dafür herzuhalten.« Nun denn, Sie sind Politiker, wir
sind erboste Bürger, und da Sie uns seinerzeit so
schön baten, wollen wir die Anregung heute gerne
aufgreifen. Die Verspätung soll dem Tritt nichts an
Deutlichkeit nehmen.

Ist Ihnen, Herr Abgeordneter, eigentlich bewußt,
daß Sie sich nicht in allen Fällen auf die exkulpie-
rende Generalklausel »Redet viel, wenn der Tag
lang ist« berufen können? Daß, im Gegenteil, Ihre
Position es Ihnen geradezu auferlegt, mehr als andere nach Ihren Worten zu sehen? Den Grund
brauchen wir Ihnen wohl nicht darzulegen. Weil Sie
nämlich im Guten wie im Schlimmen beispielge-
bend sind und es deswegen auf Sie zurückfallen
könnte, wenn Hinz und Kunz demnächst die Ho-
sen herunterlassen, nur weil Sie demonstrativ am
Gürtel genestelt haben. Als Sie vor Jahren Ihren
Kontrahenten im CSU-Kreisverband München-Süd
einen »katholischen Drecksack« nannten, haben
wir das als Gaudi aufgefaßt und uns gesagt: So ist
er halt, der Egerlandler. Wenn Sie aber nun fordern,

daß der Münchner Süden zur »asylantenfreien Zone« erklärt werden müsse, dann fragen wir uns, ob Sie vielleicht anno 45, als Heimatvertriebener, im oberfränkischen Münchberg recht übel aufgenommen worden sind, ob die Einheimischen gar nach einem »flüchtlingsfreien Münchberg« gerufen haben.

Riedl, Mann Gottes! Hat man Ihnen an der Münchberger Oberrealschule nichts davon erzählt, was es zwischen 1933 und 1945 bedeutete, wenn nach Berlin gemeldet wurde, der oder jener Ort sei »judenfrei«? Man hat, sagen Sie, und es liege Ihnen nur daran, dem Mißbrauch eines Grundrechts zu steuern. Gut. Trotzdem müssen wir Sie darauf hinweisen, daß mit den Unmenschen nicht auch deren Sprache dahingegangen ist, sondern daß sie weiterlebt, ja förmlich darauf lauert, von den Unmenschen einer neuen Generation wieder in Betrieb genommen zu werden, nach Möglichkeit um allerlei feine Neologismen vermehrt. Es sollte sich doch bis zu Euch nach Bonn herumgesprochen haben, was die Skins in den neuen Bundesländern zum Beispiel unter »Fidschiklatschen« verstehen: Die versuchen auf ihre Art, das angeblich volle Boot zu entlasten. Nicht Ihre Art, sagen Sie? Freut uns, Riedl. Wir werden trotzdem die Ohren offenhalten. Wegtreten!

SEUFZEND STREUNTEN WIR GESTERN durch die Fußgängerzone (Bonn), vorbei an einem Wunderputzmittelverkäufer, einem Gemüsehobelvertreter und einem heiseren Schälmesserschreihals. Dann kam uns Jürgen »Wirtschaftsminister« Möllemann entgegen, in einem Einkaufswagen sitzend, der vom Schwippschwager dritten Grades gezogen wurde wie ein Fiaker von einem Pferd. »Kommen Sie ein Stück mit!« rief er. »Seit ich dienstwagenlos bin, muß die Verwandtschaft etwas für mich tun.« Wir fuhren durch die Stadt. Es schwitzte der Schwager in der Januarhitze, Jürgen »Wirtschaftsminister« Möllemann gab ihm die Peitsche und sagte, wir müßten ihn nun einfach »Jürgen W. Möllemann« nennen, Wirtschaftsminister könne er erst in zwei Jahren wieder werden. Vor einem Kaufhaus ließ er halten und rief, er habe eine Präsentation, man solle warten.

Wir aber lehnten uns zurück und sprachen leise dies von Heinrich Heine: »Oh, daß ich große Laster säh, / Verbrechen, blutig, kolossal – / Nur diese satte Tugend nicht, / Und zahlungsfähige Moral!« Dann kramten wir ein Malzbonbon aus der Tasche, reichten es dem Manne vor uns und riefen: »Schwippschwager, zieh!« Er zog uns hinüber ins Regierungsviertel, wo die Wunderputzmittelverkäufer, die Gemüsehobelvertreter und die heiseren Schälmesserschreihälse weniger werden und nur noch Leute an den Ecken stehen, die einem flüsternd Immobilien andrehen wollen und Autobahnraststätten und Magnetschnellbahnen und Spaßbäder. »Große Laster – wo?« riefen wir, »Verbrechen, blutig – wo?« Es kam aber nur der Lafontaine, genannt Monsieur von den großen Plakaten, schoß in die Luft und verschwand wieder in der saarländischen Landesvertretung. Wir dachten an früher, als sich Minister noch von New Yorker Nutten ausrauben ließen und so. An Italien dachten wir, wo Politiker sich mit ganz großen Gemeinen gemein machen, die Menschen in Schwefelbädern auflösen können. Dann überfiel uns Ekel vor so widerwärtigem Zynismus.

»Man müßte mal wieder über Politik reden«, dachten wir. »Das Jahr ist schon fast drei Wochen alt, und wir haben noch nicht über Politik geredet, nur über kleine Blödigkeiten.« Immer noch werden alle Skandale im Lande aufgedeckt, dachten wir, aber es nützt uns nichts mehr; es nützt nur denen, die Skandale verursachen und sie dann »durchlächeln«, wie Kohl neuerdings sagt, nicht mehr »aussitzen«: *durchlächeln*. Möllemann stand wieder neben uns und fragte, ob wir ihm, bis er wieder Wirtschaftsminister werde, nicht Hilfestellung geben könnten. Wütend hieben wir mit der Peitsche auf ihn ein. Riefen dem Schwager »Hü!« zu. Ließen ihn zum Rhein traben und die Beine melancholisch aus dem Einkaufswagen baumeln. Blickten zum Himmel und dachten an Heine: »Ihr Wolken droben, nehmt mich mit, / Gleichviel nach welchem fernen Ort! / Nach Lappland oder Afrika / Und sei's nach Pommern – fort! nur fort!«

BRASILIEN! SAMBA UND SONNE. Der Vertrag von
Tordesíllas, 1494. Exotische Unberührtheit. Extra-
vagante Modernität. Pulsierendes Leben. Rio,
whow! Die Iguaçú-Wasserfälle. Recife, das brasilia-
nische Venedig. Edson Avantes do Nascimento, genannt Pelé. Die Piranhas. Und: der Zuckerhut. Wie
man da hinkommt? Nun, wir haben uns erkundigt,
haben Angebote eingeholt, nennen Roß und Reiter.
Tui zum Beispiel bietet für 4429 Mark eine zwei-
wöchige Brasilien-Rundreise, *jet-Reisen* lockt mit
zwölf Tagen zu 1998 Mark. Was man vor Antritt
der Reise – der *viagem,* wie die Flaneure auf der
Praia de Ipanema zu sagen pflegen – wissen sollte:
Wer ins Amazonasgebiet will, in die »Grüne Hölle«, sollte sich gegen Gelbfieber impfen lassen; man
zahlt in Cruzeiros, wahlweise auch in US-Dollars;
nach Einbruch der Dunkelheit bitte nur in größeren
Gruppen spazierengehen; die Landessprache ist
Portugiesisch, in Hotels spricht man auch Englisch.

Diese Tips gelten für Gruppenreisende ebenso
wie für Individualtouristen. Wer privat eingeladen
ist, sagen wir: auf eine Fazenda bei Sao Paulo, der
kann das alles vergessen. Er braucht eigentlich nur
den Satz *Sou o Max da Alemanha* lernen, »Ich bin
der Max aus Deutschland«, dann wissen die Do-
mestiken Bescheid. Ansonsten aber: Die Gelbfieber-
impfung kann er sich glatt schenken; in der Dunkelheit beschützen ihn des Fazendeiros zahllose
Gauchos, die übrigens auch das im Oberammer-
gauer Raum gebräuchliche, leicht ins Schwäbische
changierende Bayerisch sprechen; bezahlt wird dort
weder in Cruzeiros noch in US-Dollars, sondern in
»großzügigen Gastgeschenken«, einer Schnitzarbeit

vielleicht oder einer Karte fürs Passionsspiel. Ausflüge dürften kein Problem sein, zumal dann nicht, wenn der Fazendeiro im Flugwesen tätig ist. Lohnen wird sich allemal ein kurzer Trip nach Brasilia, wo man den Präsidentenpalast, den *Palácio da Alvorada,* besichtigen könnte, möglicherweise sogar mit dem Hintergedanken, Anregungen für die hiesige Staatskanzlei mitzunehmen.

Wenn man uns nun fragte, was wir empfehlen würden, *Tui* beziehungsweise *jet-Reisen* oder aber den Mindelheimer Veranstalter *Grob* (»Den gönnt der Politiker seiner Familie«), dann würden wir antworten: Je nachdem. Für dich und mich und Müllers Kuh die Erstgenannten, ganz klar. Dann gibt es aber noch Leute, die sind anders als wir. Sie leiten Behörden, Ministerien, ja Staatskanzleien, haben aber unter tausend Untergebenen keinen, der ein normales Reisebüro anrufen könnte, geschweige denn daß er es verstünde, eine Rundreise zusammenzustellen, bei *Varig* einen Flug zu buchen, Deutschmarks in Cruzeiros zu wechseln oder den Chef gegen Gelbfieber zu impfen. Wie sollten solche Leute je aus ihren vier Wänden herauskommen? Wie etwas sehen von der Welt: Samba, Sonne, Zuckerhut? Nein, nein, für manche Mäxe sind Grobs schon etwas Feines.

FROLL'N MALETZKE, ist Krause schon da? Wartet schon? Schicken Sie ihn rein, bitte! – Morgen, Krause. Setzen Sie sich. Kaffee? Froll'n Maletzke, zwei Tassen, bitte, und … Krause, Sie halten jetzt mal den Mund, ja? Wir kehren ungern den Vorgesetzten raus, schon gar nicht an dieser Stelle, aber bei Ihnen ist das was anderes. Gucken Sie ins Grundgesetz! Wir sind das Volk, im Westen wie im Osten. Hören Sie, wir haben Geduld mit Ihnen gehabt. Aber nun ist die Lage so, daß uns angesichts Ihrer täglichen Ferkeleien Jürgen Möllemann geradezu als Musterbeispiel für politischen Anstand und Konsequenz erscheinen muß – und *das*, Krause, *das* verzeihen wir Ihnen nie! Ein Empfehlungsbrieflein für einen Cousin hat der geschrie… Mein Gott, wie verniedlichend einem das schon auf den Bildschirm fließt. J. M. wird zurückkehren als Vorsitzender der Liga für Adrettheit in der Politik, und in den Talkshows wird man ihn fragen: Sagen Sie, *deswegen* sind Sie mal zurückgetreten, haha? Nicht mööööglich! Was für Zeiten!

Bleiben Sie sitzen, Krause! Keine Schachtelsätze und nicht diese dummen Sprüche jetzt, ob Sie überhaupt noch Kindergeld beantragen dürfen und so! Alle Arroganz geht von uns aus. Folgendes: Es gibt große und kleine Unverschämtheiten; es gibt Schweinereien, die wir verstehen und solche, die wir nicht verstehen. Keiner von uns kleinen Maxln kapiert wirklich, was die großen Mokseln alles anstellen im Dickicht von Unterklauseln, Sondererlassen und sonstigem juristischen Gestrüpp. Aber mancher von uns hat eine Putzfrau für ein paar Stunden, und viele sind schon mal in die USA geflogen ... Den Führerschein hätten wir herzlich gern auch bereits mit 17 gemacht, (wie des Verkehrsministers Christian), und dann mit einem preiswerten Chrysler-Jeep zur Schule statt mit der Linie elf ... warum nicht?

Sehen Sie, Krause, da liegt Ihr Problem: daß Sie es nicht bei den großen Geschäftemachereien belassen konnten, die man uns mit ein bißchen Geschwätz zur Not immer erklären kann, bei den Acker-Bauland-Geschichten und den Yachthafen-Planungen und den Baukonzern-Dubiositäten. Bei Ihnen geht die Gier bis ins Kleine, bis dorthin, wo sie jeder ganz deutlich sehen kann, wo es um ein paar hundert Mark hin oder her geht, wie bei jedem von uns. Und nun kommen Sie uns nicht damit, daß Journalisten bei Vorlage des Presseausweises ebenfalls Prozente bekommen beim Autohändler, so wie Ihre Frau, die ihren Diplomatenausweis entsprechend genutzt haben soll. Wir können, zugegeben, auch schlecht nein sagen, wenn es darum geht, ein paar Mark zu sparen. Aber sind wir so dreist wie Sie? Haben wir uns in ein Amt wählen lassen, um damit reich zu werden, wie Sie? Hauen wir das Volk übers Ohr? Krause! Hier ist Ihr Rücktrittsgesuch, dies ist ein Kugelschreiber, da ist die Tür. Und passen Sie auf sich auf im Vorzimmer. Fräulein Maletzke hat auch die Schnauze voll.

FÜR DIE BELIEBTE FRAGE, in was wir zerfallen
(Zwerge und Riesen, Nägelbeißer und Manikürer),
drängt sich gerade wieder eine neue Antwort auf: in
Denunzianten und Denunzierte. Leider ist die Welt
auch insoweit alles andere als gerecht, weshalb in
den letzten Wochen alle Würdigungen über die
Köpfe der letzteren Gruppe ausgegossen worden
sind. Man wird durchaus sagen dürfen, daß die
Leistungen und insbesondere die Verdienste der
Persönlichkeiten Krause, Pfarr oder Steinkühler in
der angemessenen Ausführlichkeit besprochen und
berochen wurden. Wer darüber allerdings zu kurz
kam, das waren die Damen und Herren, denen
manche Staatsmänner und Arbeiterführer ihren
neuerdings so strengen Geruch verdanken.

Wir müssen uns das so vorstellen. Eines Morgens wacht jemand auf und wird völlig unerwartet
von seinem Gewissen angebrüllt: Kannst du es eigentlich noch verantworten, schreit es, daß dein
Chef mit deinem Wissen, vielleicht sogar auf deinen
Rat hin, gegen die Umzugskostenerstattungsver-
ordnung verstoßen hat? Wirst du nicht in der Hölle
schmoren müssen, wenn du jetzt nicht sofort auf
die Zinnen der Bank für Gemeinwirtschaft springst
und hinunterbrüllst, daß der Kunde S. ein fragwür-
diges Bankgeschäft getätigt hat? Nein, sagt da der
Sachbearbeiter, der Beamte, der Bankabteilungslei-
ter, nein, ich halte es nicht mehr aus. Worauf er ins
Zimmer des Widerlings stürmt, ihm seine Verachtung ins Gesicht schreit, bevor er sie an alle Plakat-
wände anschlagen läßt, ganz egal, was das für ihn
selbst bedeutet. So ist das eben, wenn man auf die
Stimme des Gewissens hört.

Nun ja, fast ist es so. In der Praxis gibt das Gewissen in diesen Tagen manchen Leuten etwas vorsichtigere Ratschläge: empfiehlt dem CSU-Minister, bei einigen Zeitungen anzurufen und den Parteivorsitzenden schlechtzumachen; rät dem Bankmenschen, zum Telephonhörer zu greifen und die Nummer des *Spiegel* zu wählen, nein, vielleicht besser doch die des *stern,* der soll im Augenblick besser bezahlen. Danach jagt man ein paar Unterlagen durch den Kopierer, trifft mit hochgeschlossenem Mantelkragen einen aufgeschlossenen Redakteur, nimmt einen ordentlichen Scheck entgegen und hat sofort ein viel besseres Gewissen, aber auch ein viel besseres Bankkonto (mit dessen Hilfe sich vielleicht ein Umzug oder ein kleiner Aktienkauf tätigen läßt). Schon am nächsten Tag sind die Zeitungen voll von Krause, Steinkühler und Companie: die Welt aber zerfällt wieder in ein paar Ungerechte – mit denen auch wirklich wenig Mitleid angebracht ist – sowie in viele Gerechte. Für die besonders Lebenstüchtigen unter denen haben wir übrigens den Hinweis, daß es neuerdings auch das Magazin *Focus* gibt, das sehnlichst auf den baldigen Aufschrei eines gequälten Gewissens wartet.

DAS VERHÄLTNIS VON RECHTSANWALT und Mandanten erinnerte uns stets an gewisse symbiotische
Beziehungen, wie sie zum Beispiel zwischen Madenhacker und Krokodil bestehen. Der Madenhacker hält dem Krokodil juckende Kerbtiere vom
Hals und gewährleistet so gleichzeitig seine eigene
Ernährung; zudem gestattet die Wehrhaftigkeit des
Krokodils ihm jenen unnachahmlich herausfor-
dernd-selbstbewußten Blick, den wir an Maden-
hackern, die auf Krokodilsköpfen stehen, so schätzen. Aber die Parallelität hat ihre Grenzen.
Während dem Madenhacker jeweils ein Krokodil
zum Dasein genug zu sein scheint, gelingt es nur
wenigen Anwälten, von einem einzigen Mandanten
zu leben. Sie sehen sich zum Aufbau von *Mandantenstämmen* genötigt, welch wunderbares Wort uns
Laien gerade durch die aktuelle Affäre des früheren
Rechtsanwalts Gauweiler bekannt geworden ist. Es
ist, als flöge ein Mandantenhacker flußauf, flußab
von Krokodil zu Krokodil, oder als ...

Ja, es gibt ein weit verblüffenderes Exempel für
den Aufbau von Mandantenstämmen im Tierreich,
nämlich: im Zusammenleben von Ameise und
Blattlaus. Es ist so, daß Läuse eine zuckerhaltige
Flüssigkeit absondern, nach welcher Ameisen süchtig sind. Sie betasten die kleinen Freunde »mit ihren
Fühlern, belecken sie und wissen ihnen durch allerlei Liebkosungen auch Saft zu entlocken, sie zu
melken«, schreibt Brehm. Ganze Ameisensozietä-
ten ernähren sich so von Blattlausstämmen und
schützen die Wehrlosen dafür vor den Gemeinhei-
ten des Lebens. Sie schicken Marienkäfern, die
Blattläuse zu fressen beabsichtigen, Abmahnungen,

drohen mit teuren Prozessen, verklagen sie bis in die letzte Instanz – worauf ihre Mandanten, vom Schwall neuer Zärtlichkeiten überwältigt, dankbar mehr Läusehonig liefern.

Nun zu den aktuellen Fragen: Sind Krokodile verpachtbar? Könnte es sein, daß ein Madenhacker, des Madenhackens müde, die Tiere seines Flusses anderen überließe, gegen regelmäßige Madenlieferung zum Beispiel? Dürften Ameisen ihre Läuse den Zärtlichkeiten anderer ausliefern, weil sie vielleicht im Leben noch einmal etwas anderes streicheln möchten als kleine grüne Tiere? Sie vermieten, verkaufen, verleihen? Verschenken? Vererben? Ach, wer hätte etwas dagegen! Wir möchten aber für alle Fälle und aus gegebenem Anlaß darauf hinweisen, daß erstens das bayerische Umweltministerium mit seinem Mitarbeiterstamm nicht verpachtbar ist, auch nicht nach dem 12. September. Weiterhin ist es den künftigen Oberbürgermeistern der Stadt München, sollten sie noch höhere politische Ziele ansteuern, nicht erlaubt, deren Bevölkerung an Dritte zu veräußern, weder an den Fürsten von Monaco noch an die Coiffeur-Innung. Drittens: Die hiesigen Wählerstämme mögen manchmal harmlos wirken wie Blattläuse. Sie haben aber Krokodilsgebisse.

Medien
oder: Von kleines
dickes Müller

AN DIESEM STRAHLENDEN MORGEN denken wir uns, ging der Parlamentarische Staatssekretär S., ein fröhlich Liedlein pfeifend, durch seinen Garten, atmete einmal tief durch und sprach dann zu sich wie folgt: »Sei doch einmal ehrlich, Carl-Dieter, die Welt ist einfach wunderschön!« Was brauchte man denn schon groß zu seinem Glück: Ein goldgelbes Frühstücksei, einen zärtlichen Blick der treusorgenden Gattin, einen schmucken Fahrer im Dienstwagen – mehr war's doch gar nicht. Warum nur manche Menschen, sagte er sich noch, nicht aufhören können, dauernd so *negativistisch* zu sein in ihrer verfluchten *Katastrophenmentalität*. War doch alles Unsinn: Was ihn anging, den Staatssekretär, so kannte er in seiner Straße keinen einzigen Massenarbeitslosen und auch von Waldsterben konnte keine Rede sein in seinem hübschen Garten. Als er dies erarbeitet hatte, wandte Carl-Dieter Spranger sich an die Redaktion der *Stuttgarter Nachrichten* und stieß den katastrophalen öffentlich-rechtlichen Rundfunkanstalten einmal so richtig Bescheid.

Nun sollte man gewiß nicht den Fehler machen, Herrn Sprangers machtvollen Ruf nach dem Schönen, Wahren, Guten nicht so ernst zu nehmen, wie er gemeint ist. Schließlich steht diese Persönlichkeit nicht allein mit ihrem Versuch, die Welt nach ihrem Willen und ihrer Vorstellung von der Tagesschau etwa so porträtieren zu lassen: Heute, meine Damen und Herren, ist im Nahen Osten nicht *eine* Maschine entführt worden, bei Prinzessin Diana wurde ein neues Grübchen auf der Wange entdeckt und in Tübingen eine Gruppe fleißiger Studenten. – Es folgt an dieser Stelle ein Geständnis, das uns nur leider wieder keiner abnehmen wird im Bonner Innenministerium: Selbst der entwurzeltste Intellektuelle, behaupten wir dennoch, selbst der heimatloseste Linke hat sich schon ein wenig sattgesehen an beispielsweise immer noch einem Schreckensbericht aus den Bereichen Terror & Umweltdreck. Der Unterschied ist nur, daß solche eher kraftlosen Menschen, wenn sie in gewissen Stimmungen die Tagesration Katastrophe nicht verkraften zu können glauben, einfach ihr Fernsehgerät kalt lassen und statt dessen mal in ein Konzert gehen oder so. Der entschlossene Herr Staatssekretär dagegen packt das Übel an der Wurzel und verlangt die Auswechslung der schuldigen Fernsehredakteure. Zu Recht: Wenn das Programm erst einmal von E. Gruber und J. Fuchsberger gemeinsam verantwortet wird, dann ist die Welt auch wieder gänzlich heil.

Gedankliche Ansätze, wenn man sie so nennen darf, wie die von Spranger, hat es in der deutschen Geistesgeschichte übrigens schon immer gegeben. Einmal, um die Mitte des 19. Jahrhunderts, ist eine erfolgreiche Zeitung gegründet worden (anläßlich deren bevorstehenden Wiedererscheinens Herausgeber Spranger von morgen an die ersten Bewerbungen entgegennimmt): ein Blatt solle das werden, hieß es damals in der ersten Ausgabe, voll »gutdeutscher Gemütlichkeit ... für jeden, dem ein warmes Herz an den Rippen pocht und der noch Lust hat am Guten und Edlen«. Das Organ hieß *Gartenlaube* – und wir Journalisten wollen auch ganz bestimmt niemals melden, daß in derselben leider der Holzwurm sitzt.

GONG – FANFARE – TAGESSCHAU. Der Sprecher grüßt gehemmt, zögernd, gibt sich aber einen Ruck, reißt das Einstecktuch aus dem Blazer, wischt über die nach hinten rechts gewellten Haare. Er fegt alles Papier vom Tisch, kehrt den Blick nach innen, und während hinter ihm das Bild des Kanzlers erscheint, sagt der Sprecher: »Er sah die weißen, engen Jeans von den Gazellenbeinen unter seinen Händen abplatzen wie überhitzte Haut von Wurst ... ja, das war es, hier war es endlich ... die orgiastische, perfekte Kür, Weltmeisterschaft des Geschlechts auf der Nahtstelle des menschlichen Seins.«

Ob er das mal bringt? Ob Karl-Heinz Köpcke das endlich mal bringt? Zweieinhalb Monate hat er noch Zeit, dann wird er pensioniert. Wenn er doch bis dahin einmal vor uns allen er selbst wäre, einmal was Eigenes läse, dieses Stück zum Beispiel aus seinem 1974 publizierten Roman »Bei Einbruch der Dämmerung«. Nicht immer das aufgeschriebene Zeug von quatschigen Redakteuren, die am liebsten alles selbst vortragen würden, stotternd, Endsilben unterschlagend, der Sprechkultur hohnsprechend. Das Buch damals hat uns für einen Moment in das Seelenleben des Chefsprechers blicken lassen. Dann war wieder Schluß. Der »iranisch-irakische Konflikt« perlte von der stets etwas hängenden Unterlippe, als ob nichts gewesen wäre. Haben ihn die Kritiker verschreckt? Zugegeben: Sie waren hart, denn nicht jeder Rezensent stellte in Rechnung, daß auch die Sprache des Begabtesten leidet, wenn er jahrzehntelang nach acht Uhr abends nichts anderes liest als Meldungen, Meldungen,

Meldungen. Aber wichtig war es doch gewesen, wie jemand mit einem Buch in sein Inneres schauen ließ – ein Hinweis darauf, daß er wohl doch nicht, wie er beteuerte, den dritten Weltkrieg »ohne Panik zu zeigen« ansagen könnte.

Nun ißt er Lakritze, wenn er der *Hör zu* Interviews gibt und sagt: »Ich habe meine Pflicht getan, habe mein Bestes gegeben, jeden Tag, immer präzise und korrekt. Nie bin ich zu spät gekommen.« O Mann! Soll das alles gewesen sein? Kleinkrieg mit Stöck 1972, einmal einen Bart haben 1974, einmal aufrührerisch mit dem Papier rascheln 1978? Einmal »Aufpitschmuttel« sagen? Und kurz vor dem Ende einen schnoddrigen Nachruf im *Spiegel* (»Nun hat die liebe Kehle Ruh«)? Mensch, Karl-Heinz, lies einmal in diesem heißen Sommer, was du willst, wovon Du meinst, daß wir es wissen sollten, das Du für wichtig hältst. Streif alles andere ab wie überhitzte Haut von Wurst, leg abends um zwanzig Uhr die Gazellenbeine auf den Tisch oder unseretwegen auch auf die Nahtstelle des menschlichen Seins. Laß uns wissen, was Dich bewegt! Und, Bruder, wenn Du uns verstanden hast, so beschreibe am nächsten Montag während des ersten Satzes der dritten Meldung mit dem rechten Zeigefinger einen kleinen, ganz kleinen Kreis. Wir wissen dann: Du wirst es noch vor dem 29. September, dem letzten Arbeitstag, tun, weil Du weißt, daß Du ein Recht dazu hast nach all den Jahren.

EINE DEUTSCHE ERFOLGSGESCHICHTE, wie wir sie so gerne haben: Kleiner, pummeliger Textilarbeiter wird aus der Provinz in die Großstadt geholt, macht sich dort überraschend gut in seinem neuen Beruf, ist über Nacht der Liebling der Medien und Massen. Kleines dickes Müller nennen sie ihn zärtlich und den *Bomber der Nation,* weil er nämlich über das Talent verfügt, sich besonders schnell um die eigene Achse zu drehen und danach einen Fußball ins Tor zu schießen. Erst liebt ihn dafür nur eine Stadt, dann ein ganzes Volk und die halbe Welt – nicht zuletzt auch deshalb, weil der kleine Pummelige auch als Fußballweltmeister genauso lieb und freundlich und ein wenig naiv geblieben ist, wie er immer war.

Dann begann die Zeit, in der Gerd Müller älter wurde, sich nicht mehr so schnell um die eigene Achse drehen konnte und in der ihm nicht täglich von hundert Leuten auf die Schulter geschlagen wurde, die alle seine besten Freunde waren. Es gibt stärkere Naturen, die mit einer solchen Entwicklung nicht gut fertig werden: Man ist wohlhabend und berühmt – und findet sich trotzdem mit einem Mal sehr allein, in einem tiefen Loch, in dem man feststellt, daß man von Geld und Ruhm nicht herunterbeißen kann, wenn man nichts Vernünftiges zu tun hat. Daß Gerd Müller auf diese Situation nicht ausreichend vorbereitet war, ist bestimmt wahr, und es ist ungefähr das einzige, was man ihm vorwerfen kann.

Für dieses Verbrechen aber wird er nun seit Ende letzter Woche täglich gefoltert. Oder wie soll man es sonst nennen, wenn ein Mensch viermal hintereinander in dicken *Bild*-Schlagzeilen lesen muß, daß er Alkoholiker sei und nicht mehr leben wolle und was seine ihn verlassende Frau exklusiv dazu sagt und welch »furchtbaren Worte« seine Tochter über ihn findet? Klar, sie hätte sie gar nie gefunden, wenn nicht die gleichen Reporter sie von ihr verlangt hätten, die dann wieder heuchlerisch darüber jammern, daß »die Sorgen um Gerd Müller immer größer werden«. Und wie sollten sie das denn nicht werden? Wann je sollte ein Mensch depressiv werden, wenn nicht an dem Tag, an dem eine gnadenlose Journaille ihrem Millionenpublikum mitteilt, daß seine Tochter ihn angeblich nicht mehr ertragen kann, daß aber Herr Köhnlechner gratis bereit ist, ihn mit hochverdünntem Schlangengift zu kurieren? Wie soll ein Mensch mit der Tatsache fertig werden, daß seine besten Freunde nichts besseres zu tun haben, als den verschiedensten Zeitungen seinen angeblichen Weißwein-Konsum täglich durchzugeben?

Wenn es Gerd Müller hoffentlich bald wieder gutgehen wird, dann wird er Wesentliches hinzugelernt haben, zum Beispiel über die Erfolgsgeschichte einer gewissen Presse: Erfolgsmenschen werden geliebt, weil und solange das gut für die Auflage ist. Wenn sie dann unglücklich sind, weil sie sich nicht mehr genug geliebt fühlen, werden sie in den Dreck gestampft – und das ist dann wieder gut für die Auflage.

AUF DEN GRIECHEN HESIOD wird eine Behauptung zurückgeführt, die – wenn der Täter geständig und greifbar wäre – glatt als Gotteslästerung verfolgt werden müßte. *Vox populi vox Dei* lautet jenes geflügelte Wort, welches viel später der Berliner Zeitungswissenschaftler Emil Dovifat gerne in der Fassung *vox populi vox Rindvieh* zitierte; womit er ungefähr sagen wollte, daß man über einen neuen Artikel 16 Grundgesetz im Lichte des Schengener Abkommens genausogut eine Kuhherde abstimmen lassen könnte wie den Querschnitt aller Kegelrunden zwischen Rostock und München-Sendling. Oder wie es bei dem Systemkritiker F. Schiller heißt: Mehrheit ist Unsinn. Verstand ist stets bei wenigen nur gewesen.

Sehr hilfreich ist allerdings auch diese Bemerkung nicht, weil es ja nun eine Instanz bräuchte, die entscheiden kann, wer denn jeweils die Verständigen sind. Weil es die nicht gibt, haben unsere Ahnen (vor allen die in der Heimat des Hesiod) die Demokratie erfunden, was immerhin den gewaltigen Vorteil gebracht hat, daß wir uns gegenwärtig weder von den Geistesriesen aus den Häusern Wittelsbach oder Hohenzollern regieren lassen müssen, noch gar von solchen aus den Zentralen gewisser Parteien, die immer recht haben, und zwar mit Gewalt. Freilich haben sich die deutschen Verfassungsmacher mit gutem Grund für die repräsentative Demokratie entschieden – was wiederum seit langem besonders *ein* Verfassungsorgan stört, die Zeitung *Bild* nämlich, jenes Zentralorgan des gesunden Volksempfindens, welches schon bei der Asyl-Debatte des letzten Jahres die Politiker drohend darauf hingewiesen hat, daß seine Leser das gesamte Volk repräsentierten. Weil sich die Republik unverständlicherweise trotzdem noch nicht dazu verstanden hat, sich gleich von den Herren Prinz, Boenisch, Tiedje regieren zu lassen, hatten die gegenwärtigen Machthaber die glänzende Idee, ihre Leser den deutschen Bundeskanzler wählen zu lassen. Und bekommen haben sie, wen sie verdienen: Herrn *Bild*-Bundeskanzler Schönhuber.

Natürlich ist man furchtbar erschrocken bei den Hamburger Zauberlehrlingen, als der Besen, Besen nicht mehr in die rechte Ecke zurückwollte, aus der man ihn selbst herausgeholt (und über die Monate hinweg immer mal wieder mit den schönsten Horrormeldungen unterstützt) hatte. Müssen schaurigkomische Szenen gewesen sein in den Hauptquartieren von Reps und Springers, wie da die Schlaumeier aller Seiten mit Herrn *Ted* um die Wette telephoniert haben, um die vox populi auf Vordermann zu bringen. Als alles passiert war, hat die Zeitung ihr tagelang groß angekündigtes Wahlergebnis (39% für S.) auf der zweiten Seite versteckt, unter der Überschrift »Denkzettel für die Politik«. Ob *noch* jemand zu denken beginnt, vielleicht in bestimmten Redaktionen? Davon wagen wir kaum zu träumen.

MIT ENTSETZEN SPOTT TREIBEN, das fehlte uns noch. Andererseits schlagen in Bayern nicht nur die Uhren anders, sondern auch die Totenglocken. Spricht der Bayer seelenruhig von einer schönen Leich, so deutet dies weder auf seinen rohen Gemütszustand noch gar auf nekrophile Neigungen: Die Leich ist nämlich nicht die abgekürzte Leiche, sondern das bayerische Wort für Leichenbegängnis. Sollen wir also auch das mittlerweile zweieinhalb Jahre während Walter-Sedlmayr-Festival, das unsere Journaille seit der Ermordung des Schauspielers veranstaltet, als eine besonders schöne Leich ausgeben? Und wäre nicht gerade dieser Tag, an dem der Mordprozeß beginnt, besonders gut geeignet, über die Affäre S. und die in ihrem Gefolge geöffneten Schmutzkübel das gnädig verhüllende Rautentuch bajuwarischer Folklore zu legen? So nah diese Versuchung sein mag: Um ihr zu erliegen, müßten wir lügen.

Walter Sedlmayrs Leiche, das ist richtig, war die schönste Leiche, auf die nicht nur die Münchner Medien in diesem Jahrhundert gestoßen sind – genauer gesagt: auf die sie herabstießen in ihrer Eigenschaft als Aasgeier. Doch schön war (und ist) diese Leiche weniger im Sinn des einheimischen Totenkults als vielmehr in dem des Gerichtsmediziners und Schriftstellers Georg Büchner. In dessen blutig endendem Drama »Woyzeck« schnurrt ein Gerichtsdiener zufrieden: »Ein guter Mord, ein echter Mord, ein schöner Mord, so schön als man ihn nur verlangen tun kann; wir haben schon lange so kein gehabt.« In der Tat läßt sich aus dieser Sicht ja nichts Schöneres denken: Schon das Mordopfer,

eine vielfach paradoxe Kreuzung aus Charakter-
spieler und Bauernkomödiant, aus gestandenem
Mannsbild und empfindlichem Schwulen, aus re-
spektablem Vorzeigebürger und gerissenem Hund,
war ein Medienfressen, wie es kein noch so abge-
feimter Krimi-Autor erfinden könnte.

Hätte also ein x-beliebiger Madonnenräuber
oder Strichjunge oder auch einer der vielen von ihm
bis aufs Blut gedemütigten Kollegen den S. zu Tode
gebracht und sich anschließend von der Kripo fan-
gen lassen – die Medien wären monatelang mit der
Umwandlung dieses Vorgangs in Verkaufserlöse
beschäftigt gewesen. Daß sie das *jahrelang* tun
konnten (und vermutlich noch tun werden), liegt
an dem besonders schönen Umstand, daß die Kripo
eben keinen Mörder gefangen hat, sondern bloß
zwei Verdächtige. Indizienprozeß! Derweil verzwei-
felte Staatsanwälte sich abmühen, mit Hilfe von
schütteren Zeugenaussagen und mikroskopisch
kleinen Kleiderfusseln ein Verfahren in Gang zu
bringen, das so oder so nur böse enden kann, hat
die locker erbarmungslose Justiz der Medien den
Fall Sedlmayr schon derart oft verhandelt, daß der
wirkliche Prozeß nur noch als unwirkliches Nach-
spiel erscheint. Daß sich zur Not auch das noch
vermarkten läßt, werden wir in den kommenden
Wochen erleben – eine häßliche Leich.

WER ANDERN EINE GRUBE GRÄBT, ist selbst ein Schwein, lautet eine im Westfälischen populäre Umdichtung einer alten Volksweisheit. Wie wahr! Seit einigen Wochen geben sich etliche Politiker wichtig mit der Sorge um unerträgliche Exzesse im Enthüllungs-Journalismus. Wer da glaubt, sie täten dies, weil sie endlich einmal ein Thema brauchen, bei dem sie Einigkeit demonstrieren können, der irrt. Es ist ihnen wirklich Ernst damit, und sie dürfen gewiß sein, daß sie auch im kritischen Publikum dafür Unterstützung finden. Denn die gepflegte Welt mit gepflegten Umgangsformen, wer hätte sie nicht gern! Oskar Lafontaine konnte es sich sogar leisten, vom »Schweine-Journalismus« zu reden, als er eine norddeutsche Schwarzweiß-Illustrierte brandmarken wollte, weil sie über Vorgänge berichten zu können andeutete, welche den saarländischen Ministerpräsidenten eher klassisch als ein *porculus ex gregi Epicuri* (ein Schweinchen aus der Herde Epikurs) hätten erscheinen lassen.

Nur müssen Zeitungen eben auch über Verhältnisse berichten, die ungepflegt sind, über Menschen, die sich ungepflegt benehmen – vorausgesetzt, es gibt ein evidentes öffentliches Interesse daran. Zum Beispiel, wenn es um die Besetzung von wichtigen politischen Ämtern geht. Dabei kann über den Stil der Berichte gestritten werden, wobei auch die Frage zu klären wäre, was ekelhafter ist, der offene Voyeurismus, der sich in manchen Skandalmeldungen austobt, oder der scheinheilige Moralismus, der bedauert, auf die Straße zerren zu müssen, was dort nicht hingehört. Wem eine Story widerlich ist, der kann sie jederzeit unpubliziert lassen. Wer fürchtet, dabei einen empfindlichen Nachteil gegenüber der Konkurrenz erleiden zu müssen, der möge sich auch die Krokodilstränen sparen.

Aber das, was immerzu an manchen Zeitungen ärgerlich ist, ist dennoch harmlos im Vergleich zu dem, was die Politiker untereinander anstellen: Es mehren sich die Anzeichen dafür, daß bei dem Machtkampf innerhalb der CSU, der zugunsten von Edmund Stoiber ausging, es auch eine Rolle gespielt hat, daß die Gegner Theo Waigels in abstoßender Weise dessen Familie ins Gespräch brachten. Sie versuchten sogar, die sonst deswegen gescholtene Presse zu munitionieren. Die hochachtbare CSU! Natürlich findet Edmund Stoiber das infam. Wie Björn Engholm hat er davon nichts mitgekriegt, nichts gewußt. Wirklich wie Engholm? Das würde bedeuten, daß auf die *Amigo*-Verhältnisse nun *Cochon-et-frère*-Verhältnisse folgten. Aber noch ist es nicht so weit. Man wird ja sehen, wie der künftige Ministerpräsident Stoiber jene CSU-Politiker, deren Treiben in den vergangenen Tagen er jetzt verurteilt, zur Rechenschaft zieht. Man wird es doch sehen, oder? Allerdings mahnt schon der Dichter: Übers Niederträchtige niemand sich beklage, denn es ist das Mächtige, was man dir auch sage.

UNS FRAGT JA KEINER. Früge einer, schlügen wir als Medienhauptstadt unverzüglich Altötting vor. Nirgends anders erscheint der *Liebfrauenbote,* und nirgends anders als in diesem wurde der *Weltrundguck* erfunden. Und daß uns ja keiner glaubt, der Guck hätte was mit Fernsehen zu tun. Die Sache beruhte eher auf der Vorstellungskraft der Leser: Nicht obwohl, sondern weil sie keine Bilder geliefert bekamen, machten sie sich welche. Heute ist es bekanntlich umgekehrt, weswegen die Medienhauptstadt auch nicht Altötting heißt, sondern München – wenigstens in dieser Woche. Denn in dieser Woche finden in München die Münchner Medientage statt. Warum? Das weiß keiner; es ist aber auch irgendwie egal. Medien sind immer wichtig; wie wichtig müssen erst Medien in den Medien sein. »Schreibt wer über diese Eröffnungsparty heute abend?« – wurde gerade in der Redaktionskonferenz gefragt, »da ist zwar nichts los, aber alle, die wichtig sind, werden hingehen.« Eben.

Wichtig, wie wir sind, wären wir auch gern hingegangen. Wir müssen aber erst einen aus vielen gedruckten Worten bestehenden Text (also kein Medium im Sinne der Medientage!) zu Ende lesen: Horst Hensels Studie über die »neuen Kinder«. Hensel unterrichtet diese Kinder an einer Kamener Gesamtschule. Das heißt, er würde sie gern unterrichten, aber er kann nicht. Er steht vorn und gibt sich jede Mühe, aber bei den Kindern kommt nichts an. Das wiederum ist kein Problem der Gesamtschule, diesmal wirklich nicht, sondern eines der Physiologie. Das Zentralnervensystem seiner Schüler, hat Hensel herausgefunden, »ist ans Vorabendprogramm des Fernsehens angeschlossen«. (Vorabendprogramm? Er untertreibt.) Ergebnis: die meisten unserer Kinder – »ein Reflex auf schnelle Schnitte, Kliff-Hänger und Zapping« – unterhalten Beziehungen zu anderen vorwiegend, um sie zu benutzen, die meisten entwickeln asoziale Werte und Lebensstile, die meisten neigen in Konflikten ganz schnell zu Gewaltanwendung.

Das ist sehr genau formuliert, aber nicht neu. Die Verteidigungsreden der Fernsehfreunde kennen wir auch: Nicht das Fernsehen an sich sei schädlich, sondern nur der falsche Umgang mit ihm. Wenn die Sozialgeschichte der letzten zwanzig Jahre eine These gründlich widerlegt hat, dann diese. *Alle* Lehrer wissen das, im Grunde auch alle Eltern (auch wenn viele Eltern sich da aus schlechtem Gewissen noch etwas vorlügen). Nicht widerlegt, aber ad absurdum geführt ist das andere Argument: Negative »Begleit«-Erscheinungen seien halt der Preis der Medienfreiheit. Was unsere Kinder bräuchten, ist nicht Fernsehfreiheit, sondern Freiheit *vom* Fernsehen, zumindest von jener Art Fernsehen, mit dem sich Privatleute, Privatfirmen auf Kosten der Kinder (das ist: auf Kosten unserer Zukunft) bereichern. Niemand fordert Zensur? Wir fordern sie.

Sport
oder: Olaf Thon in
die Produktion!

DEM ABGEORDNETEN BENNO ZIERER aus Regensburg ist es zu verdanken, daß wenigstens gegen Ende der Olympischen Spiele ein Skandal enthüllt worden ist. Es werde nämlich, hat der Abgeordnete herausgefunden, die deutsche Nationalhymne bei allfälligen Siegerehrungen nicht in völliger Länge gespielt – ein Mißstand, gegen den Bundesinnenminister Seiters »in angemessener Form« zu intervenieren habe. Nur schade, daß ihm diese Provokation etwas spät aufgefallen ist, so daß ein deutsches Kanonenboot nicht mehr rechtzeitig eintreffen konnte.

Möglicherweise hat Zierer aber auch realisiert, daß nicht nur die deutsche Hymne brutal um die Wiederholung des letzten Refrains kastriert worden ist, sondern daß ähnliches auch allen anderen Hymnen geschah (mit Ausnahme der amerikanischen natürlich, die ja auch der größten Nation gehört und jener mit der reichsten Fernsehgesellschaft). In diesem Fall wollte der Mann darauf verweisen, daß die Nation als solche bei Olympia in den Hintergrund zu treten droht. Und gewiß hätte er auch viele Indizien gesammelt für diese seine Beobachtung: Womöglich hat er eine Synchronschwimmerin dabei ertappt, daß sie sich nach dem Sieg nicht in die Nationalflagge ihres Landes gewickelt und darin eine Unterwasserrunde mit emporgestrecktem rechten Bein gedreht hat. Womöglich kennt er mehrere Regensburger Schulkinder, die den Medaillenspiegel mit Nationenwertung immer noch nicht flüssig hersagen können. Dazu noch der Eklat vom Samstagabend, an dem die ARD zwei Goldmedaillen (für Baumann und Henkel) mit

dem Abspielen einer einzigen Nationalhymne abge-
feiert hat. Noch dazu einer gekürzten.

Vermutlich muß man nun aber ein paar Fragen
im Klartext stellen, weil sie anders der Abg. Zierer
nicht verstünde, genausowenig wie der Kollege
Lummer, der soeben harsch von allen deutschen
Olympiasiegern das Mitsingen der Nationalhymne
verlangt hat. Also folgendes: Habt Ihr eigentlich
keine anderen Sorgen unter der Mütze in diesen Tagen? Findet Ihr wirklich, daß ausgerechnet diese
Sommermonate des Jahres 1992 die beste Gelegenheit bieten, für die segensreiche Wirkung des Na-
tionalstolzes zu werben? Die wesentliche Existenz-
berechtigung, die dieses Olympia überhaupt noch
hat, ist doch, daß wenigstens manchmal die Fiktion
aufrechterhalten wird, es gehe um Sport und um
die Siegesfreude junger Menschen – und nicht um
das Ausfechten von Ersatzkriegen. Oder gibt es etwas Lächerlicheres als unser aller tiefsitzenden
Chauvinismus anläßlich der Tatsache Gassi zu
führen, daß ein deutsch-türkischer Freistilringer
seinem bulgarischen Kontrahenten besonders geschickt ans Gesäß gegriffen hat? Aber bitte sehr:
Wenn es Herrn Zierer hilft, soll er doch 1996 die
ewigen deutschen Goldmedaillen-Kanuten in seinem schwarz-rot-goldenen Schlafanzug bewundern!

GESTERN IN DER KONFERENZ. Wir, nach links zu Dr. S. tuschelnd: »Wissen Sie überhaupt, wer ›die kleine Hertha‹ ist?« S., müde aus den Zeilen der FAZ (»Über eine Reihe von Einzelheiten des Abfallgesetzes wird sicherlich während der parlamentarischen Beratung noch zu reden sein ...«) aufblikkend: »Die kleine Hertha – eine Wurscht?« Dieselbe Frage an Dr. P. zur Rechten: »Wer oder was ist ›die kleine Hertha‹?« Dr. P., nicht ohne Schärfe in der Stimme: »Frau Däubler-Gmelin wird demnächst Verfassungsrichterin.« Mein Gott! Wir hatten hier mal Leute, die konnten die Mannschaftsaufstellung von Rapid Wien in den fünfziger Jahren – mit Max Merkel und Ernst Happel – an den Spitznamen hersagen (Der Tiger, Maxl, Aschyl, Poldl, Gschrapp, Gogo, Gselchter, Afferl, Teddy, Mopsl und Fredl) – so wie Walter Jens zwar Goethe-Verse, nie aber den Eimsbütteler Sturm vergessen wird (Ahlers, Rohwedder, Panse, Mohr und Maack). Ach, Fußballernamen! »Die kleine Hertha« ist die Amateurmannschaft von Hertha BSC Berlin und hat das Fußball-Pokalfinale erreicht. Bitte mitsprechen: »Fiedler, Meyer, Zimmermann, Nied, Schmidt eins, Schmidt zwo, Ramelow, Klews, König, Kaiser, Lehmann.«

König, Kaiser, Lehmann ... Und alles Amateure! Was ist ein Amateur? Ein Amateur ist ein schlechtbezahlter Fußballer. Nun unsere These: Amateure sind aber die besseren Fußballer. Warum? Sie spielen aus Hingabe und aus Liebe. Sie reparieren tagsüber Stromleitungen und stempeln Briefmarken, schneiden Haare und wechseln Zylinderkopfdichtungen aus. Sie müssen nicht Fußball spielen, um Geld zu verdienen. Sie müssen spielen, weil sie nicht anders können. Eine innere Macht zwingt sie dazu. Sie müssen laufen. Und stürmen. Sich in die Bresche werfen. Das gegnerische Tor berennen. Frech und mutig aufspielen. Sie können nicht leben ohne das. Sie sind leidenschaftlich und opferbereit. Sie haben alles, was Profis fehlt. Nur Geld haben sie nicht, und deshalb sind sie hungrig.

Um endlich wieder schönen Fußball zu bekommen, müßten wir also den Professionalismus abschaffen und die schlaffen Abzocker in der Bundesliga reamateurisieren, nicht wahr? In Wahrheit geschieht aber das Gegenteil: Jeder gute Amateurfußballer wird sofort zum Profi gemacht, und er kann dann, wie wir soeben bewiesen haben, kein guter Fußballer mehr sein. Eine geheime Macht frißt unseren Fußball von innen auf. 56000 ausgekochte Spielerbeobachter sahen der kleinen Hertha in ihrem Halbfinale gegen den Chemnitzer FC zu; ein Teil von ihnen stürmte anschließend mit unterschriftsreifen Profi-Verträgen in den Händen den Rasen, verzweifelt, damit der Amateurgedanke keinen Raum gewinnt. Aber was wir gesehen haben, haben wir gesehen! Es gibt einen billigeren und besseren Fußball. Nieder mit dem Professionalismus! Olaf Thon in die Produktion! Männer, ihr sollt wieder: Rennen! Brennen! Hungrig sein! Ja, rennen, brennen, hungrig sein! Soweit unsere Forderungen für heute.

NILS RUDOLPH IST MIT EINER IDEE hervorgetreten, die seinem Ruf als unbotmäßiger und leicht närrischer Schwimmer entspricht. Das Schwimmen in Bahnen, sagt er, führe zur Verkümmerung dieser Sportart. Seiner Vision zufolge sollen sich immer nur zwei Schwimmer bekämpfen, nach dem K.-o.-System und bis zum bitteren Ende (bitter jedenfalls für einen der beiden, der dann, wenn wir Rudolph richtig verstehen, irgendwem zum Fraß vorgeworfen wird: den Haien, den Medien, wem auch immer). Wären wir nur halb so spontan wie Nils Rudolph, so würden wir seinen Vorschlag als epochemachend einstufen, wenn nicht sogar als erlösend. Es kommt ja im Sport, wie im Leben überhaupt, nur sehr selten vor, daß die Fragwürdigkeit allen Tuns und Strebens plötzlich schlagartig vor jedermanns Augen steht. Da muß einer schon vorher die Strukturen aufbrechen, das Gewohnte rigoros in Frage stellen.

Der letzte, der dies auf sich nahm, war Niki Lauda: 1979 machte er die Sinnlosigkeit seines Sports an dem ewigen öden Rundumfahren fest. Damals fiel es uns wie Schuppen von den Augen. Wir riefen »Natürlich!« und »Genau!« und fragten uns, warum wir da nicht schon längst von selber draufgekommen waren. Jedenfalls war unser Sinn für das letztlich Unbefriedigende an ständig wiederholten Abläufen geweckt, und er hat sich seither über den Tellerrand der Formel-1-Rennen weit hinausgewagt. Tennis zum Beispiel: Während der letzten fünf Jahre muß es, wohlgemerkt ohne die zahllosen versauten Aufschläge, im Fernsehen an die 6,8 Billionen Ballwechsel gegeben haben, einer wie der andere, *plopp* und *plopp* und *plopp* und *plopp*. Angesichts der Einschaltziffern wird es keiner zugeben, aber die Frage nach einem Niki Lauda des Tennis wird insgeheim öfter gestellt, als Ion Tiriac *and friends* sich das möglicherweise vorstellen können.

Und doch und doch und doch und doch: Hat nicht jeder von uns schon Zeit und Welt vergessen über sogenannten Sportereignissen, die im Grunde nichts anderes waren als die Summe völlig identischer Einzelhandlungen, die einem vorkamen wie riesige Bleche, aus denen lauter gleiche Rekorde gestanzt wurden? Man sollte das Meer nicht beleidigen, aber um beim Tenniszirkus zu bleiben, so gleicht er ziemlich genau dessen ewiger Brandung, die auch en détail wenig Aufregendes bietet und doch en gros so unendlich spannend ist, daß man überhaupt nie genug davon kriegen kann. Ähnlich verhält es sich mit dem Schwimmen in Bahnen oder mit dem Rundumfahren in Autos. Das ist im Einzelfall beknackt und fad – erst die Masse macht's. Es gleichen sich aber auch Niki Lauda und Nils Rudolph, und zwar insofern, als sie über ihrer kleinen Wahrheit die größere aus den Augen verlieren. Die lautet: Nichts ist langweiliger als das vermeintlich Spannende, und nichts ist spannender als das vermeintlich Langweilige.

Ein Knie geht einsam durch die Welt / Es ist ein Knie, sonst nichts! Ziemlich unwahrscheinlich, daß der Fernsehmann D. Kürten diese Zeilen des Dichters C. Morgenstern kannte – und also sprach Kürten, als am Montag die Bilder vom zerschmetterten Knie eines Dänenstürmers um die Welt gingen, daß ihm »übel vom Hinsehen« werde. Dann verkündete er die frohe Botschaft: »Die Schwellung ist etwas zurückgegangen!« Ein Knie, sonst nichts? Wir gemeinen Fernsehzuschauer fragten uns angesichts des dicken, das lädierte Stürmergelenk vollständig verhüllenden Eisbeutels: Woher weiß der Mann das? Was uns zu der nur scheinbar nebensächlichen, tatsächlich jedoch erkenntnisphilosophischen Frage führt: Sieht der Sportreporter etwas, was wir nicht sehen? Steckt hinter all den Mythen des Weltfußballs, den Zauberformeln von der »optimalen Vorbereitung« der Deutschen einerseits und dem »lockeren Aufspielen der Dänen« andererseits, eine dem Laien verborgene Wahrheit?

Zugegeben: Reden über Fußball ist schwer. Deshalb hat der Himmel dem Kommentator neuerdings immer öfter einen korrespondierenden Gefährten beigesellt. Von Kleist, nicht von Kürten, gibt es einen Aufsatz *Über die allmähliche Verfertigung der Gedanken beim Reden,* worin folgendes geschrieben steht: »Wenn du etwas wissen willst und es durch Meditation nicht finden kannst, dann rate ich dir, mein lieber, sinnreicher Freund, mit dem nächsten Bekannten, der dir aufstößt, darüber zu sprechen. Es braucht nicht eben ein scharfdenkender Kopf zu sein ...« Damit sind wir bei RummeniggeDaumBreitner, genauer: beim Phänomen der sogenannten Experten, die vor und während und nach dem Spiel dem Sportreporter mit ungemein fachkundigen Bemerkungen zur Seite stehen. Schießt die deutsche Mannschaft etwa 25 Minuten vor Schluß das Tor zum 2 : 0, dann überrascht uns Rummenigge mit der Einschätzung: »Das ist fast(!) schon so etwas(!) wie eine kleine(!) Vorentscheidung. Dieser Treffer ist psychologisch unheimlich wichtig.« Später, Rummenigge hatte bereits erkannt, daß der Gegner »brandgefährlich in der Luft« sei, sah der Fachmann auch schon einen Kopfball »wie so 'ne Parabol« ins deutsche Tor schweben – der kreative Akt der Wortschöpfung beschreibt hier (ebenso wie der Ball) eine besonders diabolische Parabelkurve.

»Ja, was soll man alles sagen? Viel gibt's nicht zu sagen«, sprach in alten (besseren?) Tagen Max Merkel ins Mikrophon. Für den Sportreporter (und also auch für den vorab bereits als »Dänen-Freund« gescholtenen H. Faßbender heute um 20 Uhr fuffzehn) geht es darum, einen für jedermann offensichtlichen Sachverhalt mit den Weihen höherer Erkenntnis zu schmücken. Keiner kann das so gut wie Franz Beckenbauer, der nach dem Halbfinal-Sieg der Deutschen den denkwürdigen und für alle Zeit gültigen Satz sprach: »Die Schweden sind keine Holländer – das hat man ganz genau gesehen.«

WER SPORT TREIBT, WILL GEWINNEN. Und wir
Millionen Sportfreunde vor den teuren Farbfernsehgeräten wollen Sieger sehen, schweißgebadete,
schwer atmende, auf die Knie sinkende Sieger, un-
sertwegen, aber Sieger. Oh, wie wir die Sieger lieben! Wir hüpfen auf dem Sofa herum, wenn sie
über die Ziellinie laufen, wir unterhalten ein Konto
bei der Bank, die sie uns empfehlen, und noch unseren Büroschweiß desodorisieren wir mit Produk-
ten, die sie uns anpreisen. Wenn Boris Becker
gewinnt, dann darf er das herzallerliebste Bum-
bummerl sein, und wir schenken ihm einen Werbe-
vertrag und noch einen und noch einen ... Für den
Fall, daß er verliert, haben wir Steffi Graf. Oder die
Fußball-Nationalmannschaft. Oder Michael Groß.
Nur eins darf bitteschön nicht passieren: Dieser
Stoff, aus dem die Siege sind, darf uns nicht ausgehen, denn wir sind ein bißchen süchtig und brauchen unsern Spaß.

Deshalb hat diese Woche auch hart angefangen,
mit einem richtigen Entzug. Man hat uns am Wochenende keine Siege geschenkt, sondern bloß drei
Medaillen bei der Leichathletik-Weltmeisterschaft.
Vor fünf Jahren noch berauschten wir uns an acht
Europameistertiteln, und nun müssen wir in der
Abendzeitung lesen, »selbst Somalia« finde sich im
Medaillenspiegel noch vor dem Deutschen Leicht-
athletik-Verband. Wenn wir dann den *Spiegel* auf-
schlagen, entnehmen wir ihm den Inhalt des rechts-
medizinischen Gutachtens über den Tod der
Siebenkämpferin Birgit Dressel, die vor fünf Mona-
ten mit, ja: *an* ihren brüllenden Schmerzen starb,
Folge auch eines Medikamentenmißbrauchs, der

ebenso unglaublich wie unter Athleten üblich war; 101 Medikamente schluckte die 26jährige, wahllos offenbar, doch nicht ohne Aufsicht der Verwalter ihres organischen Kapitals, der Ärzte. Wenn Birgit Dressel nicht gestorben wäre, hätte sie an der Weltmeisterschaft in Rom teilgenommen. Vielleicht hätte sie eine Medaille gewonnen, und vielleicht hätte die bundesdeutsche Mannschaft im Medaillenspiegel vor Somalia gelegen. Wir hätten aber trotzdem gemosert und mürrisch an der Fernbedienung gespielt, und die Knabbernuß hätte nicht richtig geschmeckt.

Ob es irgendeinen Zusammenhang zwischen unserer Sucht und diesem Drogensumpf gibt? Na, na, wer wird denn so radikal sein! Am Doping sind doch die unfähigen Funktionäre schuld, die es nicht unterbinden. Außerdem ist Spitzensport Unterhaltung, und Unterhaltung ist eine Ware, und für eine Ware muß man bezahlen. Und wenn der Preis manchmal zu hoch wäre? Wenn er eben Sportler dazu treibt, sich so bedingungslos selbst zum Siegen abzurichten, zuzurichten – mit Chemie, mit mentalem Training, und was es sonst noch gibt? Dann müßten wir womöglich unser Verständnis vom Sport doch überprüfen und fragen, ob man nicht bei einer Niederlage auch etwas anderes empfinden kann als – Langeweile. Leider haben wir dazu keine Zeit, denn am Mittwoch ist ein Fußball-Länderspiel angesagt, und dann nahen die Finalspiele von Flushing Meadow.

Boris
oder: Bum-Bum-Baby-Bum

FRÜH BEGANN ALLES, vielleicht 1972, als ein vier-
jähriger Knabe an der südlichen Bergstraße Schlä-
ger und Ball zur Hand nahm und wuchtigen Hiebes
zum erstenmal die Hauswand kerbte. »Bumbum«,
jauchzte der Kleine entzückt. Stundenlang schlug
und schnitt, prügelte und plazierte, drückte und
drallte, schnibbelte und schnetzelte er nun sein
Spielzeug. Schon bald hatte er eine gute Länge in
den Bällen, schnell vermochte er auch den Druck
konstant zu erhöhen und nur selten erwischten ihn
die Eltern auf dem falschen Fuß. Für ihn kamen
Fury und *Dr. Snuggles* immer zu spät, und eines Tages eröffnete der Hausarzt den staunenden Angehörigen, der Junge habe keine Nerven. Tags darauf glitt ein großes, dunkles Auto vor das Haus.
»Onkel«, rief das Kind, da summten schon die Fen-
sterheber. Der Entdecker zeigte sein Gesicht, und
ein Stück Papier glitt heraus. *Tennis* stand darauf
und: *Värtrack*.

Wer weiß, wie alt der Kleine damals war? Ein
bißchen mürrisch wirkte er, sprach wenig, fünf Sät-
ze vielleicht. Aber: Gewinnsätze! Ein Herr mit Son-
nenbrille rief den Eltern noch zu, sie sollten unbe-
sorgt sein, aber immer die Zeitung lesen. Ab ging es
in die Kaderschmiede. Da stand an einer Wand:
Tennis ist ein Zweifeld-Rückschlagspiel mit der
Verpflichtung zum sofortigen Rückschlag des gerade herübergeschlagenen Balles. Verwirrt wandte
sich Boris (so hieß der Junge) ab und sah an die ge-
genüberliegende Wand. Dort hieß es: Tennis ist ein
Duell auf Distanz, es entspricht der Forderung auf
Pistolen. Das gefiel ihm. Fortan trachtete Boris danach, den ersten Tennisschlag gleich so zu führen,

daß ein Rückschlag nicht mehr möglich war. Der Jubel hallte von Wimbledon bis Mekka. Alle, die Tennis für ein außerordentlich kompliziertes Spiel mit zahlreichen Varianten und Tricks gehalten hatten, bestaunten den großen Simplifikator – trommelnde Asse, staubende Kreide, donnernder Aufschlag, blitzender Einschlag, in aussichtsloser Lage ein viertelfinaler Rettungsschuß. Und doch ein so sympathischer Junge!

Das Gespräch der Experten erstarb. Die Frage war nicht mehr: Ist seine Rückhand mit 17 schon besser als Borgs Vorhand mit achtzehneinhalb? Ist er nicht in der Anfangsphase besser als McEnroe in der Endphase? Blitzkrieg, Tornado, Bomber, Wegsprengen stammelten sie – und bald nur noch berauscht: Bum, bum, zack, peng. Ein Spiel, ein Hin und Her? Es ist doch so: Man schlägt den Ball, sagt danke und alles ist vorbei. Boris meinte, er sei kein Soldat, aber er müsse bluten und hassen und vielleicht Ratten essen, um ein Großer zu werden. Elektroschocks für den Knöchel dürfen nicht fehlen, und die Hitze des Centre Courts ist immer glühend. Wann auf die Uhr zu schauen ist, steht im Vertrag mit dem Uhrmacher. Er ist doch ein Kind, schrie einmal die Mutter. Ein Kind? Wie kann der Held ein Kind sein? Der Held ist unser. Und er gewinnt ein verlorenes Spiel.

DAS GLÜCK SASS AUF EINER PARKBANK und schaute demonstrativ auf die Uhr. »Entschuldigung«, ächzte Boris, »da war so eine blöde Glastür; die ging nicht auf. Ich hab' sie dann einfach eingetreten.« Er hob sein rechtes Bein ein wenig an; oberhalb des Knöchels waren ein paar Bluttropfen zu sehen. Nachsichtig lächelnd schüttelte das Glück den Kopf. Dann kramte es in einer ramponierten Plastiktüte herum, förderte eine Flasche Wermut zutage und streckte sie Boris hin. »Nein, danke«, murmelte der. Das Glück nahm selbst einen Schluck und sagte dann: »Jetzt könntest du dir's doch leisten, oder?« – »Ja. Nein. Ich weiß nicht.« Mit beiden Händen ergriff das Glück die Plastiktüte und hielt sie Boris unter die Nase. »Schau selber rein! Da ist nichts mehr drin für dich, Junge. Finito. Es gibt keinen Grund mehr, auf irgend etwas zu verzichten. Ach, übrigens: Herzlichen Glückwunsch, Nummer eins!« Das Glück prostete Boris kichernd zu und nahm noch einen Schluck.

Boris starrte auf die träge vorbeifließenden Wasser des Jarra River. »Okay, okay«, sagte er schließlich, »ich hab's kapiert. Die Nummer eins zu sein bringt einem gar nichts. Sagt Karen ja auch immer.« »Karen?« fragte das Glück, »ich denke, die haben wir vergessen?« Boris stand abrupt auf. »Paß auf«, sagte er, »wenn du meinst, mich hier pausenlos provozieren zu müssen, hau' ich auf der Stelle ab und geh' zur Siegerehrung hinüber.« Das Glück erschrak. »Bitte nicht«, bettelte es, »bleib noch ein bißchen hier, nur noch ein paar Minuten.« Und dann, leise: »Ich mag es so gern, wenn einer an mich glaubt.« »Ach Gott«, sagte Boris, »mir kom-

men die Tränen. Du lungerst hier in diesem ver-
gammelten Park rum, hältst einem deine leere
Plastiktüte hin und möchtest, daß man an dich
glaubt. Das ist doch bescheuert, einfach nur bescheuert.« Spöttisch klatschte das Glück in die
Hände. »Bravo, Boris! Bist ein richtig harter Bursche geworden. Wenn ich so zurückdenke an damals, in Leimen ... .«

Das ist lange her, dachte Boris, aber jetzt bin ich
endlich groß geworden. »Stimmt«, sagte das
Glück. »Hä?«, machte Boris – und, Donnerwetter,
merkte er, das Glück kann also immer noch meine
Gedanken lesen. »Kann ich«, sagte das Glück,
»und deswegen macht mir auch der große Boris
nichts vor. Dein Problem ist, daß du immer noch an
mich glaubst, gib's zu!« »Und wenn schon? Nur
deine dämliche Plastiktüte, mit der kannst du mir
gestohlen bleiben. Wimbledon. Daviscup. Welt-
rangliste. Das ist doch alles Firlefanz. Ich will endlich ganz normal leben, verstehst du, mit einer Frau
zusammen, will Kinder haben« – »Heiraten hast du
vergessen«, murmelte das Glück. »Von mir aus heiraten«, rief Boris; »aber das hast du wohl nicht in
deiner tollen Tüte, so was ganz Normales.« Das
Glück schüttelte den Kopf. »Ich muß jetzt gehen«,
sagte Boris. Als er sich noch einmal umschaute, war
die Parkbank leer.

9. Dezember 1993

NICHTS IST DEM NIEDERTRÄCHTIGEN PUBLIKUM widerwärtiger als eine Serie von Mißerfolgen bei seinen gefeierten Lieblingen. Wer nicht spurt, der bekommt verbal noch einen genüßlichen Tritt in den Hintern, selbst wenn er schon am Boden liegt. Ein trauriges Lied vom Undank der Welt kann einer singen, der zur Zeit lust- und erfolglos im *Grand Slam,* im dicken Schlamm der Niederlagen steckt. Boris Beckers Sturz hätten wir gern zum Anlaß genommen, einmal gründlich mit jener weltumspannenden Tennisseuche abzurechnen, deren nervtötendes »Plopp-Plopp« uns seit Jahren terrorisiert, weil offenbar rund um die Uhr auf dieser Erde irgendwelche *courts* ständig *open* sind und junge Menschen auf gelbe Bälle 6:4, 6:2, 3:6 dreschen. Keine Nachrichtensendung, die nicht mit einem überstandenen Halbachtelfinale in Niederpückelsheim aufmachte ... lassen wir das. Heißen wir Herrn Becker lieber als Objekt für unsere weiteren Forschungen auf dem Gebiet »Degenerationserscheinungen bei Spitzensportlern« willkommen.

Es hätte gar nicht der ätzenden Bemerkung seiner Sportkameradin Franziska van Almsieck bedurft, die seine traurigen, zum »Bumm-Bumm« mutierten Schläge mit den Worten kommentierte: »Er spielt, als ob nicht seine Freundin, sondern er selbst schwanger wäre.« Zweifellos ist Boris Becker ein bißchen schwanger. Zunahme des Leibesumfangs, Kollapsneigung und nervöse Störungen können wir laut Pschyrembel zumindest als »3. unsicheres Schwangerschaftszeichen« diagnostizieren. Nach Beckers eigenen, leicht verwirrten Angaben (»Ich denke nur noch Baby, Baby, Baby«) befindet er sich »in der Evolution meines Lebens«. Nichts gibt ihm da mehr recht als die Evolutionsforschung. Von den ritualisierten, sympathischen Männer-Schwangerschaften urtümlicher Naturvölker über die Schaulust des Louis Quatorze, der seinen Mätressen leidenschaftlich gerne beim Gebären zusah, bis hin zu den zeitgenössischen Vätern, die mit Videokameras und dem Schlachtruf » Wir sind schwanger« die Kreißsäle eroberten, durchzieht der brennende Wunsch des Mannes, sein spezifisches Defizit zu kompensieren, die Menschheitsgeschichte. Um nun auf die letzten Erkenntnisse der Evolutionsforscher zu sprechen zu kommen: Die haben herausgefunden, daß Männchen, bloße Lieferanten von Erbmaterial, im Grunde nichts weiter seien als »Überbleibsel einer aus dem Ruder gelaufenen Evolution«, ein Fehlgriff der Natur. Die Texas-Eidechse zum Beispiel hat diesen Fehlgriff vor Millionen Jahren bereits korrigiert und vermehrt sich inzwischen ausschließlich durch Jungfern-Zeugung.

So wird alles Männliche auf dieser Welt langfristig zum Weiblichen mutieren müssen. Könnten die Anstrengungen, die man bereits dem kleinen Boris zumutete, diesen Prozeß nicht beschleunigt haben? Wissen wir, weiß er selbst, was *wirklich* in ihm vorgeht?

Sozialneid
oder: Monster ist wieder unterwegs

Wɪʀ ᴠᴏᴍ ᴀɴᴅᴇʀᴇɴ Uғᴇʀ des Genießens, durchaus
bürgerliche Existenzen, haben unsere Geheimleben,
unsere Exzesse … Ja, waren Sie schon beim Arzt?
Zur BVA-Kur? Exzesse sind gewiß nicht gesund,
eher schädlich, wahrscheinlich! Am Ende fallen Sie
gar der Solidargemeinschaft der Normalen zur Last
… Wenn Sie jetzt bitte mich zu Wort kommen lassen würden. Das ist es ja, wir sind von dieser – wie
heißt die Gemeinschaft – Lichtjahre entfernt. Leben abartig. Haben Sie recht. Fernsehmäßig niemals in der Ersten Reihe, auch an Schulmädchen-
sex kaum interessiert. Höchstens ab und an der
Blick ins echte Fernsehen. *Space Night* bei den Bayern. Weltraum, Mondlandungen, Ausstiege, Son-
nensegel; ein Riesentrip. Die da oben, wir hier unten. Gemeinsam Fast food nuckeln. Oder in Berlin,
die S4. Fahren. Anhalten. Fahren. Signal auf Rot.
Weiter! Bis zum Morgen. Woher ich das weiß?

Sehen Sie, das eben ist unser Geheimleben. Wir
lieben das Aufbleiben, nein: das Nicht-ins-Bett-Ge-
hen. Wenn Spätmensch im Haus gegenüber die Segel streicht, weil er früh raus muß – WIR? Leben
weiter. Genießen das Aufhören von Klang und
Krach, lieben die Übergänge von Hell und Dunkel,
wie sie nachts sich bilden, im künstlichen Licht.
Wir lieben es, dazusitzen, ein bißchen zu lesen,
nicht zu lesen, in Gedanken mächtig und trächtig
zu sein. Wunderbare Projekte entfalten sich, mühelos gewinnen sie Gestalt und Wirklichkeit. Unser
Geheimleben? Nächtliche Höhenflüge. Kleine und
große Wörter, hingeworfen auf jungfräuliches Papier, zeugen von unseren Exzessen – bei denen wenig getrunken wird. Nur nicht »stoned« sein; sonst

stürzt man ab. Verstehen Sie jetzt? Es ist auch eine Sucht. Und irgendwie auch erotisch. Natürlich – heutzutage ist alles irgendwie erotisch. Nicht ins Bett finden. Und am nächsten – nein, nicht Morgen – Tag? Hineinkommen, wie es paßt, wie es geht, langsam und behutsam tastend.

Bloß das Spiel endet nicht gut, die Normwelt ist unwahrscheinlich brutal; kapiert nicht, daß es Menschen vom anderen Zeitufer geben muß, welche stellvertretend aufbleiben. Nacht wird Tag. Wahnsinnig und welterhaltend. Normwelt kapiert nicht! Nein, Gasableser klingeln Sturm (Gasableser lesen täglich gegen acht Uhr). Chefredakteure verlangen bis vier Uhr nachmittags (!) fertige Streiflichter oder andere lichtscheue Ware. Und wenn das Leben eben kommod zu werden verspricht, schließen die Geschäfte. Nahe Frankfurt, in Dreieich, hat nun, von der *taz* ausgegraben, sich ein Hilfsverein gebildet (geht anscheinend nicht anders im Lande D.), welcher »zeitversetzten Menschen« gegen den Terror der gleichschaltenden Arbeitswelt beistehen will. Schon haben die Dreieicher herausgefunden, unsere Neigung zum nächtlichen Geheimleben sei angeboren. Gut so. Doch nun sollten sie bitte schleunigst wieder aus unseren Exzessen verschwinden.

GELD STINKT NICHT, sagte Cicero. Geld stinkt nicht, sagte Kaiser Vespasian. Geld stinkt nicht, sagen seither alle – und warum? Weil Geld eben doch stinkt. Zur Geruchsbeseitigung verwendet man edel parfümierte Slogans wie »Alle Menschen sind gleich« oder »Froh zu sein bedarf es wenig«. Nicht zufällig sind solche Sprüche vor allem in Millionärskreisen beliebt; armen Leuten wie dir und mir helfen sie nicht weiter. Wer sein Geld durch ehrliche Arbeit verdienen muß, weiß einfach zu gut, daß es kein ehrliches Geld gibt. Die paar Mark nämlich, von denen unsereiner seine Miete zahlt und sein tägliches Brot und seinen Opel Corsa – die sind allenfalls die Brosamen, die uns hingeworfen werden (und das auch noch zähneknirschend) von den Tischen der Reichen. Doofer Klassenhaß, rufen die Volkswirtschaftler: Es kann nichts verteilt werden, was nicht vorher erarbeitet wurde. Wohl wahr. Man müßte nur nicht dort sein, wo gearbeitet wird, sondern dort, wo verteilt wird! Nicht an der Werkbank zum Beispiel, sondern an der Börse. Bitte schön! rufen die Volkswirtschaftler, da kann jeder hingehen. Auch Franz Steinkühler? Auch Franz Steinkühler.

Schon gemerkt? Wir lenken ab. Wir vermengen demagogisch geschickt die völlig legale Tatsache, daß der Privatmensch Franz S. Aktien gekauft hat, mit dem ungeheuerlichen Verdacht, er habe sich sein als Gewerkschaftschef und Aufsichtsratsmitglied erworbenes Geheimwissen zunutze gemacht, um sich persönlich zu bereichern. Freilich sind es nicht wir allein, die im wilden Durcheinander der Korruptionsaffären allmählich den Überblick über

Recht und Unrecht verlieren. Was meldet die Boulevardpresse? Steinkühler mißbraucht Aufsichtsrat-Wissen? Steinkühler erschleicht sich Vorteile? Mitnichten. Sie meldet, dick auf Seite 1: *Steinkühler über Nacht um 64 000 Mark reicher geworden.* Getreu der Boulevard-Regel Nr. 1: Am liebsten lesen die Leute das, was sie eh schon wissen. Man wird einfach nicht über Nacht um so viel Geld reicher. Und wenn doch, dann stinkt das Geld.

Wir sind schon im dritten Absatz und haben immer noch nicht unsere Pflicht als strikt rechtsstaatlich orientiertes Aufklärungsorgan erfüllt. Diese Pflicht gebietet, endlich – jetzt kommt's – klipp und klar zu sagen, daß Gewinne aus Börsengeschäften an sich ebenso legal sind wie, sagen wir, Gewinne aus unternehmerischer Tätigkeit. In beiden Fällen streichen die Gewinner Geld ein, das andere Leute erarbeitet haben, was einerseits eine Gemeinheit ist und andererseits die Grundlage des einzigen bisher funktionierenden Wirtschaftssystems. Moralisch gesehen geht wohl immer noch ein Kamel eher durchs Nadelöhr als ein Reicher ins Himmelreich. Juristisch gesehen aber gibt es zwei Arten, am Himmelreich vorbeizuschrammen – legale oder illegale. Wie immer Franz Steinkühler aus seiner Affäre herauskommt: Pragmatisch gesehen ist er fortan ein Kamel.

22.35 UHR. NIESELREGEN. Das Monster ist wieder unterwegs. Es trägt einen Trenchcoat. Die rechte Tasche des Mantels beulen zwei Bündel Hunderter aus, zusammengehalten von Platinclips. Das Monster hat Zeit. Niemand befiehlt ihm, abzuwaschen, tanzen zu gehen, das Licht auszumachen. Das Monster schnürt durch die dunklen Straßen, um die Preise hochzutreiben. Da, ein Altbau: Jugendstil-Erker, hohe Räume. Tiefgarage. So etwas liebt das Monster. 2300 Mark? 3200 Mark? Kein Problem. Das Monster hat Geld. Es sitzt täglich zehn Stunden im Büro, manchmal bis spät in die Nacht. Monster müssen keine Rücksicht nehmen auf Mann, Weib und Kind. Das Monster arbeitet. Zwar kann es danach seine hochräumige, weiße, designer-möblierte Wohnung nicht genießen, aber das macht nichts, denn dort wartet sowieso niemand. Das Monster ist allein und will haben, haben, haben.

In München, so hat ein hochrangiger Rathausbeamter mitgeteilt, leben 330 000 Monster. Nein, direkt so hat er das nicht gesagt, sondern er hat darauf hingewiesen, daß die Drittelmillion alleinlebender Personen, die in der Regel überdurchschnittlich gut verdienen, die Mietpreise in der Landeshauptstadt nach oben treiben. Das ist tatsächlich ein großes Problem, denn der Vermieter als solcher mag lieber einen 140 000 Mark verdienenden Werbekaufmann auf 100 Quadratmetern als eine fünfköpfige Familie mit 60 000 Mark. Man nennt das Marktwirtschaft, und die hat, niedergeschrieben im Buche Ludwig Erhard, hierzulande den Charakter eines säkularen Evangeliums. In ihm steht auch, daß der auf freie Tage verzichtende Ingenieur trotz seines höheren Gehalts für den Arbeitgeber ein angenehmerer Kostenfaktor ist als die Mutterschaftsurlaub beanspruchende Sachbearbeiterin. Je mehr Arbeit, desto mehr Geld, je weniger Zeit, um so kaputtere Beziehungen, je mehr Raffen, Entscheiden, Anordnen, desto mehr Allein-im-Nieselregen-Spazierengehen.

Was tun? Eine Verordnung erlassen, die Singles maximal 43 m² Wohnraum erlaubt? Familien soviel Wohngeld geben, daß sie auf dem Wohnungsmarkt mithalten können? Bogenhausen, Nymphenburg und die City ummauern und nur Alleinlebenden in 150-PS-Autos Zutritt einräumen? Schwierig, schwierig. Oder gar: Mietbindungen, Wohnungsbewirtschaftung, den – ipfuiteufel – Sozialismus einführen? Das Monster, vom Rathaus in seiner ganzen Perfidität entlarvt, lacht sich ins Fäustchen. Es lebt ja nur nach dem Ludwigs-Evangelium. Es weiß genau, daß die Damen und Herren in den Rathäusern und Staatskanzleien, egal ob allein lebend oder nicht, auch nicht schlecht verdienen, denn das Monster führt horrende Steuern ab (Monsterklasse I, ledig). Die Politiker mögen also ab und an öffentlich ihre sorgenzerfurchte Stirn präsentieren, bevor sie sich in ihr 140-m²-Eigenheim im Süden Münchens begeben. Man kann halt nix machen gegen die Marktwirtschaft. Heute abend wird das Monster wieder schnüffeln, am Englischen Garten. Eine Atelierwohnung wär' schon recht für den Sommer.

Kultur
oder: Der schiefe Turm
von Uelzen

ES WAR VERDÄCHTIG STILL GEWORDEN um Harald Juhnke, den Entertainer mit dem starken Drang zum Geistigen, doch nun, Ende August, hörte man wieder Vertrautes. Ein Rückfall! Die Berliner »Amadeus«-Premiere, wo Juhnke den Salieri hätte spielen sollen, in Gefahr! Peter Schaffers »Amadeus« muß, wenn überhaupt, ohne den populärsten Alkoholiker der Nation stattfinden! Mozart selber (dies nebenbei) vertrug Alkohol besser: Die Ouvertüre zum »Don Giovanni« soll er in einer Punschnacht niedergeschrieben haben, unmittelbar vor der Uraufführung.

Was Juhnkes Alkoholspiegel betrifft, so gibt es, wie oft im Leben, zwei Möglichkeiten. Entweder ist unser Freund zur Sommerszeit tatsächlich gefährdeter als im Winter, oder es führt ein saisonbedingter Mangel an kulturellen Ereignissen dazu, daß die Öffentlichkeit während der Sauregurkenzeit teilnahmsvoller und ausführlicher auf Juhnkes Leber blickt. Nun gleicht aber diese Leber – Juhnke sagt es selbst – in nichts der eines älteren Alkoholikers. Im Gegenteil: Der Arzt habe ihm erfreulicherweise versichert, seine, Juhnkes, Leber sei wie die eines 35jährigen! Falls sich das so verhält, wären wir jetzt beim Thema. Nicht das Trinken als solches interessiert – die eigensinnigen und phantasievollen Erklärungen tun es, mit denen Alkoholiker ihre Schwäche zu begründen wissen. Wie entstand der berühmteste Rotweinfleck der neueren deutschen Literatur? Hans Castorp entdeckt ihn im »Zauberberg« auf Mynheer Peeperkorns Bettzeug, also im Schlafgemach jener beeindruckenden Säuferpersönlichkeit, die Thomas Mann nach dem Bilde des

Dichtes Gerhart Hauptmann gestaltet hat. Hauptmann, auch hierin Goethe ziemlich ähnlich, gab der
Sucht, mindestens zwei Flaschen täglich zu entkor-
ken, nicht ungern nach. Gleichwohl war er tief ge-
kränkt über seines Kollegen Indiskretion. Nur auf
Anraten seines Arztes, erläutert Hauptmann später
vergrätzt, habe er nämlich damals Rotwein zu sich
nehmen müssen.

Es gibt keine Trinker, nur Zwänge. Als Friedrich
II. von Preußen einmal seine Truppen inspizierte,
wurde er gewarnt: Leutnant von X. sei leider Alkoholiker, der von Y. indessen stets vorbildlich nüchtern; des ersteren Leute jedoch exerzierten besser.
Friedrich der (wahrlich) Große nahm also Herrn
von Y. beiseite und bedeutete ihm ungnädig: »Weiß
er was – sauf er auch!« Das wäre nun keine
schlechte Schlußpointe, aber ein paar Zeilen fehlen
noch. Es ist, hupp! kein geringer Stress, die *Streiflicht*-Exerzitien zu erfüllen, das geht zu wie auf dem
Kasernenhof: Drei Absätze, marsch-marsch! 72
Zeilen, links schwenkt!, dabei der gemeine Zeitdruck. Den Autor quälen unter der Anspannung,
nicht den Faden zu verlieren, Übelkeit, Angst und
Schwäche, und da leistet während des Schreibaktes
eine kleine Gabe Magenbitter, ein Fläschchen ver-
edelten Vermouth-Würzweines, durchaus erste Hilfe. Mit Alkoholismus hat das, hupp!, überhaupt
nichts ... (Von der Redaktion abgebrochen.)

UND WAS JETZT? Wo nehmen wir, wenn es Winter wird, die Blumen, und wo den Sonnenschein und Schatten der Erde? Und wer schreibt, im Sinne des Servicecharakters, die Wetterdienst-Texte so um, daß daraus etwas Freundliches wird? Am Mittwoch noch Frühnebel, dann wieder starke Bewölkung und Regen – also nein, da scheitern wir lieber gleich. Andererseits, Goethe: Da werden Winternächte hold und schön, ein selig Leben wärmet alle Glieder. Und ach! – entrollst du gar ein würdig Pergamen ... Pergamen des Reimes wegen, sonst Pergament; und was steht drin? Unbedeckte Männerpopos im Hallenbad »gegenwärtig noch ortsunüblich«: Für das geht unser diesjähriger Subtilitätspreis ans Amtsgericht Würzburg. Weiterrollen (das Pergament): Traurige Weihnacht für Prinzessin Diana – nein, das bitte nicht, es ist eh alles so furchtbar, ganz besonders in England drüben. Derart traurig schleppen sich die Leute dort durchs Leben, daß *sadness* – Traurigkeit – schon zum Gegenstand der Seuchenforschung geworden ist.

Erstes Forschungsresultat: Im November sind die Leute immer besonders traurig, und warum? Weil es da so früh dunkel wird und so lange dunkel bleibt. Diese Erkenntnis gehört eindeutig in die Abteilung Verschüttetes Weltwissen; nur englische Fachleute konnten sie wiederentdecken, weil denen dank Thatcherischer Stromprivatisierung nun häufiger das Licht ausgeht. (Merke: Es stimmt, daß der Staat unfähig ist, irgend etwas zu organisieren; aber die Privatwirtschaft ist noch unfähiger.) Bei uns grassiert die Seuche Traurigkeit vorerst noch im Halbbewußten: Einerseits schwindeln wir uns mit

Hilfe der Elektrizität über alle Dunkelheiten hinweg; andererseits privatisiert sich die Post, weswegen es immer sinnloser wird, Briefe zu schreiben oder auf Briefe zu hoffen. Was tut man sonst, wenn es draußen dunkel ist? Man bleibt in der Stube hocken und hat ein bißchen Angst. Heilige Margarethe Schreinemakers, hilf!

Im übrigen aber und überhaupt: Wovor denn Angst? Es ist ja gar nicht wahr, daß Traurigsein eine Seuche ist. Eine Krankheit vielleicht, aber eine lebensnotwendige; die Engländer zumal sollten eigentlich wissen, daß ihr komischer Inselstolz und ihr Empire-Getue und ihre Puddings ohne die überall mitschwingende *sadness* gar nicht zu ertragen wären. Traurigkeit, wohlverstanden, ist nicht nur das Resultat aller wirklichen Welt- und Ich-Erfahrung; Traurigkeit ist vor allem die Voraussetzung hierfür. Ein unentwegt fröhlicher Einstein hätte keine Möglichkeit gehabt, die Relativitätstheorie zu entwickeln. Und wir weniger Schlauen finden in traurigen Stunden *(post coitum omne animal triste)* etwas über die Liebe heraus; das ist doch auch schon was. Noch ein wenig Latein, vom Vater des Abendlandes und als Wegzehr für die Winternächte? Die Traurigkeit kommt aus den Dingen selbst, sagt Vergil: *Sunt lacrimae rerum.*

Du ciel / ou de l'enfer / zu raten woher ist ley-
der schwer / a mes tres chères soeurs et frères / Par
Munic

den 5:ten december um sieben uhr abends in den
Sanct Stephans Cathedrale Domm, die Todtenmess
zu hören. ist meine eigene gewesen, so daß ich hab
hingehen müßen, ob ich gleych lieber tarok gespilt
hette im Wirtshaus. habs hintennach auch Bereuet.
libste Schwestern & Brüder, potz saperment!, würde ich nicht just vor zweyhundert abgestorben seyn
so wär ichs bey diser öfentlichen feilbietung. Haben
meyn Requiem exekutirt, aber wie!? vil zu langsam!! ist ein ungarischer Capell-Meyster gewesen
und ettliche hundert musici, welche recht geläufig
gespilet haben – umsonst – der graußliche Klang,
der vom gewölb widerhallte, hats kaput gemacht.
auch sind imerzu seltsame Menschen umher gelauf-
fen mit groszen müzen aber blos für die Ohren
(vielleicht daß sie die musick nicht hören müßen?)
und haben unsinn getriben mit schwartzen strik-
ken, welche sie quer übern Altar gezogen haben
und mitten durch die musici. haben das publicum
auch mit sehr hellen lichtern geblendt, man weis
nicht wozu.

das wunderlichste ist gewesen, daß sie die Todtenmess überhaupt gespilt haben, die ich doch nicht
fertig componirte. ohnglaublich: haben meyne musick genommen bis zum *lacrymosa* und dann eyn-
fach noch eynmal repetiret, was gantz eselhaft zu
hören ist, als wenn es der Süßmair gemacht hette,
der alte Sauermaier. so must ich mir am end auch
die Ohren zu halten, und bin hindten in der Catte-
dral gesessen unter leüten, die fortwehrend ire Ta-

schen-Uhren anschauten obs bald aus ist; aber die Uhren haben sie am Arm gehabt statt in der taschen, da war es nicht auffellig. den schlechten klang merckten sie indes so wenig wie die gute Musique. libste schwestern & brüder, selbst ein Mensch von superieuren Talent / welches ich mir selbst ohne gottlos zu seyn, nicht absprechen kan / möchte leycht irre an sich werden / so er sich bey der eignen Leich prostituiret findt vor all denen lackeln, sind mir die Fürstbischöfflichen schafsköpf zu Salzburg noch liber gewesen vor zwohundert jahren.

ich weis wol, was ihr wollt. ich soll dawider reden, wie man euch Kujonieret dieses trauerfalls wegen mit den gantzen stüken und Opere, welche ich als ich noch lebte verfertigt. das tut aber nichts, so könt ihr doch alle tage was Gescheutes hören; mir selbst ist nur um das vile geld leyd, wovon ich nichts erhalte. Nicht nehrt sich von irdischer speyse wer sich von himmlischer nehrt, so sagt der commendatore im Don Giovanni, aber das ist blos eine geystliche lüge und ich glaubs nicht, weshalb ich die stell in der opera mit lauter falschen noten geschriben hab. der Monsieur Schönberg hat daraus später eine schul gemacht, welche 12-ton-musick heißt; für das tu ich ihn mit gutem gewissen beim Taroken bescheißen. ich muß bald endigen, weil ich Eile habe, denn ich habe izt just gar nichts zu thun. ich küsse sie 1000mahl und bin wie allzeit der alte junge Sauschwanz

Wolfgang Amadé Rosenkranz

WIE KALT DER TOD IST, wissen wir nicht. Schon deswegen halten wir die Behauptung, Liebe sei kälter als der Tod, für sentimentalen Schwachsinn. Andererseits: Im Grunde unseres Herzens sind wir alle schwachsinnig und sentimental. Wenn uns das einer so direkt vorführte wie Rainer Werner Fassbinder, konnten wir kaum etwas dagegen sagen. Der Mann war wahrscheinlich das einzige Genie, das der deutsche Film hervorgebracht hat; er war es unter anderem deshalb, weil er nie in Versuchung geriet, irgend etwas zu *leisten*. Leisten heißt Normen erfüllen, Normen akzeptieren – und sei es dadurch, daß man gegen sie anrennt. Nichts davon bei Fassbinder: Der war dadurch stark, daß er seiner Schwäche blind vertraute und die Schwächen der anderen sehend ausnützte.

Wir anderen wollen immer besser sein, als wir sind. Das ist brav und lobenswert, doch es macht uns angreifbar. Unter all den Fehlinterpretationen Fassbinders ist diejenige die absurdeste, die den Filmemacher der Protestbewegung der späten sechziger Jahre zuordnet. Fassbinder protestierte gegen überhaupt nichts; gerade damit machte er den Protest auf ebenso grausame Weise lächerlich wie die Konstruktionen einer besseren, halbwegs menschlichen Welt, auf die der Protest sich zuzubewegen versuchte. Seine Menschen waren keine Hoffnungsträger, sondern Schweine, die ausschließlich in zwei Varianten vorgeführt wurden: als arme Schweine oder als brutale Säue. Die eine Variante erzeugte sentimentale Rührung, die zweite angewiderte Faszination; die Kombination aus beiden bestimmte Fassbinders künstlerisches Credo.

Genies trennen nicht zwischen Kunst und Leben. Also hat Fassbinder sein radikal antiutopisches Menschenbild nicht nur in seinen Filmen vermittelt, sondern auch zur Grundlage seines Arbeitens gemacht. Großen Schauspielern gegenüber, die später in seinen Filmen spielten (weil das mittlerweile zum guten Ton gehörte), blieb er geradezu lächerlich indifferent; er ließ sie machen, was sie wollten, irgend etwas machen halt – und sie danken es ihm, indem sie bis heute erzählen, wie wunderbar es gewesen sei, mit ihm zusammenzuarbeiten. Die anderen, die nur durch ihn und mit ihm groß wurden, erzählen das gleiche, aber aus einem entgegengesetzten Grund: Niemand wußte ihren Masochismus so zu bedienen wie der überlebensgroße Sadist R.W.F. Ihr Rainer trat und erniedrigte sie, wo er konnte; ihr Rainer denunzierte sie schamlos vor der Kamera; ihr Rainer zwang ihnen aber auch sein Selbstmitleid auf: Schaut, auch ich bin nur ein armes Schwein! Da leckten sie ihm dann um so begeisterter die Cowboy-Stiefel. Er war ein Genie, o ja! Und nichts wäre dagegen zu sagen, daß wir uns zehn Jahre nach seinem Tod noch einmal intensiv mit seinen Filmen auseinandersetzen. Statt dessen findet bloß ein deutschlandweites Jubiläums-Wettlecken statt, an den Stiefeln des Denkmals, das keinen mehr tritt. Ziemlich ekelhaft, das Ganze.

BITTESCHÖN, WIR WOLLEN uns kurz vorstellen, der schiefste Turm der Welt stünde nicht in Pisa, sondern in Deutschland, sagen wir in – Uelzen. (Möglich? Möglich ist alles, wenn wir es nur wollen, und es ist ja nur für einen Augenblick, also versuchen wir es eben mal.) Wo Uelzen ist? Ha! Da haben wir es schon: Natürlich würde diese Frage niemand stellen, hätte Uelzen einen schiefen Turm. Es wäre in diesem Fall längst aus dem Schatten Lüneburgs, der Heide-Metropole, herausgetreten. Etwa 700 000 Touristen würden pro Jahr das Städtchen besuchen. Ja, man würde vielleicht gar von der Uelzener statt von der Lüneburger Heide zu sprechen gewohnt sein. Uelzen wäre weltbekannt!

Die Frage ist nun, warum Uelzen in Wirklichkeit eben keinen schiefen Turm hat. Sand ist dort genug vorhanden, auf den man das Gebäude gründen könnte, so daß es sich haltlos Jahr für Jahr ein wenig zu senken in der Lage wäre. Auch hätte dieses Land gewiß Ingenieure genug, die in der Lage wären, schiefe Türme so zu konstruieren, daß sie nicht umfallen. Warum nicht Uelzen, um Himmels willen? Könnten wir einen schiefen Turm überhaupt ertragen? Oder anders: Würde ein schiefer Turm in diesem Land stehen wollen? Man stelle sich vor: ein Turm, der von Anfang an schräg gebaut worden ist, der sich dann in drei einander überlagernden Bewegungen zuerst nach Süden neigte, darauf als Ganzes ein Stück in den Boden sank, schließlich sich südwestwärts noch einmal um die eigene Achse drehte, den schlanken Körper weiter in den Boden schraubend. (Die Angaben der Himmelsrichtungen sind je nach Quelle unter-

schiedlich.) Ein in sich verwundener, die Unzuläng-
lichkeiten des Untergrundes selbständig ausbalan-
cierender, sich mit von Jahr zu Jahr variierender
Geschwindigkeit neigender und dennoch nicht fal-
lender, ein lebender, den Tourismus und das übrige
Chaos der Welt demütig ertragender, ein gebeugter,
aber doch heiterer Turm! Eine Rebellion gegen alles
Senkrechte! In Uelzen? Unmöglich!

Die Wahrheit ist also, daß schiefe Türme in
Deutschland schon deswegen nicht einmal vorstell-
bar sind, weil die auch von kühnster, aber eben
deutscher Phantasie nicht auszublendende Kreis-
bauverordnung in Uelzen und anderswo ungefähr
dieses befiehlt: »Türme im Geltungsbereich dieser
Verordnung haben lotrecht zu stehen, Zuwider-
handlungen werden mit Begradigung oder soforti-
ger Fällung bestraft.« Der Turm von Pisa aber
steht. Die Geschwindigkeit, mit der seine Spitze in
den letzten Jahren dem Boden der geliebten italienischen Heimat zustrebte, hatte sich in den letzten
Jahren sogar noch verringert. Einmal hieß es, er fal-
le nicht mehr, sondern stehe ganz ruhig. Ausgerechnet jetzt aber haben die italienischen Behörden den
Turm für alle Besucher gesperrt. Warum? Wegen
akuter Gefahr? Aber akute Gefahr besteht seit
Jahrhunderten. Soll der Campanile sich in Ruhe ein
wenig aufrichten? Will er sich schütteln, dehnen,
strecken? Wandern? Oh, Rätselturm, Rätselland!
Wie sollen wir Dich je begreifen – von Uelzen aus?

LUXUS IN DIESEN TAGEN ist Bürgerpflicht; erstens
weil er uns durch Hamburger große Medien und
deren Kulturfolger nahegebracht worden ist. Zweitens wegen der Notwendigkeit, die nachlassende
Auslandsnachfrage durch kräftige Inlandsbelebung
auszugleichen, was »zum Fest« sich gefälligst an-
bietet! Drittens steht, wer Luxus anschafft oder
verschenkt, voll in den Strahlen der Zuversicht,
welche von dem Großen Lächler in Bonn ausgehen.
Viertens: Ist doch wahr, daß sich so etwas schon
lange andeutet. Die alten Achtundsechziger sind in
die Jahre gekommen und bügeln ihre Hemden. Ihr
damaliges Protestkapital, daß es sich um *eine* Welt
handelt, in der wir leben, daß wir mitverantwort-
lich sind auch für das Ergehen der Menschen auf
der dunklen Seite der Erde – diese Erkenntnislage
haben sie mitgenommen in den warmen Resignati-
onsmief der neuen Innerlichkeit. Fünftens: Was ist
eigentlich Luxus?

Luxus, definierte man zur Zeit der Romantik
wunderbar klar, ist eine Folge des Reichtums, aber
beileibe kein Vorrecht der Reichen. Andererseits erkannte man auch die Nachteile, welche der Luxus
für die Sittlichkeit, Naturkräftigkeit und Gesundheit mit sich bringen kann. Da der Luxus sehr alt
ist – die Römer machten durch Gesetze vergeblich
gegen ihn Front –, müssen wir ihn fragend neu zu
definieren versuchen. Ist eine Strumpfhose für 260
Mark Luxus oder nur zu teuer oder aus Kaschmir?
Wenn Luxus ein über das gewöhnliche Bedürfnis
hinausgehender Aufwand ist, sozusagen die französische, die englische, die italienische, die antike Seele im Gewöhnlichen, dann kann die dialektische Al-

ternative unmöglich in dem poweren Satz bestehen: *Meine alte Jeans tut's noch!* Luxus hat üblen Leumund. Die Snobs des *Spiegel* hängten ihm gar einen Drogencharakter an – obwohl das Drogenhafte in einer Flasche *Château Lafitte* zu vierhundert Mark aus dem Kaufhaus um die Ecke allenfalls die Aromen und der Alkohol sein werden – wobei nicht die kleinste Chance zu einem ausgeglichenen Preis-Leistungs-Verhältnis besteht. Wiederum muß man anerkennen, daß seit etlichen Jahren in der Bundesrepublik ganz allgemein besserer Whiskey angeboten wird und nicht nur der ewige Black & Decker. Luxus?

Wir haben nun sechstens zu fragen, ob der vor allem von Hamburgern (sic!) beobachtete Drang nach Luxus entweder darauf beruht, daß die Deutschen a) bloß die Angsthasen dieser wunderbaren Welt sind, weshalb sie sich in einen dilettantischen Erlebniskaufrausch kurz vor dem Ende flüchten oder ob sie b) in zunehmender Oberflächlichkeit die Welt nur nicht mehr sehen wollen, so wie sie ist? Wer beide Fragen mit einem luxuriös parfümierten Janeindoch! beantwortet, darf siebtens endlich überlegen, ob die Freude am neuen immateriellen Luxus nicht die viel schönere ist. Ich finde es einen Luxus, wenn der Tankwart noch weiß, wo das Öl reinkommt, sagte Wondratschek diesen Mittag. Zustimmung. Bald wird es heißen: Ich leiste mir den Luxus, wenigstens noch ein Streiflicht zu lesen – oder: ... *diesen* Bayerischen Rundfunk nicht mehr zu hören. Aber das können Hamburger schlecht verstehen.

MACH DIR EIN PAAR SCHÖNE STUNDEN! lautete die Parole in glamourösen Tagen. Dann erschien das mit Recht so genannte Pantoffel-Kino (süddeutsch-verliebt auch: Glasfratz) auf der Bildfläche; seitdem liegt jene unverwechselbare Miefglocke aus Kartoffelchips, menschlichem Methan und Passivität über der zivilisierten Welt. Doch manchmal plustert sich ein Film, und noch einer, die Leute laufen ins Kino wie zu den Zeiten, da Billy Wilder ein Jüngling war, vergessen Pantoffeln, falten ihre Extremitäten in schachtelkleinen Lichtspieltheatern so zusammen, daß der selige Houdini erblassen würde – regen sich auf und streiten wie sonst nicht über dreißig blasse Glotz-Abende. Film kann eben doch sehr subjektive und unmittelbar wirkende Gesamtkunst sein – *kann*.

An dieser glücklichen Stelle befinden wir uns. Zwei Filme fesseln die Massen seit Monaten. Der eine, ein böser Vernichtungs-Kriegs-Bericht über jene Jahre, da man alle dünnen Stellen des Lebensgefährten endlich auswendig kennt, ärgert Frischgeschiedene und Neuvermählte, während altgediente Eheleute wohl zustimmend den Kopf wiegen. Aber dieses Beispiel kollektiver Enttarnung der privaten Sadismen interessiert uns am Ende doch weniger als der »Club der toten Dichter«. Millionen in Frankreich und in Westdeutschland sahen/sehen diesen Film des Australiers Peter Weir, schluchzend, vom Urahn bis zum Enkel, im Verein über den musischen Lehrer John Keating, der samt Lieblingsschüler an den ehernen Werten einer Erziehungsanstalt für die amerikanische Elite scheitert – und tragen ungefähr folgende »Botschaften«

nach Hause: Erstens eine allgemein anti-autoritäre nach der Melodie: Unter den Talaren der Muff von tausend Jahren. Zweitens: Leute lest Gedichte, Dichtkunst verändert uns. Drittens den zweitausendjährigen Imperativ aus den Oden des Horaz, *carpe diem!,* was dieser Tage prosaisch mit: *Nütze den Tag!* übersetzt wird, während wir einst *Pflücke den Tag!* gelernt haben.

Die cineastische Filmkritik hat nun die »Toten Dichter« in Grund und Boden verdammt (Ausnahme: der Kritiker dieser Zeitung), ohne aber die phänomenale Massenwirksamkeit seiner furchtbar edel-schönen Sendung behindern zu können. Dagegen ist wenig zu sagen. Die greisen oder grünen sinnsuchenden Kinder des Computer-Zeitalters sollen ruhig CARPE DIEM! auf ihr eiliges Leben malen oder endlich Gedichte lesen; bloß ihr großes AHAHH! ist ein bißchen erstaunlich. Sind wir mittlerweile kulturell so kurzatmig, so wenig gebildet, daß aufgewärmte Aufklärung im Geiste der 68er-Studentenrevolte, daß eine zweitausendjährige Weisheit oder der Wohlklang der Poetik wie frische Offenbarung erscheint? Die hemmungslosen Kinotränen der Millionen, auf denen die Sehnsucht nach einem anderen Leben schwimmt, sind mindestens verdächtig. Wohlan, jeden Tag in diesem Sinne an dieser Stelle frische Nahrung: »Höre die Stimmen der Schafe / Kinder sind sie / wie ich ...« Nachschreiben, bitte.

Wᴇɴɴ ᴡɪʀ ᴜɴs ʙɪᴛᴛᴇ ᴀʟʟᴇ einen Augenblick vorstellen möchten, wie wir begraben sein wollen ...
jawohl, begraben! Beerdigt! Stille. Dann wird's
mächtig rauschen. Zeitung wird wütend zuge-
klappt. Unerhört. An dieser lustigen Stelle! Auch
jene zwei Prozent, welche an sich den Weg zur
Ewigkeit nicht fürchten und die Ausgießung des
Heiligen Geistes nicht für eine Fernsehshow halten,
werden milde tadeln. Trotzig trotzdem: Wie wollen
wir begraben sein? Es hat sich nämlich folgende
Geschichte zugetragen: Ein steinreicher alter Japaner dachte an sein Ende. Dann sprach er ungefähr
so: Ich werde das Liebste und Teuerste mitnehmen,
was ich habe. Verbrennt alles! Um Himmels und
des Buddha willen. Ryoei Saito war ja nicht irgend-
ein steinreicher Japaner, sondern jener Kunst-
freund, welcher kürzlich 1.) das ziemlich bunte
Gemälde »Au Moulin de la Galette« von Auguste
Renoir und 2.) van Goghs »Das teuerste Bild der
Welt«, einen gewissen Dr. Gachet darstellend, für
zusammen 280 Millionen erworben hatte. Nun
aber alles zusammen: Asche?

Kunstredakteuren, soweit bei ihrem getragenen
Naturell möglich, sträubten sich weltweit die Haare; sie vermeinten körperlich zu spüren, wie die
Flammen Pigment für Pigment aufaßen. Muß, er-
kundigten sie sich, Dr. Gachet ins japanische Feuer?
Die Hamburger Boulevardzeitung für gehobene
Kreise kreischte ergänzend: Kunstfrevel! Ein Stuttgarter Ästhet forderte: J'accuse! Weltkunst sollte
sich nicht in Rauch auflösen dürfen! – Warum eigentlich nicht? Die heulenden Kunstkrokodile in aller Welt haben zum Beispiel jenen Freund und Arzt

van Goghs millionenmal zu- und hingerichtet, als sie das Bild, erste Fassung, auf schrecklichste Weise reproduzierten und, wenn es nicht paßte, gröblichst beschnitten. Das Original existiert längst nicht mehr; in unseren Köpfen nistet die Karikatur des Dr. Gachet, und sein Maler wäre der erste, der den Doktor in die Flamme würfe.

Drittens und viertens ist in unserer rechtwinkligen Zeit die Grabbeigabe als solche leider aus der Mode. Früher, wenn diese Jahrtausende umgreifende Zusammenfassung erlaubt ist, früher folgten Witwen, Freunde, Lieblingsmenüs, Geld, Gummischuhe – und Kunst dem oder der lieben Verblichenen unmittelbar, teils, um den Höllenhund zu besänftigen, teils, um drüben / im Paradies / der Hölle standesgemäß auftreten zu können. Was wäre das für eine Befreiung der Lebenden (und des Kunstmarktes), wenn wir das Herumstehende und -hängende ein bißchen abräumen und ins Jenseits verschicken könnten; was gäbe das für ein Gejohle unter den auf Erden herrschenden Kakerlaken des vierten Jahrtausends, wenn sie unsere Grabbeigaben auspackten: das Plastikspielzeug, den versteinerten Bürostuhl, Acetylsalicylsäure gegen Kopfschmerz unterwegs ...

Leider hat Millionär Ryoei Saito die Nerven verloren und nach dem heftigen Gebrause in den Feuilletons der int. Staatsgemeinschaft revoziert: Er würde nichts mitnehmen. Wenn wir uns aber gleichwohl alle miteinander einen Augenblick vorstellen möchten, wie wir begraben sein wollen ...

Unkultur
oder: Wer hoppt,
der zappt

FOLGENDE FRAGEN SIND umgehend und unbedingt wahrheitsgemäß zu beantworten: Sind Sie, erstens, Mitglied einer politischen Partei oder Sekte
oder sogar in deren Pressestelle beschäftigt? Wollen
Sie, zweitens, per Postsendung Heizdecken, Kaffee-
maschinen oder Lotterielose verkaufen? Erachten
Sie, drittens, nachfolgende Aussage für mitteilens-
wert: »Der Abgeordnete Schmidt begrüßt mit dieser Erklärung den Beschluß des Parlaments, die
Vorlage Nummer 576 an den Ausschuß zu verweisen.«

Wer alle drei Fragen aufrichtig mit Nein beantwortet, erhält die Erlaubnis zum Bedienen eines
Fax-Gerätes auf Probe und zum Aussenden von
Drucksachen auf Widerruf, weil er offensichtlich
nur Wesentliches zu schicken gewillt ist. Sollten Sie
aber auch nur eine der Fragen bejahen, sind Fax-
Gerät und Schreibmaschine in Ihrem Büro ab sofort nach dem *Kommunikationswaffensperrvertrag*
(KSV) gegen die Papierflut stillgelegt. Die Erlaubnis
zur Wiederinbetriebnahme kann nur durch einen
längeren Lehrbesuch beim Briefträger von *Chapelle
des Marais* in Westfrankreich erworben werden.
Dieser für seine Verdienste um Sauberkeit und Ordnung unlängst suspendierte Mann hat in den vergangenen drei Jahren die ihm anvertraute Post
gewissenhaft zum Nachsortieren mit heimgenom-
men. Er hat alle Werbesendungen und unwichtig
erscheinenden Schreiben aussortiert und insgesamt
800 Kilogramm Papier einbehalten. Schnell konnte
der Verdacht der Faulheit ausgeräumt werden; der
Briefträger hat vielmehr als einer der ersten die Erkenntnis umgesetzt, daß es im Leben schon lange

nicht mehr darauf ankommt, möglichst viel zu lesen und zu lernen. Der wahre Könner entscheidet
schnell und sicher, was aussortiert werden muß.

Wie unser Briefträger diese Kunst beherrscht,
läßt sich daran ablesen, daß in den drei Jahren nie
ein Empfänger einen Brief vermißt hat. Sein Ser-
vicebüro wurde erst durch einen Hausmeister entdeckt, der sich über die Postsäcke wunderte. Man
möchte dabeigewesen sein: Ganz zu Anfang, als er
seiner Sache noch nicht sicher war, wird er wohl
nur die Lappalien aussortiert haben. Aber dann hat
er etwas gewagt: einen im Zorn geschriebenen Abschiedsbrief gebremst und so eine Liebe gerettet,
womöglich schrieb er Menschen zurück, die seit
Jahren vergeblich auf Antwort warteten, und wer
weiß, vielleicht hat er auch einmal eine Rechnung
bezahlt. Nun hat die französische Post den großen
Kommunikator nicht nur beurlaubt, er soll sogar
noch von einem Psychiater auf seinen Geisteszu-
stand untersucht werden. Die Post plagt offenbar
die Angst um ihre Existenz: Wieviel bliebe übrig,
wenn alle Briefträger ihr Amt so gewissenhaft
wahrnähmen?

KRACH! BUMM! ZISCH! Plätscher! Schnarch! Wau! Dingdong! Schrei nicht so! Also, wir hören heute vom Lärm und ein bißchen auch vom menschlichen Spaltungsirresein. Zunächst ein Blick auf die prozessuale Lage. Zumindest hierzulande ist die Durchsetzung individueller Rechte und Ansprüche bis zum höchsten Grade der unfreiwilligen Komik vorangekommen. Ging unlängst ein Ehepaar vor Gericht, weil es im gemieteten Ferienhaus anstelle eines Doppelbettes nur Etagenbetten vorgefunden habe. Man glaubt es kaum, das Pärchen bekam recht (und eine Entschädigung) wegen geminderten Erlebniswertes. Nicht zu zählen sind jene Prozesse, durch die irgendwelchen Kreaturen der Mund oder die natürliche Ausdünstung untersagt werden soll: Dem Hund. Dem Misthaufen. Der Glocke. Der Kuh(glocke). Allerletztes Urteil: »Im Dorf« (was ist das?) darf es mehr stinken und lärmen als im reinen Wohngebiet; folglich darf Schafzüchterin X einen Winterstall für Mutterschafe bauen. Wir gratulieren.

Nicht zu überhören ist, daß solche prozeßmäßigen Empfindlichkeiten die tief angelegten schizophrenen Züge der menschlichen Natur verraten. Einerseits wird jede animalische Lärmquelle dingfest gemacht, andererseits hat der Mensch unserer Tage die Stille gründlich und endgültig besiegt, weil er fürchtet, sie nicht aushalten zu können. Unablässig erfindet er neue akustische Reize, mikroelektronisch gezeugte Piepser und Rülpser – und webt daraus Lärmteppiche vermeintlicher Psycho-Stimulation. Die Leute jammern uns aber die Ohren voll, daß ihnen beim Warten auf telephonische Verbindung unerbetene Walzer eingetrichtert werden; sie geben zu Protest, daß discoähnliche Klangerlebnisse in Restaurants entgegen den Erwartungen der beschwatzten Wirte appetitzügelnd und mißmutisierend wirken. Ohnmächtige Wut.

Sind wir, dies protokollierend, Agenten der Technikfeindlichkeit? Wir fühlen die stumme Frage der Industrie-Standort-Ältesten von Deutschland bohrend auf uns und unserer Textverarbeitung ruhen. Großes Ehrenwort: Nein. Uns piesackt bloß das dumme Langzeitgedächtnis. Jeder Schritt bis zur jetzigen Höhe der Zivilisation verdoppelte Lärm und Geräusch. Am Anfang waren Meere und Wind allein. Mit dem Homo sapiens kamen: Jagd – Religion – Krieg – Dampfmaschinen – Verbrennungsmotoren – schließlich die elektromechanischen und mikroelektronischen Revolutionen, sprich Telephon, Lautsprecher. Unseren leicht bis schwer ertaubten Nachbarn brüllen wir zu: Der Mensch ist der oberste, erste und mächtigste Krachmacher des Planeten, nicht Ochs und Esel noch das blökende dafür seelenvoll blickende Schaf – der Määhhnnnnnsch! Klage letztlich zwecklos, sie müßte sich gegen uns selbst, gegen die Angst vor der Stille richten. Stille war ein kostbares Gut im ungeschriebenen Kodex der Menschenrechte, schreibt Klang-&-Krach-Forscher Muray Schafer. Unsere Antwort? Ein Wutschrei.

DAS WUNDERSAMSTE AN KARL MAY ist seine Wirkungsgeschichte, insbesondere der Umstand, daß der grobe Mummenschanz und all die Vorspiegelungen, die der Fabulierer zum Schutz seiner zerbrechlichen Existenz veranstaltete, von einer breiten Gemeinde für durchaus bare Münze genommen wurden. Als zum Beispiel im Juli 1897, anläßlich der fünften Wiener Männerwallfahrt nach Mariazell, der Gesangsverein »Dreizehnlinden« das innige, den Lesern der Winnetou-Trilogie wohlbekannte *Ave Maria* vortrug, sandten die Männer ein Telegramm, das folgendermaßen endete: »Zweitausendstimmig sei mit Macht / Dem Dichter unser Dank gebracht.« Wohlgemerkt ging das Telegramm nicht an den Dichter respektive Komponisten, sondern, einer Erinnerungsschrift zufolge, an jenen »Dr. May«, der »von den Indianern – weil er ein so tüchtiger Schütze war – Old Shatterhand genannt« wurde. Man kann sich vorstellen, daß »Dr. May« seinerseits das Telegramm als Beleg abheftete: Old Shatterhands Kampftüchtigkeit, nun auch bestätigt durch die Häuptlinge der Wiener Männerwallfahrt.

Zu Karl Mays 150. Geburtstag, der nächste Woche zu feiern ist, hat sich die in Dichtung und Wahrheit, Sein oder Schein, Traum und Leben wie eh und je befangene Nachwelt ein seltsam stimmiges Präsent einfallen lassen. Im Bad Segeberger Kalkbergstadion, wo seine weitschweifigen Abenteuer in aller Herzenseinfalt als Festspiele gegeben werden, wird sich dieses Jahr ein neuer Old Shatterhand vorstellen: Christopher Barker. Jawohl, der Sohn. Das ruft Erinnerungen an den 1973 gestorbenen Lex Barker wach, der zusammen mit Pierre

Brice in manchem Karl-May-Film das Bild des edlen Paares Winnetou/Old Shatterhand nachhaltig
und fatal prägte. Die zwei waren vielleicht Kleider-
ständer! Im Wilden Westen, so der bis heute haften-
de Eindruck, trägt man fein gegerbte Sachen und
die Haare *brisk*-frisiert; zudem mußte ihnen der
Regisseur ein für allemal gesagt haben, daß es bei
diesem Sujet nie verkehrt sein kann, bedeutend in
die Ferne zu blicken. Die Präsentation war ein rech-
ter Jammer, bei der sonstigen Qualität dieser Streifen aber auch keine Katastrophe.

Im übrigen war der Schaden ebenfalls gering.
Schließlich hatte man ja nicht erst auf Lex Barker
warten müssen. Schon der von Karl May entwor-
fene Old Shatterhand ist ein im Grunde unaussteh-
licher Kerl, und zwar weil er in einer Weise deutsch
ist, wie das auf Dauer nicht einmal der Indianer haben kann: ein Besserwisser und Alleskönner, bil-
dungsdünkelhaft und frömmelnd, der Philanthrop
mit der eisernen Faust, dazu humorig, daß sich die
Henrystutzen biegen. Christopher Barker hat ange-
droht, beim Spiel an seinen Vater zu denken. Wird
er mit dieser Methode reüssieren? Sollte die Wiener
Männerwallfahrt je nach Bad Segeberg führen, wären wir ihr für ein klärendes Telegramm sehr verbunden.

HEUTE WOLLEN WIR WÜTEND SEIN und anarchistisch, und wir wollen aufbegehren und ausbrechen aus diesem Eckchen hier oben, und wir werden nichts mehr schreiben. Das Papier soll weiß bleiben, und wir wollen es nicht bedecken mit irgendwie sortierten Buchstaben!

Ach nee, lieber doch nicht. Schreiben wir eben etwas über Anarchie und Spontaneität und darüber, wie die beiden in das Baureferat der Stadt München eindrangen. Das kam so. Unter den Jugendlichen hier breitete sich in den letzten Jahren immer mehr die Sucht aus, heimlich S-Bahn-Waggons und Betonwände und Brücken mit bunten Farben und Formen zu besprühen. »Narrenhände!« riefen da die braven Bürger. Einer von ihnen lobte tausend Mark Kopfgeld aus, falls man ihm jenen bringe, der seine Hauswand immer und immer wieder bemalt hatte. Die Bahnpolizei setzte eine »Sonderkommission Graffiti« ein und protzte mit einer Aufklärungsquote von 75 Prozent. Merkwürdiges Phänomen: Einerseits ging man nirgends beim Aufspüren und Bestrafen von Sprayern härter vor als in München, andererseits gab es hier soviel Graffiti wie in keiner anderen Stadt. Ob da am Ende ein Zusammenhang, ob gar deshalb das Baureferat jetzt so tolerant …? Jedenfalls hat die Stadt München nun beschlossen, im Rahmen eines Pilotprojekts jungen Leuten zehn besonders triste Fußgängerunterführungen zur freien Gestaltung zu überlassen. Unter der Haushaltsstelle Nr. 6300.511.000.0 stehen 19 Mark pro Quadratmeter, insgesamt 25 000 Mark, für Materialkosten zur Verfügung. Die Leitung des Projekts hat ein Professor übernommen. In der Stadtrats-Vorlage des Bau-referats lesen wir, es würden von dem Projekt »Auf-schlüsse erwartet über die Möglichkeiten und Grenzen einer Legalisierung und Einbindung der Graffiti-Kunst«. Wir lesen weiter die Worte: Orga-nisation, Ablauf, Gestaltungsprozeß, Qualität, Er-zeugnis, Integrationsfähigkeit, Umgebung, Akzep-tanz, Bevölkerung … (Ist ja gut, schreib ja schon weiter, nur so ein Schwindelgefühl.)

Harald Naegeli fällt einem ein, der »Sprayer von Zürich«, der 1984 sechs Monate in Haft saß, weil er überall seine Zeichen hinterlassen hatte. Der hielt sich in seiner Arbeit an ein Motto von Paul Klee, das hieß: »Kunst macht sichtbar«. Was mach-te diese Kunst sichtbar? Die Häßlichkeit von Beton, die Langeweile der Stadt und eine Alternative dazu, die Angst der Bürger um ihren Besitz, auch die Be-reitschaft zur Denunziation. Wie ist es aber nun, wenn Graffiti Haushaltsstellen bekommen, Pilot-projekte und eine Leitung? Wenn sie ihre Integra-tionsfähigkeit beweisen sollen? Wenn sie Dinge unsichtbar machen müssen, die Schäbigkeit von Fußgängerunterführungen zum Beispiel, die selbst dem Baureferat zu trist sind? Muß dann nicht, ver-dammt und zugesprayt, jemand die Sprayer auffor-dern, den zur Verfügung gestellten Raum kahl und leer zu lassen, ihn nicht mit Zeichen zu bedecken? Wer soll sie auffordern? Wir? Ach, wir doch nicht.

ES WIRD ZEIT, eine Niederlage einzugestehen. Nicht, daß uns das leicht fiele: Schließlich standen wir auf der richtigen Seite, und das war nicht die des Fortschritts, genauer gesagt: des falschen Fortschritts. Daß nämlich der wahre Fortschritt nicht vom Computer kommt, haben wir gleich gewußt. Leider halten solche Erkenntnisse den Lauf der Dinge nie auf – nicht einmal dann, wenn sie für jeden völlig offensichtlich sind. Keinem Bankkunden zum Beispiel dürfte verborgen geblieben sein, daß die Dienstleistungen der Geldinstitute seit der Einführung des Computers nicht nur teurer, sondern auch langsamer geworden sind. Doch die Leute trauen nicht ihren Sinnen, sondern den Experten.

Eben deren Argumentation sind am Ende auch wir auf den Leim gegangen; wir haben aufgehört, auf Papier zu schreiben. Süße Freiheit, gurrten die Experten: Wo früher, lästiger Korrekturen wegen, ganze Seiten neu getippt oder umgeklebt werden mußten, genügt nun ein Tastendruck. Wo uns meterhohe Papierstapel umgaben, liegt allenfalls eine niedliche Diskette, von der unsichtbaren Festplatte zu schweigen, die uns im Nu ganze Bibliotheken auf den Bildschirm befördert, in denen es sich so recht aus Herzenslust – suche vorwärts, suche rückwärts – herumschmökern läßt. Und natürlich kommt die so gewonnene Zeit ausschließlich unserer Kreativität zugute, auf daß der Geist sich entfalten, die Kultur vermehrt und das Abendland dem Untergang entrissen werden kann.

Doch ach, bis dahin dauert es noch ein Weilchen. Statt der Manuskriptstapel umgeben uns vorerst Berge von Computerbüchern. Die heißen

»Textverarbeitung – leicht gemacht« oder »Windows für Einsteiger«. Verfaßt sind sie von echten Spezialisten, die den Computer ganz prächtig, die deutsche Sprache jedoch so gut wie nie beherrschen, so daß zum Verständnis jedes einzelnen Computerbuchs die gleichzeitige Lektüre von zwei weiteren not tut. Bis wir da durch sind, drücken wir beim Abspeichern gern den falschen Knopf; danach ist dann die Arbeit eines Tages oder einer Woche beim Teufel und die niedliche Diskette leer. Sehnsucht nach dem guten alten Kugelschreiber? Auch dem kommt die Technik entgegen: Auf der Münchner »Systems 91«, der gerade zu Ende gegangenen Computermesse, durften wir den *Notepad* bewundern: dieses Ding wird nicht per Tastatur bedient, sondern mittels eines elektronischen Griffels, mit dem man richtige Buchstaben schreiben kann. Wer weiß, eines Tages erfinden sie noch ein System mit stromlosem Griffel, bei dem man das Geschriebene nicht erst ausdrucken muß, sondern gleich nach der Eingabe fix und fertig abreißen kann. Wir melden hierfür die Bezeichnung »Notizbuch« vorsorglich als Warenzeichen an; und wenn sich dieses Fortschrittswunder durchsetzen sollte, läßt sich das Abendland am Ende doch noch retten.

Literatur
oder: Er sagte
nichts Neues

KUNST? NEIN: KUNST! Der Rowohlt Verlag aus Reinbek hat uns einen Brief geschrieben; der besteht aus 236 Wörtern, von denen aber nur eines ganz in Großbuchstaben gehalten ist. Anders hätten wir es wahrscheinlich nicht kapiert. Daß ein Verlag eines seiner Bücher als Kunst bezeichnet – na ja, was soll er sonst sagen? Aber KUNST, das ist natürlich was anderes. Da schauen wir doch gleich viel schärfer hin.

Apropos schärfer: Das Buch heißt »Josefine Mutzenbacher. Die Geschichte einer Wiener Dirne, von ihr selbst erzählt.« Was aber gar nicht wahr ist; vielmehr hat der Autor des bekannten Tiermärchens »Bambi« (Walt Disney? Falsch!) so getan, als sei er eine Wiener Dirne, und auch das nicht im Leben, sondern bloß in der, sagen wir mal, Literatur. Wer nun erwartet, diese Dirnengeschichte handle pausenlos vom Geschlechtsverkehr (wienerisch: vom Pudern), der erwartet das Rechte. Vom ersten Kapitel an treibt es die Heldin mit praktisch jedem Mannsbild, das ihr respektive dem sie über den Weg läuft. Nicht daß es ähnliche Bücher nicht schon vorher gegeben hätte; doch im Wien der zwanziger Jahre war so etwas selbst als Privatdruck immer noch für einen lustigen Skandal gut. Andererseits: Was nützt der schönste Skandal, wenn sich kein Geld damit verdienen läßt? Wirklich spannend wurde die Angelegenheit also erst im Jahre 1979, als die Bundesprüfstelle dem Rowohlt Verlag untersagte, die mittlerweile zum Taschenbuch mutierte Pudergeschichte über den allgemeinen Buchhandelsverkehr (das ist: *über* dem Ladentisch) zu verkaufen. Nun begann eine endlose Justizposse, die mit der Feststellung des Bundesverfassungsgerichts, dieses Buch sei Kunst (rowohltisch: KUNST), scheinbar endete. Das Verfahren wurde zur abermaligen Entscheidung an die Bundesprüfstelle zurückverwiesen: fertig.

Fertig? Von wegen. Die Bundesprüfer, voran der Beisitzer aus Bayern und die Vertreter der Kirchen, haben offenbar das Buch pflichtgemäß erneut gelesen und dabei festgestellt, daß darin immer noch auf Teufel komm raus gepudert wird. Kunst hin, KUNST her – auch in seiner neuen Entscheidung blieb das Gremium beim alten Befund: Die Mutzenbacher gehört auf den Index. Also werden erneut die literarischen Gutachter aufmarschieren, um zu beweisen, daß das Buch Kunst sei; also werden die publizistischen Vorkämpfer für die Kunstfreiheit sich erneut in die bekannten Breschen werfen; also wird erneut die Indizierung aufgehoben werden: und vor allem: Es wird erneut in Reinbek die Kasse klingeln. KUNSTgeil (nicht kunstGEIL!), wie die Leute sind, müssen sie alle wieder Mutzenbacher lesen – und das, obwohl die Buchhandelsregale seit langem voll sind mit noch viel schärferen, noch weniger künstlerischen, aber von keiner Bundesprüfstelle belästigten Puderbroschüren. Wie der Rowohlt Verlag das nur hinkriegt, daß die Bundesprüfer immer für seine Mutzenbacher so viel Reklame machen?

Die Beschreibung eines bösen Mannes: Das Gesicht war »wie auseinandergerissen. Der Mund war geöffnet und bewegte sich, als rede er vor sich hin. Offensichtlich befand er sich in einem Gespräch ...« Offensichtlich? Dann könnte doch nicht der Eindruck entstanden sein, der Mund des bösen Mannes »rede vor sich hin«. Doch bevor wir uns das genauer überlegen können, lesen wir noch seltsamere Mitteilungen: Der Blick des bösen Mannes sei »unter hängenden Lidern ... starr geradeaus gerichtet« gewesen, einerseits. Andererseits aber: »Seine Augen blickten schräg nach unten.« Spätestens an dieser Stelle würden wir normalerweise annehmen, der Beschreiber habe bei der Begegnung mit dem bösen Mann seine Wahrnehmungssinne nicht ganz richtig beisammen gehabt. Doch diesen Vorwurf, und mehr als diesen Vorwurf, reicht der Beschreiber hier dem Beschriebenen weiter: »Ich dachte: Er ist verrückt geworden.«

Der Beschreiber ist der Schriftsteller Helmut Heißenbüttel, der Beschriebene der Literaturkritiker Marcel Reich-Ranicki. Der »Nachruf zu Lebzeiten«, dem die Beschreibung entstammt, steht im Jubiläums-, aber eben nicht Jubelheft Nr. 100 der ansonsten durchaus ehrenwerten Literaturzeitschrift *Text + Kritik*. Deren offizielles Thema heißt: »Über Literaturkritik«, deren wirkliches jedoch: Rache an Marcel Reich-Ranicki. Heißenbüttels Schmährede ist nur einer von mehreren Versuchen, dem noch amtierenden Chef des Literaturressorts der FAZ seine Inkompetenz, seine Arroganz, ja seine Bösartigkeit nachzuweisen. Dabei tun die Schmähredner eben das, was Heißenbüttel dem

Kritiker vorwirft: »Er sagte nichts neues, sondern wiederholte, was andere vor ihm schon oft gesagt hatten.«

Ob dabei etwas richtiges wiederholt wird oder Falsches nachgekaut, darauf kommt es hier gar nicht an. (Ohnehin mischt sich in diesem sonderbaren Jubiläumsheft beides – wie immer bei solchen Anlässen.) Schlimm ist allerdings, daß die monomanische Besessenheit der Kritikerschelte mit allen Kräften das befördert, was sie ursprünglich bekämpfen wollte: die Tatsache, daß Kritiker hierzulande ernster genommen werden als Schriftsteller, daß jene mehr Einfluß haben als diese – und daß sie diesen Einfluß gelegentlich durchaus zum Schaden der Autoren einsetzen. Es mag ja sein, daß einer wie Reich-Ranicki nicht gern ein Blatt vor den Mund nimmt, daß seine Beurteilungskriterien eher dem Konsensus der gebildeten schweigenden Lesermehrheit entspringen als dem Bedürfnis nach ästhetischem Fortschritt, und daß die Goldwaage – wozu er sich, höchst anfechtbar, laut und gerne bekennt – nicht gerade sein liebstes Handwerkszeug ist. Nur: Wo Marcel Reich-Ranicki zuviel Selbstbewußtsein hat, haben seine Kritiker zuwenig – und so erscheinen ihre Vorwürfe gegen ihn selbst dann, wenn sie berechtigt sind, nur als jämmerliche Wadlbeißerei. Ein trauriger Literaturbetrieb.

EINES TAGES GING GOETHE über den Frankfurter Hauptbahnhof, kaufte sich ein gleichnamiges Würstchen sowie ein Bändchen Habermas und horchte in sich hinein: Soll ich noch schnell ins Schreberhäuslein hinüber zu meiner Frau Mutter oder fahr' ich lieber gleich mit der Straßenbahn ins Messegelände, wo sie gewiß soeben die Bücherstände auffüllen mit meinem Novellenbändchen über die neue Unübersichtlichkeit des Geistes. Ach was, sagte er sich schließlich: Als erstes gehe ich mal an den Zeitungsstand und schaue, was in der *Zeit* mein alter Freund Fritzchen I-III Raddatz (Fritzchen IV war dann bekanntlich dieser Schiller), was also Raddatz diesmal so geschrieben hat: Hab' ich ihm nicht bei mancher Flasche Tinten-getönten Weins schon immer meine besten Einfälle zu verdanken? So auch diesmal: In jener Zeitung, gleich auf der ersten Seite, las Goethe aus Fritzchens Artikel gerührt nach, wie er eines noch früheren Tages (»Schon lang ist's her«) höchstpersönlich das Entstehen des Frankfurter Bahnhofes beobachtet hatte und das Niederlegen der Schreberhäuslein und wie er dafür die hübschen Metaphern gefunden hatte von der neuen Unübersichtlichkeit des Geistes. Der Dichterfürst war nicht zuletzt deshalb so gerührt, weil er im Grunde schon 1832 gestorben war und die erste deutsche Eisenbahn erst drei Jahre später durch die fränkischen Schrebergärtlein sauste, die ihrerseits erst dreißig Jahre später erfunden wurden. Extrem unübersichtlich das alles – da haben Goethe und Habermas (der soeben die »Neue Unübersichtlichkeit« verfaßt hat) ganz recht.

Aber so ist das nun einmal: Der Dichter ist immer ein Seher – mancher seiner angeblichen Leser hingegen ist nur ein Abschreiber, der hin und wieder in flagranti, aber nicht unverdient erwischt wird, wie in diesem Fall der Literaturprofessor Fritz J. Raddatz. Der war nämlich, sich einen Leitartikel zur Buchmesse abquälend, auf eine Parodie der *Neuen Zürcher Zeitung* hereingefallen, die er freilich auch nicht bis zum Ende gelesen hatte, an welchem er darüber aufgeklärt worden wäre, daß ihr vermeintliches Goethe-Zitat über Bahnhof, Schreberhäuschen etc. »erfunden, alles erfunden« war. Den Irrtum muß man dem Raddatz nun freilich nicht weiter übelnehmen: So ein Literaturpapst hat schließlich nicht auch noch Zeit zum Lesen; statt dessen steht ihm eine Menge Temperaments zur Verfügung, mit dessen Hilfe er beispielsweise im selben Artikel, in dem er sich so – unsterblich nun endlich auch er – blamiert, einen anderen Kritiker ohne Begründung als »drittklassig« abqualifiziert.

Da hat einer, schon lang ist's her, konstatiert über jene Epoche, in der jeder drauf los schwadronieren darf, wie er will, wenn's nur die Zeilen füllt und dem Ruhme dient: »Durch die Heftigkeit ersetzt der Irrende, was ihm an Wahrheit und an Kräften fehlt.« Goethe heißt der Mann – und geschrieben hat er's im *Torquato Tasso*. Achtung: Dabei handelt es sich nicht um den Intercity-Zug Hamburg-Frankfurt.

IM RAHMEN UNSERER REIHE »Für Sie gelesen«
heute: *Scarlett* (die autorisierte Fortsetzung von
»Vom Winde verweht«), erstes Kapitel. Scarlett
O'Hara Hamilton Kennedy Butler steht an Mellys
Grab. Es regnet, genauer: »Windstöße peitschten
schneidend kalte Regenschnüre unter ihren
Schirm« – Regenschnüre, die auch Ashley Wilkes
zu schaffen machten, wäre er nicht in der »Umnachtung seines Kummers« befangen. Mal läßt
»das gräßlich hohle Aufschlagen der Erde« Scarlett
die »Fäuste ballen«, mal »reckt« sie das Kinn, mal
beißt sie sich »auf die Lippe«. Nach der Beerdigung
fährt sie heim nach Tara, wo Mammy leider einer
echten Umnachtung anheimgefallen ist und zur
wimmernden Scarlett »Nun mal pssst« sagt. Gottlob hat Will einen Whiskey zur Hand: »Er brannte
sich den vertrauten Pfad durch ihren Körper und
dämpfte ihren Schmerz.« Noch später geht Scarlett
Kohlen holen, was »jedes erschöpfte, verängstigte
Atom ihres Körpers« aufschreien läßt.

Seit gestern ist der Wälzer auf dem Markt: 780
Seiten, von denen jede einzelne die Möglichkeit in
sich birgt, daß Scarlett das Kinn reckt oder sonst-
wie die Atome ihres Körpers in Bewegung setzt,
nicht länger verängstigt, sondern vermutlich wie
ehedem wild, stark und sinnlich – südstaatlerisch
eben beziehungsweise irisch. Der vertraute Pfad?
Nun, wohl mehr ein Trampelpfad. Das ganze Projekt macht den Eindruck eines gigantischen Miß-
verständnisses. *Gone with the Wind* endet mit den
Worten: »Schließlich, morgen ist auch ein Tag.«
Das scheint vielen Leuten keine Ruhe gelassen zu
haben. Morgen? Auch? Ein Tag? Was um Gottes

willen passiert denn da? Und so griffen sie denn zu dem Strickzeug, das Margaret Mitchell 1932 weggelegt hatte, und drückten es der Alexandra Ripley in die Hand, nicht ahnend, daß der seinerzeitige Strumpf fertig war und mit seiner Verlängerung niemand – Erben, Verlage und Buchhandel einmal ausgenommen – geholfen ist. Was die gute Margaret Mitchell so sehr befürchtet hatte, nämlich sich unsterblich zu blamieren: Der Nachwelt liegt das fern. Die reckt, wie Scarlett O'Hara, das Kinn.

Sollen wir verraten, wie's ausgeht? Es geht gut aus. Im 89. Kapitel »vergräbt« Rhett Butler zunächst »seine Lippen und sein Lachen in Scarletts wirrem Haar«, gleich danach legt er »seine Wange« dazu und sagt, nein murmelt: »Beständigkeit, dein Name ist Weib« – ein echter Hamlet aus Charleston, South Carolina. Und wie geht's sonst weiter? Ein zweiter David O. Selznick wird sich finden und die Fortsetzung verfilmen, vielleicht mit Kim Basinger und Kevin Costner, warum auch nicht. Margaret Mitchell wurde von einem Taxi überfahren, Alexandra Ripley strickt wahrscheinlich schon wieder: *Wetterleuchten um Tara? Scarletts Vermächtnis? Rhetts Rache?* »Kein Grund so weitermachen«, sagt Mammy, wiewohl umnachtet, auf Seite 21. Zu spät sagen. Nix mehr nützen. Hoffmann und Campe schon 200 000 Stück Buch gedruckt haben. Ach Mammy!

DER KLEINE FREIMUND VON ARNIM war das erste
Kind, das Grimms Märchen auf dem Weihnachts-
tisch fand, Anno 1812. »Der ganze Umkreis dieser
Welt« sei in ihnen, schrieben die sammelnden und
herausgebenden Brüder in ihrer Vorrede. Diesen
Märchen ist es dann nicht gut ergangen; sie wurden
bearbeitet, gemildert. In der Urfassung von *Sneewittchen* haßt die Königinmutter ihre siebenjährige
Tochter aus blankem Neid, ihrer Schönheit wegen,
und es verlangt sie, sie zu verspeisen. So deutlich
durften archaische Wünsche vor wie nach Freud
nicht erfüllt werden. Kleine Schönheitsoperationen
an *Sneewittchen* verhinderten jedoch nicht die zu-
nehmende Verfolgung der Grimmschen Märchen
durch fortgeschrittene Pädagogen, deren Eifer gegen die Unausgewogenheit der Vorfälle bald von
anderen Kapazitäten verlangsamt wurde: Es schade, was zu beweisen sei, der Genuß Grimmscher
Märchen den Kindern eigentlich nicht ... Die jüng-
ste in dieser Angelegenheit erhobene Stimme gehört
dem Präsidenten des Kinderschutzbundes, Professor Nitsch. Märchengewalt und -grausamkeit sei
für Kinder nur gefährlich, wenn sie Gewalt selbst
erfahren hätten, nicht aber für gewaltfrei erzogene
Kinder, sagte der Professor und hüpfte gewiß davon, ein munteres »O Falada, da du hangest« pfeifend.
  Wir wollen uns von der hektisch auf und ab ge-
henden Schaukelei der Gelehrten abwenden – uns
schwindelt – und lieber eigene empirische Erkenntnisse preisgeben, welche vom Nutzen der Märchen
für das Leben von uns Kindern handeln. Wenn
nämlich Märchen vorzeitliche Ängste, Träume,

Erotik gleichsam aufbewahren, dann wohnen sie noch in uns zeitgenössischen kleinen Menschen? Ja, in den Grimmschen Märchen ist alles, was uns Kinder ergreift und was die Erwachsenen sonst geheimhalten. Alle Stiefmütter sind sehr sehr böse; die Schwiegermütter auch; Hexen bäckt man am besten, wie sie sind, sonst sieden sie uns. Wer vor der Kirche Doppelkopf spielt, wird in drei Raben verwandelt; glücklich, wenn er eine Schwester hat, die ihn erlöst. Man darf beim Essen nicht so schlingen, weil schon der Wolf die eigene Großmutter verschluckt hat, und daß unser Kater heimlich erster Minister ist, wissen wir Kinder ohne Märchen. Schön, daß selbst kleine Menschen eine halbe Königstochter und ein ganzes Reich kriegen können, wenn sie ihr drei Wünsche erfüllen und die Stiefmutter in das Faß mit den Nägeln stecken. Wenn man den Frosch an die Wand klatscht, fällt ein Prinz runter, der bist du. Wie wichtig eine gute Überschrift ist, zeigt das tapfere Schneiderlein mit seiner Wams-Schlagzeile: Sieben auf einen Streich! Da kann der Teufel rufen, wie er will, ich rieche, rieche Menschenfleisch …

Verlassen wir die frühkindlichen Gewährsstimmchen – der Chefredakteur winkt schon mit dem *Hinkelbeinchen*. Schreiber dieses hat vor wenigen Jahren als Kind noch im dunklen Bett gefühlt, ob die Wände aus Lebkuchen nachgäben, hat Wörter wie *Fundevogel, Unke* und *Löweneckerchen* wie Bonbons geliebt. Das Wunderbare ist das Wahre, und sogar der Zufall wird zur Erscheinungsweise des Sinnvollen, erklärt Walther Killy Grimms Märchen. Wem sagt er das.

Essen & Trinken
oder: Das Problem des
Hundebratens

EIN MANN IM STADTPARK: Sein Teint ist bräunlich-orange, seine Augen flackern. Er wendet den Körper, um vor den Blicken der Passanten geschützt zu sein, und holt etwas aus einer Plastiktüte. Er scheint es mit gierigen, hastigen Bissen zu verzehren, ein knackendes Geräusch ist zu hören. Wieder greift er zu, und jetzt ist für einen Moment zu erkennen, was er in der Hand hält: eine Mohrrübe. Armer Mann! Er ist süchtig nach Mohrrüben. Was, Sie nehmen uns nicht ab, daß Karotten (bayer.: *Gelbe Ruam*: bot.: *Daucus carota ssp. sativus*) abhängig machen? Dann glauben Sie vielleicht dem Tschechen Ludek Cerny, der seine erschütternden Befunde in der »Britischen Zeitschrift für Suchtgefahren« darlegt: Eine 35jährige Frau aus Prag, die über einen längeren Zeitraum täglich ein Kilo Karotten zu sich genommen hatte, sei wegen schwerer neurologischer Störungen behandelt worden. Eine andere habe ihre Sucht vor der Familie verborgen und Möhrenschalen als Notration aufgehoben für den Fall, daß die Entzugserscheinungen unerträglich würden; erst durch erfolgreiches Umsteigen auf Radieschen konnte sie von den Rüben loskommen. Ein 40jähriger Raucher aß am Ende fünf Bund Mohrrüben pro Tag, um die Lust am Nikotin zu bekämpfen; die teuren Import-Karotten sollen ihn im Frühjahr fast in den Ruin getrieben haben.

Immer wieder ist schwere Abhängigkeit von Gummibären oder Mohrenköpfen zu beobachten, hinsichtlich kanarischer Cocktailtomaten und Leberkässemmeln besteht in Teilen der Redaktion ein Anfangsverdacht, sie könnten süchtig machen. Jetzt auch noch Mohrrüben! Nun stehen die zahllosen Erklärungen, mit denen der Genuß von Karotten gerechtfertigt wird, im ganz anderen Licht. Natürlich kommt man uns ständig mit Ausflüchten, Karotin sei gut für die Augen und wirke als Antikrebsmittel, das in der Rübe enthaltene Pektin fördere eine gesunde Verdauung und was sonst noch alles. Wenn Cerny recht hat und wenn er vom Evangelischen Pressedienst richtig zitiert wurde, dann ist davon ebensoviel zu halten, wie von der Rezeptur, den Kreislauf am Morgen durch ein Glas Sekt zu stabilisieren.

Essen und Trinken wird offenbar immer riskanter, es geht aber nicht ohne. Wir warnen deshalb vor jeder Panik. Erst ein Großversuch mit Hasen würde gesicherte Erkenntnisse bringen. Außerdem besteht auch die Möglichkeit, daß besagte Pragerin so viele Karotten verzehrte, weil sie eine neurologische Störung hatte. In diesem Zusammenhang sei an den Münchner Karl Valentin erinnert. Er spielte einmal einen Wirt, den ein Gast mit medizinischen Horrormeldungen bombardierte. Valentin stellte klar: »Ich lese nur die Gastwirtszeitung. Ich möchte gesund bleiben.« Soweit sollte man nicht gehen. Es gibt mindestens noch eine Zeitung, die zur Gesundheit beiträgt.

ER HAT EINMAL AUF DIE FRAGE, warum er der
berühmteste Koch der Welt geworden ist (und nicht
genauso begabte Kollegen seines Landes wie, sagen
wir, Outhier, Troisgros oder Guérard), gesagt, seinen Namen könne man leichter aussprechen – das
sei's. Da ist was dran: Bocuse, das klingt schon
nach *cuisine,* da blähen sich zuerst die Wangen,
dann schürzen sich die Lippen zum Kußmund: Bo-
küüüühs. Vielleicht ist es aber auch das Gesicht auf
diesem unvergleichlich stämmigen Hals, so ein
richtig schönes Koch-Gesicht mit Ohren wie Henkel an einem Topf und einer Haut, die glänzt wie
glacierte Karotten – wem sieht man den Beruf
schon derart von weitem an? Und was ist mit seiner
Kochkunst? Ach, seine Kochkunst? Der *Gault Mil-
lau* hat seinem Restaurant in Collonges-au-Mont-
d'Or nördlich von Lyon 1988 eines von vier Häub-
chen gestrichen, und im Jahr darauf urteilte Siebeck
(auch ein einfacher Name übrigens), der Blätter-
teigdeckel auf der berühmten Trüffelsuppe des
Meisters habe »das unappetitliche Aussehen eines
weißlichen Gummis« gehabt. Bo-küüüühs – die
Zunge spielt eigentlich gar keine Rolle, nur die Lippen, komisch, nicht?

Da muß man einwenden, daß der Meister in
Collonges längst nicht mehr selbst kocht. Zum Löf-
fel greift er nur noch für die Photographen oder das
Zweite Deutsche Fernsehen oder – aber das ist
schon zehn Jahre her – in München für Mario
Adorf, Heinz Schulze-Varell und »Anwalts-Gattin«
Claire Bossi. Blättern in der Archivmappe: Bocuse
im Jumbo nach New York, Bocuse gibt Autogram-
me, Bocuse informiert sich über das Brotbacken im

Siegerland, Bocuse stemmt eine Maß Bier im Hofbräuhaus, Bocuse läßt sich mit Kochmütze in Stein
hauen – alles nicht direkt Tätigkeiten, die man
früher von einem Koch erwartet hätte. Ja, früher!
Früher war der Küchenchef ein Mann des Hinter-
grunds, er war dick und trank viel Alkohol. Lassen
wir mal die gern erörterten Fragen beiseite, ob Paul
Bocuse die *nouvelle cuisine* selbst erfunden oder
sich nur zum Protagonisten eines Trends gemacht
hat, ob er mißverstanden wurde, als die Vertreter
jener »Neuen Küche« dann aus Camembert Sorbet
machten und mehr Ikebana betrieben als wirklich
kochten, und ob er in Wahrheit schon immer ein
Vorkämpfer von Petersilien-Schinken und Lamm-
schlegel mit Knoblauch war – was bleibt dann von
dem Manne?

Es bleibt: der Koch als Geschäftsmann, dessen
Restaurant nur noch Aushängeschild einer großen
Firma ist, die eigentlich Bücher, Casserollen, Con-
fitüren, Obstschnaps, Eierbecher und Topflappen
verkauft sowie, ja, auch das, Konservendosen. (Ju-
lio Iglesias lebt wahrscheinlich auch mehr vom
Schallplattenverkauf, weniger von Konzerteinnah-
men.) Große Köche sind nicht mehr kleine An-
gestellte, sondern Unternehmer, Selbstdarsteller,
Stars. Weil er dieses Metier besser beherrscht als
jeder andere, ist Paul Bocuse auch berühmter und
feiert seinen 65. Geburtstag heute nicht bei einer
Bresse-Poularde in Collonges, sondern nirgendwo
anders als in seinem Lokal in Disney World / Flori-
da.

Der Bundesverband der deutschen Spiruti
... Spuoritu ... hämhämhärrlall ... Spioriti ... Spiri-
tuosen-Industrie hat auf seiner Jahrespressekonfe-
renz durch seinen Präsidenten Harald Eckes-Chan-
tré (Harry, Alter! Kannten wir Dich nicht immer als
»Eckes-Edelkirsch«?) bekanntgeben lassen, wir fassen zusammen: Schnapsbranche Deutschland erlebte im Januar Umsatzeinbruch von 15 Prozent.
Überwand aber die Durststrecke. Lag Ende April
wieder voll im Soll. Dennoch, formuliert die *Frankfurter Rundschau,* »fallen einige Wermutstropfen
in den Freudenbecher«, denn die Ertragslage ist wegen gestiegener Kosten mau, weshalb, so nun wieder Ex-Chantré, die Unternehmen wohl nun versuchen würden, »einen größeren Schluck aus der
Pulle zu nehmen«, soll heißen – das Saufen wird
teurer, die Destillen brauchen Geld. Sláinte, Wohl-
sein! ruft da der Ire in uns, aber es bleibt die Frage:
Wer wird noch mithalten können an den Theken
von Sonthofen bis Sylt? Und wer vor allem wird die
Last zu tragen haben?

In diesem Zusammenhang ist die Nachricht von
Interesse, daß der Konsum harter Getränke im
Norden und Osten Deutschlands um 30 Prozent
über dem Durchschnitt der Republik liegt. Osten
ist klar, »wer Sorgen hat, hat auch Likör«. Aber
Norden? Das verlangt nach mehr als oberflächli-
chen Erklärungen, das ruft nach einer Theorie. Was
hat der Norden, das der Süden nicht hat? Was
macht ihn saufen? Das Meer? Die Dunkelheit?
Wahrscheinlich ist es doch so, daß der Mensch dort
oben – ständig konfrontiert mit der unermeßlichen
Menge von Wasser, die drei Viertel des Erdballs be-

deckt – automatisch zu flüssigkeitsarmen Alkoholika neigt. Greift nicht der Bayer, der die Gegenwart der See entbehren muß, aus dem entgegengesetzten Grunde zum Maßkrug ... zum Maßkrug ... zum Maßkrug? Ein verzweifelter und in dieser Verzweiflung rührender Versuch, sich das Meer, Ursprung allen Lebens, zu inkorporieren?

Das ist alles sehr gewagt, gewiß, aber wir gehen schon auf den Redaktionsschluß zu, und wer ist da noch nüchtern? Ein Wort zum Schnaps in seiner Funktion als Gemütsaufheller: Ist es nicht so, daß der Nordmensch den Alkohol auch braucht, um seine permanente Traurigkeit bekämpfen zu können, die ihre Ursache darin hat, daß er nicht im Süden leben kann? Der Norden ist finster und rauh, und besonders beliebt, so hören wir vom Sprit-Verband, sind dort Sahneliköre. Überhaupt liebt man an der Wasserkante das Antidepressivum Zucker: Grog (Rum, Zucker, Wasser), Irish Coffee (Whiskey, Kaffee, Rohrzucker, Sahne), Pharisäer (Kaffee, Rum, Sahne), dazu Friesentorte in »Kliff's Ruh«, Keitum/Sylt. Alkohol entsteht bei der Gärung von Zucker, nicht? Ach, süß ist der Suff und salzig die See, und wenn in Schweden der Alk nicht so teuer wär', kämen die Leute dort bestimmt überhaupt nicht zum Volvobauen. Eckes?! Santé!

DA DIESER SOMMER OFFENBAR nie zu Ende geht,
legen wir heute ein passendes Stilleben vor: »Sauerkirsche mit Wespe«. Gundel Emmerich vom Ober-
urseler Institut für Bienenkunde weist darauf hin,
daß die Wespen jetzt ihren wohlverdienten Lebens-
abend verbringen und auf Süßes aus sind, nicht auf
Streit. Das stimmt, trifft freilich auch auf uns Menschen zu, Ruheständler wie Berufstätige. Wenn wir
im Café Zwetschgendatschi bestellen, sind wir auf
Süßes aus und nicht auf Streit. Genau das aber ist
der Punkt: Wenn zwei partout keinen Streit wollen,
bricht bestimmt einer aus. Wir wollen den Datschi,
die Wespe will ihn, und schon »bohrt« uns diese,
wie Brehm anmerkt, »ihren Dolch in das Fleisch«.
Die Wespe, sagt Frau Emmerich, hat ihren Stachel
nur zur Verteidigung. Das kommt uns, mit Verlaub,
so vor, wie wenn ein Kampfhund auf uns zutrabt,
und sein Herrchen ruft: »Der will nur spielen!«
Trotzdem nehmen wir uns vor, das Gespräch mit
der Wespe zu suchen.

Für ein klärendes Gespräch mit der Sauerkirsche
dürfte es zu spät sein, das hätte man im sogenannten Vorfeld führen müssen, also während der
Kirschblüte. Nun sieht es so aus, als ob sich Europas Sauerkirschen verschworen hätten, den deutschen Sauerkirschenmarkt zu ruinieren: Obwohl er
die Inlandsernte kaum bewältigt, wird er von Aus-
landskirschen, insbesondere denen aus Ungarn und
Polen, förmlich überschwemmt. Die Preise fallen
ins Bodenlose. Der Bundesgrenzschutz ist macht-
los. Nicht einmal die Bauernlobby – im Beseitigen
von unerwünschten Ernten sonst weiß Gott kein
heuriger Hase – hat eine Ahnung, wie man der Flut

Herr werden soll: Weichselberge? Interventions-
morellen? Kampftrinkerhilfen aus dem Kirsch-
wasserprogramm der EG? So oder so wird im kommenden Jahr manche Freundschaft daran
zerbrechen, daß der Fünf-Liter-Eimer mit »garan-
tiert« selbstgemachter Sauerkirschkonfitüre zum
Gastgeschenk der Saison avanciert.

Auf niederländischen Stilleben verliert sich der
Hintergrund gern ins Halbdunkle, Geheimnisvolle.
Unser Kirschenstück gewinnt Leben vor dem Gold-
grund des Volksglaubens. In der Schweiz etwa, wo
man von lärmenden Umzügen generell viel hält, ist
man der Ansicht, daß dadurch auch die Fruchtbar-
keit von Kirschbäumen sehr gefördert wird. Man
sollte dergleichen nicht allzu wörtlich nehmen, und
die These, daß die lauten politischen Umwälzungen
der letzten Zeit Europas Kirschgärten zu einer Fer-
tilitätsexplosion sondergleichen brachten, ist sicherlich anfechtbar. Andererseits: Wer wollte sie
kompetent widerlegen? Für heute lassen wir's, ob
man das in Oberursel gern hört oder nicht, bei dem
Verdacht bewenden, daß die Wespen im Frühjahr
mehr bestäubten, als unter Sauerkirschmarktaspek-
ten notwendig war. Ihr Wollen war indessen auf
Gutes gerichtet: viel Kirschkuchen und wenig
Streit.

Wenn wir die Queen nicht hätten, die überhaupt nicht daran denkt, dem alternden Charles
Platz zu machen, weshalb sich der Prinz seine War-
tezeit damit vertreiben muß, seine Nase in dies und
jenes zu stecken – und wenn der mutmaßliche ewige Thronfolger nicht glücklicherweise ein Mensch
wäre, der sich ärgert und aufregt, in aller ihm zu
Gebote stehenden Öffentlichkeit –, ja wer sonst
würde sich hinstellen, ohne fürchten zu müssen, als
larmoyant verschrien zu werden, und zur Verteidigung französischen Käses aufrufen! Wo bleibt, rief
unser Charles (den wir uns herzlich gern ausleihen
würden, bis er drankommt, vielleicht im Wechsel
mit Gorbatschow) –, wo bleibt der herrlich duften-
de Pont l'Evêque in einem genetisch programmier-
ten, bakterienfreien Europa nach Maßgabe der
neuen Hygiene-Standards der EG-Kommission!?

Ein großes Wort, ebenso das angeheftete Kom-
pliment über die wunderbaren unhygienischen Dinge, welche der französische Teil der Menschheit
dem Rest der Welt geschenkt habe. Ein großes
Wort, aber wer wird oder will es hören? Und was
mag dem anzüglichen Thronerben unter der Ru-
brik »unhygienisch« noch alles eingefallen sein? Im
Grunde genommen geht es wohl um das letzte Ge-
fecht zur Verteidigung des Un-Ordentlichen und
Un-Geordneten, des Natürlich-Unappetitlichen.
Käse ist ein gutes Beispiel. Erst Bakterien und
Schimmelpilze mache ihn zu dem, was er ist oder
sein sollte. Weitere Nachricht: In etlichen Käsen
wird Kuh-, Schafs- und Ziegenmilch zusammen-
gerührt – und der erwähnte Pont, eine mittelalterli-
che Erfindung des 16. Jahrhunderts, wird von einer

Rinde umschlossen, die zu gleichen Teilen rot, ocker, nußbraun und grau schimmert. Also erstens mag der Deutsche so etwas überhaupt nicht, zweitens ist das reines Chaos und drittens furchtbarer Schweinkram, den die künftige Europäische Hygiene-Polizei INTERHYG unnachsichtig aus dem Verzehr ziehen wird.

Statt dessen freuen wir uns schon auf Novel Foods, das sind Ergebnisse einwandfrei sauberer Gen-Technologie auf der Basis streng klassifizierter Mikroben neuen Typs, mit deren Hilfe die Geschmackswelt des EG-Insassen revolutionär umgestaltet werden kann. Da der Mensch grundsätzlich alles ausführt, was er kann, wahrscheinlich so: Norm-Hering I schmeckt nach Marzipan, Hering II nach Kirsch, Hering III nach Cola. Jene staats-, fortschritts- und europafeindliche Minderheit aber, welche darauf besteht, daß Tomaten wieder nach Tomaten und Äpfel wieder nach Äpfeln schmecken sollen, wird in einer speziellen Sicherheits-Datei erfaßt und gespeichert. An erster Stelle: Charles, Prince of Wales. (Wegen der vagabundierenden Mikrobe »Michelangelo«, die einem Bleu d'Auvergne entkommen ist, könnten in vorstehendem Text unverantwortliche und zu mißbilligende Behauptungen enthalten sein.)

SCHLUSS, MUTTER ALLER RÜCKTRITTSWOCHEN! Die Forschungsgruppe Streiflicht hat sich entschlossen der Basis genähert und Genossen erforscht und großzügig Baldrian oder'n lütten Klaren ausgegeben. Mehr lütten Klaren als Baldrian. Dann: Was war mit Björn? Wie soll der neue Chef sein? Im Nu waren wir umringt. Alle, unisono: Auf keinen Fall wieder so'n Sensibelchen. 1. Genosse: Sensibelchen – wie das klingt; und wie sich das reimt. Zwiebelchen. Übelchen. Bibelchen. Flexibelchen … brrr. – Gut, und jetzt Sie, sind Sie nicht der bekannte Genosse Friedrich Karl Fromme aus F.? Was sagen Sie? Der Björn sei durch und durch kontemplativ und dem Lebensgenuß zugeneigt gewesen? – 3. Genosse: Genau, Lebensgenuß zugeneigt, das war's. Habe selbst gesehen, wie Björn ein Quintett von Mittelmeerfischen mit Aioli bestrich … ich glaube auch, er kammermusiziert, malt heimlich, zusammen mit seiner Frau, See-S-tücke und hat womöglich dadaistische Gedichte … (skandiert); Thalatta–thalattata … oder so. Forschungsgruppe Streiflicht: Sie meinen also, er hätte ab und zu ein bißchen Pfälzer Saumagen …? Die Genossen von der Basis unisono, tanzend: Ja, täglich ein Saumägelchen, und wenn er noch Sitzfleisch mitbrächte, Aussitz-Fleisch, wenn er einer wäre, der spuckte und der biß, der mal auf die Baracke…

Die Genossen von der Basis, wenn sie nicht gestorben sind, singen und tanzen immer noch um den Fetisch eines Kohl-ähnlichen Sozi-Kandidaten mit Helmut-Schmidt-Zügen, voraussichtlich bis zum Jahre 2000, weshalb unsere kleine Forschungsgruppe sich der Analyse wegen an ihren

Lap-Tropf zurückgezogen hat. Was verlangen, erwarten eigentlich Öffentlichkeit/Medien/der Zapper zu Hause an seinem Schirm von Parteivorsitzenden, Kanzlerkandidaten, von endzeitlichen sogenannten Spitzenpolitikern? Doch wohl zu allererst, daß sie medienresistent seien und medienwirksam, vom Frühstücksfernsehen bis zur geräuschlosen Füllung des Nachttopfes. Daß sie jeden Wunsch nach Privatheit in sich abtöten, daß sie machtbewußt sind, ohne es zu verraten, daß sie hingucken, Bescheid wissen und dann: zackzack! – ohne des Grübelns (Schwermut!) verdächtig zu sein. Daß sie allenfalls im Urlaub (Mitteleuropa nicht verlassen) ein (Sach-)Buch in die Hand nehmen. Daß sie jeden Anschein von Genuß-Sucht, Schöngeisterei – kurz: daß sie alles weglassen, was der gewöhnliche Bürger aus der Generation der Erben wie selbstverständlich für sich in Anspruch nimmt. Würden SIE unter solchen Umständen Kanzlerkandidat sein wollen? Nein?

PS: Für alle Fälle zu Händen der SPD-Basis das Saumagen-Rezept: 1,5 kg mg. Schweinefl. grob gewolft. 200 g Bratwurstfüllsel; 1 kg Kartoffeln, 1/2 Lauch, 1/4 Sellerie, 1 nichtsensibles Zwiebelchen, 4 Eier, 100 g Brösel, Petersil, 30 g Salz, 8 g Pfeffer, 8 g Muskat, 6 g Koriander, 8 g Majoran. Das reicht gut zur Füllung eines Kandidatenmagens. Wie man's macht? Langt ein Kanzler dieses Genres wirklich nicht?

DIE TARTÜFFELN WERDEN IMMER DREISTER. Die was? Die Tartüffeln! Tartüffel kommt vom italienischen *tartufolo* und bedeutet Trüffel. Sind Trüffel dreist? Nein; nur Tartüffeln sind dreist. Tartüffeln heißen nur so, weil der deutsche Landmann sie früher mit Trüffeln verwechselte. Nachdem er jedoch in einen Tartüffel hineingebissen hatte, erkannte er diesen Irrtum und ersetzte ihn durch einen anderen: Fortan hießen die Tartüffeln Grundbirnen. Die Früchte der Grundbirne sind giftig, doch ihre Wurzeln kann man essen. Allerdings schmecken sie nicht wie Birnen, weswegen sie abermals umbenannt werden mußten: Erdäpfel. Zugegeben, nach Äpfeln schmecken sie auch nicht direkt; aber nun war vor allem die Landbevölkerung die ständige Umbenennerei leid und blieb beim Erdapfel. Gebildete Städter hingegen versuchten zum Urwort Tartüffel zurückzukehren, was die Kinder aber nicht aussprechen konnten: die sagten solange Kartoffel zur Tartüffel, bis die wirklich so hieß.

Soviel also zur jüngeren Vergangenheit der Kartoffel. Wir kommen jetzt zur Zukunft, und die wird davon geprägt sein, daß die Kartoffel zunehmend aus ihrem eigenen Nachtschatten hervortritt. Ihr wirklicher und geheimer Endzweck ist die Unterjochung des Menschengeschlechts, wobei sie sich unterschiedlicher Methoden bedient. So gelang es ihr zum Beispiel, aus der ursprünglichen Knollengestalt in eine knusprige Stäbchenform zu mutieren und in dieser Maske die einst mächtigen Nordamerikaner so dick und dumm zu machen, daß die nun an nichts anderes mehr denken können als daran, wann sie die nächste Portion Chips verdrücken dürfen. Ursprünglich ließ sich diese Strategie auch in Europa nicht schlecht an; doch dann kam der Fitneßboom dazwischen und brachte die Erdäpfel schwer in Mißkredit. Was tun? Wie weiter? Antworten auf all diese Fragen gibt es jetzt in Linz, wo (kein Witz!!) der erste internationale Kartoffelkongreß zusammengetreten ist.

Erfolgreich ist nur (und das gilt gerade auch für die Kartoffel), wer vermeintliche Schwächen in Stärke zu verwandeln versteht. Apropos Stärke, riefen in Linz ein paar Kartoffeldelegierte, die haben wir doch, und da könnten wir doch ...? Sie steckten ihre Knollenköpfe zusammen, tuschelten eine Weile und faßten schließlich einen Beschluß, den die österreichische Kartoffelagentin Christiane Schober bekanntgab: Eine gezielte Ernährung mit Kartoffeln wirkt genauso wir die im internationalen Sport beliebten Dopingmittel; die vielen schönen Proteine, Mineralien und Vitamine der Knollenpflanze seien genau das, was der heutige Leistungsmensch zur Erhöhung seiner Fitneß brauche. Wie gesagt, die Kartoffeln werden immer dreister – und niemand kann etwas dagegen tun: Selbst die exzessive Einnahme von Kartoffeln ist mit Dopingkontrollen nicht nachzuweisen. Kartoffelkäfer, hilf!

DIE ENTSTEHUNG VON COCA-COLA, *1. Bild:*
Furchtbare Waldschlucht, mit Schwarzholz be-
wachsen. Bleicher Vollmond. Zwei Gewitter von
entgegengesetzter Richtung sind im Anzug. Auf den
Bäumen Raben und andere Waldvögel; die Uhr
schlägt zwölf. Auftritt Kaspar. Er nimmt die Ingre-
dienzien aus der Jagdtasche und wirft sie nach und
nach in die Gießkelle: Hier erst das Blei. Etwas ge-
stoßenes Glas von zerbrochenen Kirchenfenstern;
das findet sich. Etwas Quecksilber. Das rechte Auge
eines Wiedehopfs, das linke eines Luchses. »Samiel
hilf!« Samiel: »Hier bin ich.« – *2. Bild:* Aus ihrem
böhmischen Dorf ausgewiesen, finden sich die Protagonisten im Süden der Vereinigten Staaten wieder, wo sie ihre Versuche unter den Namen John C.
(Caspar) Pemberton und Uncle Sam vorläufig zum
Abschluß bringen. Das Gebräu enthält außer den
genannten Grundstoffen nun auch noch einen Ex-
trakt aus Coca-Blättern, Cola-Nuß und Kokain.
Farbe: Grün!

Die Bilder 3 bis 36 lassen wir hier aus. Im 37.
Bild, die Coca-Cola-Company stößt nun täglich elf
Millionen Flaschen des mittlerweile braunen Wäs-
serchens aus, taucht in China (wir schreiben erst
das Jahr 1928) ein Hinweis auf zwei weitere Zu-
satzstoffe auf: Die in Peking und Schanghai ver-
kauften Flaschen tragen merkwürdige Schriftzei-
chen – spricht man sie aus, klingt es zwar irgendwie
wie Co-Ca-Co-La, übersetzt aber bedeuten sie
»Wachs/Kaulquappe«. Dieser vom Coca-Cola-For-
scher E. J. Kahn (The Big Drink, New York 1960)
überlieferte Fakt weist darauf hin, daß die suchter-
regenden Grundstoffe in Pembertons Pionierge-

tränk inzwischen zugunsten einer schon im europäischen Mittelalter bewährten Mischung aus Froschgebein und flüssigen Altarkerzen ausgewechselt wurden.

Im *vorletzten Bild* endlich sehen wir zwei wahrhaft unversöhnliche Mächte aufeinanderprallen: Hier das von PR-Managern sorgsam gehegte und gepflegte Geheimnis um die Zusammensetzung von Coca-Cola (selbst die sonst so kritische Katalyse-Umweltgruppe glaubt in ihrem soeben erschienenen Lebensmittel-Giftratgeber »Was wir alles schlucken« noch an die mysteriöse Substanz »7 X«, deren Formel angeblich nur zehn Sterbliche kennen); dort aber das bundesdeutsche Lebensmittelrecht mit seiner ehernen Kennzeichnungspflicht. Was Coca-Cola ist, steht nun auf jeder Dose: Wasser, Zucker, Kohlensäure, Farbstoff E 150, Säuerungsmittel E 338, Coffein, natürliche Aromastoffe. Worum es sich bei letzteren handelt, haben wir hier enthüllt (siehe Bild 1 und 37); E 150 bedeutet schlicht Zuckerkulör, E 338 ist eine Phosphorsäure. – Das *letzte Bild* spielt in der allerjüngsten Vergangenheit und eröffnet den Ausblick in eine außerordentlich klebrige Zukunft: die Coca-Cola-Company, einerseits (nach dem Kauf des Medienkonzerns Columbia Pictures Ind.) auch im Kabelgeschäft erfolgreich, andererseits hart bedrängt vom Rivalen Pepsi, erhöht den Zuckeranteil ihrer braunen Limonade dergestalt, daß sie nun genauso schmeckt wie das Konkurrenzprodukt. Woran soll man sich da noch halten? Ganz einfach: an einen guten Zahnarzt.

Zu den grossen Errungenschaften der amerikanischen Kultur gehören die haltbarste Verfassung
der Welt (ein und dieselbe seit 1787), Elvis P. und
Lenny B., Harvard und die Harley, Levi's und die
Library of Congress (zehn Millionen Bände), die
Rechts-bei-Rot-Abbiege-Erlaubnis und die emanzi-
patorische Offenhaltung der Supermärkte rund um
die Uhr. Und natürlich die bestecklose Heißmahl-
zeit, die gemeinhin als »Hamburger« bekannt ist.
Obwohl der deutsche Mensch die handlich ver-
packte Fleischpille millionenfach genießt, ist dieses
Objekt der steten Begierde des deutschen Kultur-
kritikers liebstes Kind. Ob links oder rechts, pro-
gressiv oder reaktionär – gegen die US-Kette mit
dem schottischen Namen marschieren sie vereint
im national-kulturellen Ressentiment.

Aber wir wollen nicht drüber rechten, ob dieser
handschmeichlerische, busenweiche Schnellbefrie-
diger, die Weiterentwicklung der deutschen Bulette
(bayr. Fleischpflanzerl) die deutsche Gesittung ins
Mark trifft, die Regenwälder dezimiert oder dem
US-Imperialismus eine glitschig-verlockende Trasse
baut. Nein, völlig ideologiefrei und unbefangen
wollen wir den Hamburger (dem Namen nach ist
das Ding zumindest norddeutsch!) im semiotisch-
symbolischen Sinne betrachten: als Wegweiser
durch die *terra incognita* unserer massenkulturellen
Zukunft. Eine Trendwende kündigt sich an, und
natürlich wie immer zuerst in Amerika. Das erste,
semiotisch äußerst signifikante Signal kam in Gestalt des rundlichen Bill Clinton daher. Die gesund-
heitsbewußte *lean cuisine*, das geizige Kalorienzäh-
len, ist dem Mann ein Greuel; am liebsten zieht er

sich einen Big Mac mit fettigen Fritten ein. Zeit-
gleich mußte McDonald's die Niederlage in einer
großangelegten Gesundheitskampagne konzedie-
ren: Der *McLean Deluxe,* ein seetangveredelter und
fettreduzierter Mager-Burger, war ein Total-Flop.
In Amerika sammelt sich die Konterrevolution vor
der Bastille der Cholesterinunterdrücker – ausge-
mergelte, joggingverhunzte Gestalten, die mit trie-
fender Lefze den Doppel-Whopper als Menschenrecht fordern.

Schon hat das *Ancien régime* reagiert; die Erfinder des Big Mac haben dem murrenden Volk flugs
den *Mega* Mac vorgeworfen: ein ganzes halbes
Pfund Hack, ertränkt in Mayonnaisesoße. Die anderen Ketten ziehen kalorienpolitisch nach, und die
Supermärkte melden für 1992 vier Prozent plus
beim Speckumsatz. Was wollen uns Mega Mac und
Speckstatistik sagen? Die (metaphorisch) fetten
8oer Jahre sind vorbei; wir stecken in der längsten
Rezession der Nachkriegszeit; die Existenzangst
grassiert. Also lechzen die Menschen nach der ora-
len Befriedigung, dem prallen Bauch, den sie an der
Mutterbrust mit Geborgenheit und Wohlgefühl zu
assoziieren lernten. Der ökonomische Unterbau
wankt, und deshalb wehen die trostverheißenden
Fettschwaden durch den Zeitgeist der mageren
9oer.

Aufklärung
oder: Macht lila Augenkrebs

DER MENSCH IST, von bedauerlichen Ausnahmen abgesehen, ein geselliges, mitteilsames Wesen, wobei es Teil seiner kommunikativen Strategie sein kann, daß er, schon um die liebe Neugier am Leben zu erhalten, das eine oder andere verschweigt. Zwischen Reden und Schweigen aber liegen die Andeutungen, die Gesten, das unerschöpfliche Arsenal des Nonverbalen; Sinn und Methode wurden selten treffender beschrieben als im Schlager: »Was mein Mund nicht sagen kann, / sagen Tulpen aus Amsterdam.« Diese Sprache muß allerdings auf beiden Seiten beherrscht werden, sonst ist die Tulpe ein toter Briefkasten und der Partner in der Zwangslage, sich anderer Quellen zu bedienen: Was verrät das Auge? Was die Mimik? Was die Krawatte? Was die typische Handbewegung?

Was die Ohren verraten, lag bis zum Erscheinen des Buches »Was Ohren verraten« außerhalb des allgemeinen Interesses. Auch die Fachwelt, insbesondere das medizinisch-psychologische Grenzgängertum, schien da kein ergiebiges Forschungsfeld zu sehen, was übrigens mit unserer laienhaften Einschätzung der Sache übereinstimmt. Dem Knorpel Ohr traut man nicht zu, was dem »lebhaften« Auge, der »kühnen« Nase, dem »trutzigen« Kinn oder den »sinnlichen« Lippen (denen sowieso) ohne weiteres unterstellt wird: Medien geheimer oder halbgeheimer seelischer Offenbarungen zu sein, über den Charakter präziser Auskunft zu geben als ihr Träger. Anders als seine Konkurrenzorgane am menschlichen Kopf hat das Ohr etwas strikt Funktionelles an sich, sei es als Organ des Gleichgewichts und Gehörs, sei es als Aufhängevorrichtung für Brillenbügel oder Clips, sei es als Stütze für übergroße Hüte. Schon der alte Barthold Hinrich Brockes bedichtete die Ohren unter einem ernüchternden physikalischen Aspekt: »Die Natur hat unsern Ohren ... / einen hohen Sitz erkoren, / weil der Ton stets aufwärts steigt.« Das mag ja stimmen, doch dann hätten die Dichter konsequenterweise auch über die Standortvorteile von Augen, Nasen und Mund die Wahrheit schreiben müssen. Statt dessen Gesülze: »Augen, meine lieben Fensterlein« und so Sachen.

Kulturpessimisten werden nach der Devise »Ist denn nun nicht einmal mehr das Ohr heilig?« eine weitere Verödung der Zwischenmenschlichkeit heraufziehen sehen. Fortschrittsgläubige dürften das Gegenteil erwarten, indem die Menschen einander künftig an den Ohren erkennen könnten und so (»Ich schau dir in die Ohren, Kleines«) möglicherweise zu noch dichteren Beziehungen gelangen. Beides, Befürchtung wie Hoffnung, ist utopisch, solange sich die Umgangsformen nicht ändern, sprich: solange wir uns zum Gruß statt der Hand nicht das Ohr reichen. Beim derzeitigen Stand der Ohrpsychologie hat das blanke Auge eigentlich nur von der Blumenkohlform etwas. Nichts freilich, was nicht auch der Mund sagen könnte: ein Boxer!

ALS WIR UNLÄNGST EIN FAHRRAD kaufen wollten, weil Radeln *in* ist, aber auch überhaupt und so, fragte der Verkäufer: »Soll es 10 Gänge haben oder 21? Das Minimum sind fünf in der Nabenschaltung, etwas für Damen.« Wir antworteten: »Hauptsache, es ist kein Lila dran.« – »Da werden Sie sich aber schwertun, an Tourenrädern ist nun einmal Lila dran.« Was er im Laden hatte und aus Katalogen zeigte, gab ihm recht. »Ich könnte Ihnen vielleicht eins ohne Lila bestellen, aber das kann dauern.« Ähnliche Auskünfte bekamen wir in vier weiteren Geschäften. Auf der Heimfahrt spielten wir »Wer-zuerst-einen-Menschen-sieht-an-dem-nichts-lila-ist-bekommt-eine-Mark«. In der nächsten halben Stunde wurden ganze 36 Mark hin- und herbewegt.

Früher war Lila selten und hieß auch vornehmer »Violett«, von »viola«, was Veilchen bedeutet. Violett – Wellenlänge um die 550 Nanometer – konnte man am Bischof sehen, auf Kirchenfahnen oder Kanzeln oder auch als Veilchen am Auge des Bruders nach einem Zusammenstoß im Wirtshaus. In der Katholischen Liturgie symbolisiert es Bußgeist; seit 1926 zeigt die Fahne der Evangelischen Kirche Deutschlands das violette Kreuz auf weißem Grund. Werfen wir noch einen Blick ins Volkslied. Dort hören wir, daß Violett die Farbe sei, die Stetigkeit und Treue symbolisiert. Die massenhafte Ausbreitung der Modefarbe Lila auf Alltagskleidung, Skizubehör, Fahrräder und Drucksachen aller Art ist bislang allerdings an einer Konsum-Sparte vorbeigegangen, den Automobilen. Da verrät Lila oder Violett den Extremisten, der mit viel Spray und Liebe seine Originalität pflegt.

Hat die fabelhafte Karriere der Farbe Lila eine massentiefenpsychologische Bedeutung, die über den Rahmen der Frauenemanzipation, deren Symbolfarbe das Violett ist, hinausreicht? Ist sie vielleicht der optische Ausdruck der Entkirchlichung in dem Sinne, daß eine Farbe, die früher sakrale Bedeutung hatte, heute für jedermann erreichbar und passend ist? Der Jogger, der Trekker und der Tourist, sie denken sich nichts dabei. Vielleicht signalisiert das allgegenwärtige Violett unsere Emanzipation von der Natur. Was das Veilchen kann, das im verborgenen blüht, das können unsere Farbchemiker schon lange und zeigen es auch! Aber vielleicht ist es auch nur ein Beweis dafür, daß Kulturgut sehr langsam absinkt. In den frühen zwanziger Jahren gab es einen Schlager für Frauenstimme »Rot? Nein! Rot, das lieb ich nicht – lieber Lila ...« Nach dem Ende des Kommunismus wird diese Farbentscheidung mehr als ein halbes Jahrhundert später Allgemeingut. – Lila ist *out,* sagen einige Zukunftssachverständige und Trendwatcher. Davon kann keine Rede sein, solange nicht aus einem amerikanischen Labor die Nachricht kommt, daß Violett mit seiner Wellenlänge von etwa 550 Nanometer im Verdacht steht, Augenkrebs zu erzeugen. Dann erst wird Lila *out* sein.

HATTEN WIR ANGST? Na ja, richtige Angst nicht; aber leicht blümerant war's uns doch zumute: ein erster Schultag will schließlich irgendwie ausgestanden sein. Wir haben uns dann allerdings ganz tapfer gehalten. Haben ein bißchen geweint, als das Kind mit gleichmütigem Gesicht (alles gespielt! – wir kennen doch unser Kind) im Klassenzimmer zurückblieb, haben ein bißchen gelacht, als der Rektor in seiner lockeren Begrüßungsansprache behauptete, in diese Schule würden alle Kinder gerne gehen, haben uns schließlich auf den Heimweg gemacht. Endlich allein! In der Wohnung war es unnatürlich still. Niemand hätte uns beim Zeitunglesen gestört, aber jetzt wollten wir gerade mit Fleiß keine Zeitung lesen. Statt dessen schauten wir auf die Uhr: Erst in einer Stunde durften wir das Kind wieder abholen. Und um nicht doch noch Angst zu kriegen, erinnerten wir uns schnell an das Theaterstück.

Das Stück hatten die aus der vierten Klasse für die Neuen einstudiert. Es handelte vom Wert der Elementarbildung und gipfelte in dem Merkspruch: »Wer nicht lesen kann, muß fragen / und glauben, was die anderen sagen.« Darüber machen wir uns nicht lustig. Auch Immanuel Kant hat das nämlich nicht schöner gesagt, nur anders. (Aufklärung ist der Ausgang des Menschen aus seiner selbstverschuldeten Unmündigkeit.) Daß die schlichte Grundschule heute noch daran denkt, stimmt uns fast versöhnlich: versöhnlich mit uns selbst, weil wir das Kind auf eben diese Schule gegeben haben, wo sie ihm spießigerweise Lesen und Schreiben beibringen, statt die allseitige Menschwerdung seines

Astralleibs durch intuitives Verstehen zu fördern; versöhnlich aber auch mit der allgemeinen Schulpflicht und ihrer nach wie vor einzigen Konkretisierung – der staatlichen Schule. Doch Vorsicht, die Rührung hat uns viel zu positiv gestimmt. Die Idee der allgemeinen Schulpflicht bleibt hervorragend, das ist wahr. Wahr ist aber auch: Was mittlerweile aus dieser Idee geworden ist, spottet jeder Beschreibung. Oder umgekehrt: Die Realität der gegenwärtigen Schule verspottet die Idee.

Die Schule selbst kann übrigens am wenigsten dafür. Sie kann nichts dafür, daß die Welt, in die sie vor zweihundert Jahren hineinkonzipiert worden ist, heute nicht mehr existiert, daß die bürgerliche Kleinfamilie, die den natürlichen Gegenpol zur Schule bilden sollte, unwiderruflich zerfallen ist, daß schon die Sechsjährigen in erster Linie das Fernsehen und die Computerspiele er-»*leben*« und erst in zweiter Linie jenen Rest Welt, den die japanischen Zeichentrickserien und der Gameboy noch übriglassen. Ob man dagegen nichts tun kann? Wir könnten, gewiß, aber wir tun nichts. Wir machen lieber die Augen zu. Erst in sieben, acht Jahren werden unsere Kinder sie uns wieder öffnen. Dann werden wir zum Beispiel erfahren, daß der Handel mit Drogen in unseren staatlichen Gymnasien zum Alltag gehört. Und dann werden wir wirklich Angst kriegen – und werden auf die Schule schimpfen, die so etwas nicht verhindert. Doch die Schule kann nichts dafür, daß wir sie nicht so radikal verändern, wie sie und wir und unsere Kinder das nötig hätten.

EINE ERZÄHLUNG. Eigentlich hat alles hierzulande angefangen: vor 87 Jahren. Der introvertierte fünfte Earl of Carnarvon, Sohn eines übermächtigen, sehr konservativen Vaters, huldigte deshalb dem in Deutschland frischerfundenen neuen Gentleman-Fahrvergnügen, überschlug sich mit seinem Rennwagen und wurde derart verletzt, daß ihm seine Ärzte zu einem wohligeren als dem englischen Klima rieten. Das weitere ist bekannt. In Ägypten, damals noch der britischen Krone angehörend, wurde aus dem Herrn von Highcler-Castle ein enthusiasmierter Ägyptologe, der – oh, Schicksal – (das Land lag im Grabungsfieber) den Archäologen Howard Carter kennenlernte und bald finanzierte. Fünfundzwanzig Jahre später, 1922, als der Earl schon knauserte, entdeckten Carter/Carnarvon im Tal der Könige bei Theben wahrhaftig das seit dreitausend Jahren unberührte Grab des Pharao Tutenchamun und leerten es. Der Schatz verzweigte sich auf seltsamen Schmuggelwegen; obwohl die Finder/Entdecker/Aufbrecher vor Gericht alle Ansprüche verloren, gelangten Teile nach England, später ins Britische und ins New Yorker Metropolitan-Museum.

Was den aufgeklärten Europäer natürlich interessiert, ist der Fluch des Pharao. Wenige Monate, nachdem er das Grab Tutenchamuns geentert hatte, starb der 5. Earl of Carnarvon an einer Blutvergiftung – oder an einem zum Schutz der pharaonischen Totenruhe ausgelegten Virus aus dem Altertum? –, während gleichzeitig in Kairo alle Lichter ausgingen. Auch andere Kontaktpersonen der Carnarvons verblichen unter bizarren Umständen. Trotzdem kehrte zunächst Ruhe ein. Der folgende sechste Graf Carnarvon wollte vorsichtshalber von Ägyptologie nichts wissen, widmete sein Leben dem »shooting, racing and flirting«, liebte, wohl in dieser Reihenfolge, Pferde und Frauen – und starb im gesegneten Alter von 87 Jahren eines unverfluchten Todes. Wer aber beschreibt die Überraschung, als sich Lord Porchester, der nunmehr siebente Earl of Carnarvon (wem's zuviel wird, der kann sich die Geschichte von Evelyn Hamann vorlesen lassen), von dem uralten Butler Robert Taylor durchs geerbte Schloß führen ließ – und Taylor sprach: »Eure Lordschaft haben jetzt alles gesehen – außer dem ägyptischen G'raffl da ...« Der Earl, ein junger Mann, vielleicht fünfzig, erschrak, als er in den gruftähnlichen Sideboards zwischen Schreibzimmer und Rauchzimmer »diese Sachen« entdecken mußte, darunter die Maske von Amenophis III., dem mutmaßlichen Urahnen des 1. Earl of Carnarvon ... irgendwie.

Wir hören nun erstens, daß die Ägypter auch dieses neue alte Zeug wiederhaben wollen – undankbar! Undankbar! Zweitens sollte klar sein, daß man dem Fluch des Pharao allenfalls zwei britische Generationen lang entkommen kann. Drittens ist, wer dies gelesen hat, eingeweiht und darum gefährdet; er sollte darauf achten, daß nicht in Kairo die Lichter ausgehen, oder anderswo.

Gott
oder: Warum halb Alabama in die Hölle kommt

ES HAT SCHON SEINEN INNEREN SINN, daß Joachim Meissner ausgerechnet am ersten Sonntag der Fastenzeit als neuer Erzbischof von Köln inthronisiert wurde. »Tut Buße!« – der urchristliche, urreligiöse Aufruf zur Selbstbesinnung wirkt aus aktuellem Anlaß auch als Appell der katholischen Obrigkeit an jene Untertanen, die teils zaghaft, teils couragiert wider den päpstlichen Stachel löcken. Der nämlich sticht immer häufiger in den Leib der Kirche – und er tut das besonders ungeniert dort, wo Bischofsernennungen durchzusetzen sind, nicht etwa nur gegen den Willen der aufmüpfigen Laien, sondern zunehmend auch gegen den Rat und das Votum ortskirchlicher Amtsträger. So kam Meissner nach Köln. Auf sein neues Amt, so sagt er jetzt, freue er sich »wie ein Kind auf Weihnachten«.

Schön, daß sich der Kardinal noch freuen kann. Der eine pfeift halt im Walde, der andere steht am Rand eines tiefen Grabens und lächelt drüber hinweg. Nur leider: Der Graben bleibt. Daran wird weder das römische Vertrauen in die stabilisierende Kraft der Tagesordnung etwas ändern noch die Theologie-Professorin Uta Ranke-Heinemann, die sich immer mehr als schlagkräftige, wenn auch unfreiwillige Verbündete des Papstes erweist. Ginge es nach ihrer Meinung, so hätte sich die Hälfte der katholischen Gläubigen aus der Debatte um die jüngsten Bischofsernennungen auf der Stelle auszublenden. Für Frauen, so verkündete sie unlängst während einer Fernsehdiskussion, sei »dieser ganze Hahnenstreit vollkommen uninteressant«. Ökumenische Assistenz ward Frau Heinemann von ihrer protestantischen Kollegin Elga Sorge zuteil, die gleich dem Christentum als solchem ein »schwules Männergottesbild« (Vater, Sohn, Heiliger Geist) unterstellte.

An dieser Stelle würden wir gerne den altbairischen Terminus »Krampfhennen« ins Spiel bringen. Doch das wäre womöglich justitiabel. Also halten wir uns mühsam den Mund zu und denken statt dessen lieber ans Märchen vom Fischer und seiner Frau. Ganz klar, das ist ein stark frauenfeindliches Märchen, was unter anderem daraus hervorgeht, daß des Fischers zänkisches Weib in seinem Unverstand so werden will wie der liebe Gott. Es blieb der feministischen Theologie vorbehalten, dieses märchenhafte Zerrbild in der Realität noch einmal zu überbieten. Danach soll nicht die Frau zum Gott werden, sondern der liebe Gott zur Frau. Sollen wir jetzt ernsthaft erklären, daß es bislang keine Religion geschafft hat, mit einem geschlechtsneutralen Gottesbild auszukommen? Daß folglich nichts damit gewonnen wäre, Vatergötter durch Muttergöttinnen auszutauschen, und umgekehrt? Daß auch eine liebe Göttin im Himmel am Aschenbrödelstatus ihrer Geschlechtsgenossinnen auf Erden von sich aus kaum etwas ändern würde? Ach was, die Professorin Ranke-Heinemann hört uns ja doch nicht zu. »Geh nur hin«, sagte der Butt im Macho-Märchen, »sie sitzt schon wieder im Pißpott.«

WER ES FASSEN KANN, DER FASSE ES: Dieser vom Evangelisten Matthäus (Kapitel 19) überlieferte Satz des Jesus aus Nazareth gilt unter katholischen Theologen als Kurzform der biblischen Begründung für den Zölibat, genauer: als Begründung dafür, daß der Zölibat sich nicht begründen läßt. In Wahrheit nämlich bilden jene Worte nur einen von Jesus lässig hingeworfenen Nach-Satz. Der Hauptsatz, aus dem die katholische Kirche bis ins letzte Konzil eine göttliche Empfehlung für den Zölibat herauszuinterpretieren trachtete, ist eine simple Feststellung: Es gebe, hat Jesus festgestellt, solche, die von Geburt an zu ehelichem Umgang unfähig seien, andre, die unfähig gemacht wurden, und es gebe »Verschnittene, die sich selbst wegen der Himmelsherrschaft verschnitten haben«.

Wie immer das zu fassen ist – es bleibt ein starkes Stück, mit wieviel Willen zur Unschärfe hier die Erfinder und Verfechter des Zölibats ihre Umdeutungskünste spielen ließen. Von der institutionalisierten Ehe jedenfalls ist in diesem Schlußabschnitt der berühmten Passage des Matthäus-Evangeliums überhaupt nicht die Rede. Die Operation des »Verschneidens« (Kastration, Sterilisation), von der Jesus sprach, zielt entweder auf den Verlust der sexuellen Potenz oder bloß auf den der Fähigkeit zur Fortpflanzung. So oder so, das Resultat ist Kinderlosigkeit. Angesichts der herrschenden katholischen Sexualmoral ein sehr überraschender Befund. Jesus hatte nichts gegen die Sexualität und deren Ausübung; er fand sie nur für bestimmte Zwecke nicht förderlich, sofern sie an die Erzeugung von Kindern gekoppelt sein sollte. Wo es um höhere Ziele wie

»die Himmelsherrschaft« geht, kann die materielle Sorge um die Kinder – darauf hat der Mann aus Nazareth mehrmals hingewiesen – leicht im Wege sein.

Eben diese Überlegung war der Hauptgrund für die Einführung des Zölibats im Jahr 1139; er ist es bis heute geblieben. Im Klartext: Die römisch-katholische Kirche weiß, daß sehr viele ihrer Priester durchaus sexuelle Beziehungen unterhalten. Sie schaut mißbilligend weg, wenn diesen Beziehungen Kinder entspringen; den Bannstrahl der Exkommunikation aber schleudert sie erst, wenn die verbotenen Bindungen öffentlich bekannt werden. Insofern hat ein Mann wie der Schäftlarner Benediktiner und Schulleiter Anselm Forster, der sich nach zehn Jahren zu seiner Geheimfrau bekannt hat, zweifachen Mut: Er provoziert den Bruch mit der Kirche – und er riskiert den Sprung ins real existierende Eheleben. Vor allem dieser Schritt, so behaupten manche Betroffene, halte die meisten Priester davon ab, sich zum Bruch des Zölibats zu bekennen. Für den nicht bindungswilligen Mann hat die kirchliche Strenge auch ihre praktischen Seiten; wo andere mühsam Ausreden suchen müssen, um den Frauen vorübergehend zu entkommen, hat er den Zölibat. Anders ausgedrückt: Solange die katholische Kirche eine Männergesellschaft bleibt, hat der Zölibat Zukunft.

SCHON LANGE NICHT MEHR GEGRUSELT? Das alte
Kindermärchen »Von einem, der auszog, das
Fürchten zu lernen« ist ja längst täglich Brot des
Massentourismus, wobei der zeitgenössische Mit-
teleuropäer jeden Alters einen Grad von Abhärtung
erreicht hat, der längst das schmückende Beiwort
»katastrophenresistent« verdient. Deshalb als Versuch und Prolog eine viel ältere, unheimliche und
unendliche Gruselgeschichte. Im zweiten Buch Moses wird beschrieben, wie der gar nicht gnädige, alt-
testamentarische Gott die Kinder Israels von den
Ägyptern freizupressen versuchte: Er schickte Plage
auf Plage, verübte Gewalt gegen Sachen und Personen. Mal starben die Fische massenweise und der
Strom begann zu stinken, so daß die Ägypter das
Wasser nicht mehr trinken konnten, mal hagelte es
alles nieder; dann wurde der Staub zu Mücken,
Frösche krochen überall hin, ins Bett, ins Brot –
und als der Pharao seine Gastarbeiter immer noch
nicht ziehen lassen wollte, kamen Heuschrecken,
Blattern, ein langer *Blackout* sowie Tod aller Erst-
geborenen.

Nun sollte es allmählich auch Agnostikern däm-
mern, sollte die Saat der Analogie endlich aufge-
hen. Wir befinden uns 3240 Jahre nach jenen Vor-
fällen – und was geschieht? Wespen bereiten eine
Invasion vor, das Wasser der Ströme stinkt und ist
nicht trinkbar, Hagel, wie ihn die Welt nicht gesehen, war schon. Die Braunen kriechen an Land,
nackte Wegschnecken bedecken die Erde (zart-
fühlende Intellektuelle tauschen Gegenmittel aus:
Bier? Oder doch Salz?), wüste Algen verpesten das
Meer, in Hamburg kommt es zu einer Zusammen-

rottung von sogenannten Windjammern, und auch die Nordseeküste versinkt langsam, aber stetig, so daß demnächst allein der Affenfelsen die brausende Binnenalster überragen wird.

Bis zu dieser Stelle kann uns Moses' Text wie ein sehr genau befolgtes Drehbuch erscheinen, zur Freude der vereinigten Fundamentalisten in allen vier Himmelsrichtungen. Was aber bedeuten die Plagen? Während jener biblische Pharao, Ramses II., von Moses und Aaron nämlich mit klaren Anweisungen versorgt wurde, tappen wir in ägyptischer Finsternis, die übrigens noch bevorstünde. Was sollen wir tun respektive unterlassen? Gelten nur große Zeichen oder ist auch zu bedenken, daß Hannelore Kohl jüngst als Frau Bundeskanzler Schmidt angeredet wurde? Oder sehen wir, was die Vertreter der Industrie als einsame Spitzen der reinen Vernunft annehmen, in den Plagen wieder nur vorsätzlich das Schlechte, Schwarze? Das hieße in seiner Umkehrung: Wer Rheinwasser trinkt und überlebt, ist immun! Oder wer von Schnecken überrannt wird, bedenke, daß diese einen Ruf zu verlieren haben als beliebtes Aphrodisiakum. Oder daß sie, an die Wand geworfen, zu Geld werden. (Man besuche einmal heimlich die Vorstandssitzungen Deutscher Großbanken, was dort geschieht!) Ja, so könnte es auch sein. Aber die Braunen?

FRÜHER MACHTE DAS ALTER FROMM. Da verging die Lust an der Sünde mit der Fähigkeit, sie zu begehen. Die Menschen beichteten und taten Buße. Versöhnt mit Gott und der Kirche, starben sie als Christen. Heute vermachen viele durch plötzliches Dahinscheiden ihren Hinterbliebenen ein schweres Rätsel: Wie sollen wir ihn bestatten, wo er doch seit dem Einsammeln der Geschenke zur Konfirmation bzw. Firmung keine Kirche mehr von innen gesehen hatte und schließlich auch aus ihrer Steuergemeinschaft ausgetreten war? Soll man im traditionell-christlichen Umfeld doch den Pfarrer fragen, der hoffentlich nicht nachtragend ist? Oder wird man einen berufsmäßigen Grabredner engagieren, den Verblichenen zu verklären? In dieser Verlegenheit verlassen sich immer mehr Trauernde darauf, daß der Bestatter einspringt und das letzte Geleit organisiert, mit Tat, aber auch mit Wort.

Die Entwicklung mißfällt dem Bundesverband des Deutschen Bestattungsgewerbes, dessen Mitglieder sich in seelsorgerliche Aufgaben gedrängt sehen. Zwischen Pfarrern und Instituten sei es zu Spannungen gekommen, und deshalb tagte in Braunschweig ein »Forum Bestattung und Kirche«. Schirmherren waren Landesbischof Gerhard Müller und Bischof Lehmann, der Vorsitzende der Katholischen Bischofskonferenz. Da klagten die Bestatter über Pfarrer, die dem Wunsch der Angehörigen nach ausgedehnter Lebensdarstellung des Verstorbenen nicht nachkämen; mancher lehne es sogar ab, Ausgetretene kirchlich zu beerdigen – man könne doch die Taufe nicht aufheben. Das ist so, und deshalb hat die Vereinigte Evangelisch-Lutherische Kirche eine Kommission gebildet, die sich mit dem theologischen Problem des christlichen Begräbnisses für getaufte, aber spätberufene Atheisten befaßt. Bis zu einer Lösung soll christlicher Pragmatismus herrschen: Liebe, Vergebung und keinesfalls Sippenhaft. Für die Angehörigen eine Andacht. Der Tote ist schon weit weg. Und jene, die auf ausgedehntem Friedhof oder in der großen, leeren Kirche bei kleiner Gemeinde frösteln, sollen in der intimen Trauerhalle der Privatbestatter Trost bekommen – auch vom Pfarrer.

Schon wieder ein Stück Verdrängung des Todes aus dem öffentlichen Leben, rufen die Gläubigen. Die Bestatter widersprechen nicht. Sie haben einen Trend beobachtet vom schwarzen Leichenwagen hin zu mehr Farbe, vom behutsamen Grau über Blau, Gold und Weiß zum Dunkelrot. Die Unterdrückung der Signale des Todes schreitet voran. Auf den Gräbern dagegen gehe es weniger farbenfroh zu, beobachtete der Bund deutscher Friedhofsgärtner: Der Trend, statt Blumen eine Spende für gute Zwecke zu erbitten, sei eine Gefahr für die deutsche Friedhofskultur. Allein von den Totengräbern kommt keine Klage. Ist das ihre sprichwörtliche Heiterkeit? Oder haben sie nur keinen Dachverband?

DER PRESSESPRECHER DES MÜNCHNER KARDINALS hat sich, laut Abendzeitung, elegant entzogen: »Wenn in einer geistigen Bedürfnisanstalt jemand ein Bedürfnis hat, haben wir noch lange kein Bedürfnis, dazu Stellung zu nehmen.« Mit der Bedürfnisanstalt meinte er das von Michael Käfer bewirtschaftete Nachtlokal »P1«, und wozu er nicht Stellung nehmen wollte, war die *Orgia Romana,* ein nächtlicher Rummel, bei dem ein junger Mann vom Studentenschnelldienst als Gekreuzigter die Dekoration abgab. Es muß unheimlich fidel zugegangen sein, weil neben dem »Miet-Jesus« auch ein »Sexy-Strapsmaus-Ringen« geboten wurde. Das Bacchantische kam zur Geltung, als die Gäste den Mann am Kreuz aufforderten: »Zieh dich aus!« und mit Trauben nach ihm warfen. Es war, kurzum, eine dieser vielgerühmten Münchner »in«-Veranstaltungen, bei denen nach allgemeinem Dafürhalten »die Post abgeht«.

Leute, die den jungen Käfer kennen, schildern ihn als clever. Von einer Kolumnistin zur *Orgia Romana* einvernommen, sagte er, man habe nur »das ganze Spektrum aufzeigen«, nicht jedoch die Kirche angreifen wollen. Und: »Ein bissl Provokation darf in der Nacht ruhig sein.« Man erinnert sich bei dieser Gelegenheit einer anderen legendären Veranstaltung, bei der die Deppen der Nacht ein bissl Penner spielten: Rein in schäbige Klamotten und dann bis zum Kragen mit Schampus abgefüllt. Da lachte der Sandler, und der Obdachlose freute sich, weil er sah, daß die Jeunesse dorée so ein Herz für ihn hat. Wahrscheinlich ist seinerzeit sogar ein bißchen was abgefallen, für die Männerseelsorge vielleicht oder sonst eine soziale Einrichtung; man will schließlich nichts geschenkt, wenn man sich auf Kosten anderer amüsiert. Angesichts des schon damals aufgezeigten ganzen Spektrums herrschte von Garmisch bis Flensburg Einigkeit darüber, daß die Dummheit als Lebensform möglich ist – und wo sie möglich ist.

Wären wir Ordinariatssprecher, dann fiele uns schon etwas passionsmäßig Lustiges ein. Etwa die Frage, warum Käfer die Gaudi mit dem Gekreuzigten nicht zur Serie ausgestaltet: Striptease bei Buddha? Vishnus Schaumparty? Arabische Nächte mit dem Propheten? Wir glauben auch die Antwort zu kennen: Weil es so unendlich schick ist, den »Katholen« eins überzubraten, und weil so unendlich wenig Mut dazugehört. Nun kann zwar ein »PI« keine Religion beleidigen, weder im leeren noch im vollen Zustand. Dennoch wären wir gespannt, was passieren würde, wenn dort unsere Idee mit den arabischen Nächten realisiert würde. Möglicherweise kämen da später ein paar Fundamentalisten vorbei, um sich für das bissl Provokation mit dem ganzen Spektrum ihrer Betroffenheit zu revanchieren. Dann wäre das »PI« wohl einige Zeit wegen Renovierung geschlossen.

ALS THOMAS MANNS »DOKTOR FAUSTUS«, der
Komponist Adrian Leverkühn, bei seinem Gipfel-
gespräch mit dem Teufel Näheres über die Hölle –
als seinen präsumtiven Aufenthaltsort – wissen
wollte, redete jener sich hinaus. Fürwitz sei das,
sagte er; da sei ja noch eine hübsche Weile hin, und
wer werde denn so weit vorausschauen wollen. Das
ist natürlich die satanische Sicht der Dinge: Nur
nicht zu viele Details ausplaudern und sich dadurch
die Kundschaft verprellen! Der Mensch, insbesondere der Christenmensch, ist gut beraten, wenn er
sich rechtzeitig Gedanken über die Hölle macht,
aus anderen Motiven zwar als der sogenannte
Gottseibeiuns, aber mit dem nämlichen Effekt: Ab-
stand gewinnen, kein Risiko eingehen. Immerhin
kann die Hölle irgendwie mit dem Teufel in eins gesetzt werden, und der ist nun mal, mit dem Fachmann Augustinus zu reden, eine Art Kettenhund,
der einem nur dann etwas anhaben kann, wenn
man ihm zu nahe kommt.

Die Lust, mit dem ewigen Feuer zu spielen, haben die Sünder mit jenen gemein, die ihnen sonst
am allerfernsten stehen, nämlich mit den Gerechten, wobei Gerechte im Sinn dieser Ausführungen
oft auch Selbstgerechte sein können. Glaubensmän-
ner der fundamentalistischen Schule neigen seit jeher zu flammenden Höllengemälden. Sie berufen
sich dabei auf keinen Geringeren als den Jesus der
Bibel, dessen eschatologische Drohreden ja ebenfalls an Drastik wenig zu wünschen übriglassen:
Heulen und Zähneknirschen; äußerste Finsternis;
der Wurm, der nie stirbt. Maßgeblich, wie überall,
sind indessen auch hier die Proportionen. Da Jesus

entschieden mehr über den Himmel als über die Hölle gesagt hat, sollten sich die Prediger zu einer ähnlichen Gewichtung ihrer Themen verstehen. Widrigenfalls ist ihnen der Vorwurf zu machen, daß sie pädagogische Flaschen sind – in biblischen Worten: schlechte Hirten, weil sie immer nur mit dem Stecken herumfuchteln.

Die *Southern Baptist Convention* hat ausgerechnet, daß 46,1 Prozent der Bevölkerung von Alabama in die Hölle kommen, weil es ihnen an Glaubensstärke oder am Glauben überhaupt gebricht; es galt die nach oben offene und vermutlich nach unten geschlossene baptistische Gerechtigkeitsskala. Die frommen Platzanweiser erinnern an ihre Kollegen von einer ebenfalls in den USA beheimateten Kirche, die gelegentlich den Weltuntergang annonciert und zu wissen vorgibt, wer dann unter den Erwählten sein wird: vornehmlich sie selbst. Man muß den südlichen Baptisten zweierlei sagen. Erstens ist, laut Thomas Manns Teufel, die Hölle nicht so groß, daß Hinz und Kunz darin unterkämen – um wieviel weniger 46,1 Prozent von 1,86 Millionen Alabamern. Zweitens schnappt der große Kettenhund sehr gern auch nach Gerechten, vor allem, wenn sie sich in seine Personalplanung mischen. Und nicht nur dann.

Unterwegs
oder: Wieviel Mensch
verträgt die Kunst

IM RAHMEN UNSERER DAUERAKTION wider die Binsenweisheiten bekämpfen wir heute den Satz »Glück hat auf die Dauer nur der Tüchtige«. Das ist deswegen grober Unfug, weil sich das wahre Glück ja gerade daran erkennen läßt, daß es einem ohne eigenes Zutun in den Schoß fällt. Wenn zum Beispiel jemand sechs Kreuze auf den Lottoschein malt und damit einen Hauptgewinn erzielt, so ist das kein Glück, sondern der Erfolg eigenen Bemühens. Glück hingegen ist es, wenn jemand (eine Hausfrau aus Koblenz) nur fünf Zahlen ankreuzt, aber damit sechs Richtige tippt. Die fehlende sechste Zahl hatte die Lottobehörde fürsorglich eingetragen und so bewiesen: Nur eine höhere Macht ist imstande, den Menschen aus den Fesseln seiner Unvollkommenheit zum einen wie des Leistungsprinzips zum anderen zu lösen und ihn emporzuheben in die Gefilde wahrer Glückseligkeit.

Wie aber mag es aussehen in jenen Glücksgefilden? Wird dort pausenlos Milch, Honig und Manna gereicht? Ertönt himmlische Sphärenmusik? Liegen glückliche Menschen permanent in der Sonne und genießen das *dolce far niente?* Mitnichten! Sondern zu essen und zu trinken gibt es eventuell überhaupt nichts, als Glücksgeräusche kommen unter anderem »ein unheimliches Knirschen« sowie »ein wüstes Krachen« in Frage – und vervollkommnen läßt sich all das statt mit Sonnenschein auch mit Anfällen von Schüttelfrost sowie mit »kalter Nässe, die unter alle Kleider kriecht«. So erlebten es die Passagiere des Kreuzfahrtdampfers *Maxim Gorki,* von denen die Zeitung meldet: »... stiegen sie erschöpft, aber *glücklich* aus dem

Bus, der sie vom Düsseldorfer Flughafen nach München brachte.«

Solche Nachrichten bringen nicht nur unsere Reiseredaktion zum Umdenken. Bislang jedenfalls galt nicht eben als glücklich, wer seine Traumreise wegen Wasserschäden in der Unterkunft vorzeitig abbrechen mußte, danach auf dem falschen Flughafen landete und die letzten 600 Kilometer der Reise im Bus hinter sich brachte. Gewiß, das alles ist etwas angenehmer als der Seemannstod, doch mit der Tatsache der Rettung allein sind die euphorischen Ausbrüche jener Heimkehrer kaum zu erklären. Vielmehr freuen sich diese Leute, rüstige Senioren zum großen Teil, daß sie – und nur sie! – endlich einmal erleben durften, was die Kreuzfahrtunternehmen sonst immer nur versprechen, aber niemals liefern: das große Abenteuer. Auch hier bedurfte es der höheren Macht – verkörpert durch den wackeren Kapitän Galimow, der sich im rechten Augenblick einer großen maritimen Tradition entsann: wie ein Kollege von der *Titanic,* anno 1911, setzte er sich über die Eiswarnungen souverän hinweg. »Wahnsinn – volle Pulle ins Packeis!« rief daraufhin die *Bild-Zeitung* aus. Wir brauchen unsererseits nicht viel Phantasie, um uns genau die Worte als künftigen Werbeslogan für Kreuzfahrten vorzustellen.

UNLÄNGST HABEN WIR UNSEREM CHEF beim Telephonieren zugeguckt, ohne selbst mit ihm zu telephonieren, während er mit einem anderen Chef telephonierte und diesem, der ihm beim Telephonieren zuguckte, seinerseits beim Telephonieren zuguckte. Bildtelephon! Vorbei sind die Zeiten des Augenrollens und Gequälte-Fratzen-Schneidens, mit denen der Fernsprecher zwischen lauter »Ah-Ja's« und »Ich verstehe« den Umstehenden oder notfalls sich selbst signalisieren konnte, was von den Tiraden des jeweiligen Gesprächspartners zu halten sei. Jetzt wird, wenn's klingelt, erst mal hastig der Schreibtisch aufgeräumt, das Mickymaus-Heft unters Sitzkissen geschoben, die Geliebte unterm Bett versteckt – wozu eigentlich? Wir wollen niemand sehen beim Telephonieren. Niemand will irgend jemanden sehen beim Telephonieren, und schon gar nicht von jemand gesehen werden!

Wer so daherredet, kennt den Fortschritt aber schlecht. Fragt der vielleicht, was wir wollen oder brauchen? O ja, er fragt. Und wehe, er findet dabei heraus, daß unser Herz an irgend etwas hängt. Wer Sachen nicht einfach benützt, weil sie halt da sind, sondern eine persönliche Zuneigung zu *seinen* Sachen entwickelt, ist fürs Leben in der freien Sachzwang-Welt nicht reif. Statt dessen stört er das, was auf keinen Fall gestört werden darf: die glatten Abläufe. Man macht's mit solchen Leuten wie mit Kindern, die sich partout von ihrem Teddybären nicht trennen wollen: Man nimmt ihnen die Dinger weg, basta. In 13 Monaten werden alle Paternoster abgeschafft; und den zahlreichen Freunden dieser erschreckend humanen Beförderungsmittel nützt es gar nichts, daß sie lauthals protestieren, ja sich sogar zu Paternoster-Rettungs-Vereinen zusammenrotten. Im Gegenteil: So viel kindliche Renitenz muß schleunigst ausgemerzt werden, und die Paternoster kommen jetzt erst recht auf den Müll.

Eine Münchner Tageszeitung (ohne Redaktions-Paternoster) hat in diesem Zusammenhang gefragt, ob es vielleicht keine wichtigeren Themen als das Verschwinden des Paternosters gebe. Darauf können wir nicht antworten; denn wer uns diese Frage stellt, spricht unsere Sprache nicht. Außerdem, wir sind ja schon ruhig. Wir denken nicht daran, uns auf die dämliche Diskussion über die vom »Deutschen Aufzugsausschuß« (selbstverständlich ein Lobby-Verein) behaupteten Gefahren des Paternosterfahrens einzulassen. Wir treten auch keinem Schutz-und-Trutz-Bündnis bei, nicht einmal einem gegen das Bildtelephon. Zur Not benützen wir die Treppen und schreiben Briefe – und wundern uns keineswegs, daß das Treppensteigen und Briefeschreiben auch schon längst auf der Abschußliste des Fortschritts stehen. Wer jetzt allein ist, wird es lange bleiben.

ALS WIR DAS ERSTE MAL ins Ausland reisen durften, wunderten wir uns ein bißchen, daß die Bäume
jenseits der Grenze genauso aussahen wie die Bäume diesseits der Grenze. Dann aber überwältigte
uns die Fremde doch. Die ausländischen Berge waren zum Fürchten hoch, die ausländischen Menschen sprachen ein ganz unverständliches Kauder-
welsch und verzehrten Gegenstände, die wir nie
vorher zu Gesicht bekommen hatten – kalten Do-
senspargel zum Beispiel, den sie zuvor in Mayon-
naisegläser stippten. Wir waren sechs Jahre alt und
zu Besuch in Luzern. Als Abschiedsgeschenk über-
reichten uns die Gastgeber eine Schweizer Landes-
fahne und ein rotweißes Käppi, welches wir noch
Monate nach unserer Heimkehr nicht ablegen
mochten. »Wo hast'n das her?«, fragten uns die anderen Kinder. »Aus dem Ausland«, gaben wir gespielt gleichgültig zur Antwort. Und die anderen
Kinder verstummten in neidischer Ehrfurcht.

Ja, das ist lange her. Aber so lange auch wieder
nicht, daß wir nicht aufmerksam zuhören würden,
wenn uns die anderen Kinder jetzt von ihrem Urlaub erzählen. Manche haben es nur bis nach Grie-
chenland oder in die Türkei geschafft. Aber ein be-
freundetes Geschwisterpaar (3 und 5) war in der
Karibik. Toll, sagten wir, wie war es denn? Lang-
weilig, sagten die beiden. Einer, der sieben Jahre alt
ist, durfte nach Nepal. Was es denn da zu essen gegeben habe, wollten wir wissen. »Na, Pizza halt«,
erwiderte er. Arme Kinder, dachten wir da: Sie erleben immer mehr und darum immer weniger. In
Wirklichkeit denken so etwas aber nur alte Säcke,
die neidisch ihre eigene, höchst bescheidene Kind-

heit im nachhinein zum Ideal verklären. Das Aschenputtel und die Häschenschule – das waren unsere Vergnügungen. Kein Vergleich mit Super-Mario, und schon gar keiner mit den Dinomonstern vom *Jurassic Park*.

Denkste. Spielbergs teure Monster sind nicht für die Kinder, ätsch! Jedenfalls nicht für die kleinen Kinder. Ins Kino kommt die Polizei und fischt erbarmungslos jeden heraus, der noch keine zwölf Jahre alt ist. Denn siehe, die Staatsanwälte in Nürnberg und anderswo haben ein uraltes, längst vergessenes und trotzdem noch immer gültiges Gesetz ausgegraben; dieses Gesetz, so sagen sie, diene dem Jugendschutz. Na so was! Müssen die braven Kinder vielleicht vor den bösen Eltern geschützt werden? Natürlich nicht; schließlich sind die Tyrannosauri Reges und so weiter des heutigen Kindes allerliebste Gesellen. Nur, daß sie Beine, Arme und andere Menschenteile fressen: das ist verboten. Wir selbst (die wir, ehrlich gesagt, etwas anderes im Sinn hatten, als wir uns damals in verbotene Filme wagten) begrüßen dieses Verbot. Und die Kinder? Die warten halt ab, bis *Jurassic Park* als Video vertrieben wird – und bis die gleichen alten Säcke, die über die verrohte Jugend jammern, ihnen die Kassette unter den Christbaum legen werden.

DIES IST EIN EISENBAHNTEXT, und darum ersu-
chen wir für das nun Folgende, sich nicht aus dem
Fenster zu lehnen. *Do not lean out, ne pas se pen-
cher au dehors, è pericoloso sporgersi.* Wir sind eigentlich nur deswegen zugestiegen, weil die Deutsche Bundesbahn im sogenannten Fäkalienstreit
Berufung eingelegt hat und wir dabeisein wollen,
wenn die sach- und fachbezogenen Argumente aus-
getauscht werden. Man erinnert sich: Das Land-
gericht Itzehoe hatte die Bahn verurteilt, dafür zu
sorgen, daß von einer hohen Eisenbahnbrücke aus
gefälligst keine Partikel von Fäkalien oder Toilet-
tenpapier mehr auf das Grundstück eines Antiqui-
tätenhändlers rieseln. Der Fall geht, wie anrüchig
die *Corpora delicti* auch sein mögen, ins Grund-
sätzliche, da ein Gewohnheitsrecht der Bahn be-
rührt ist; aus Sicht der Beklagten steht möglicherweise sogar ein kleines Stück Kulturgeschichte zur
Disposition.

Aus atmosphärischen Gründen nähern auch wir
uns dem Thema unter kulturgeschichtlichen Aspek-
ten. Wir blenden zurück ins Jahr 1835, als die erste
Bahn von Nürnberg nach Fürth dampfte. Damals
glaubten die Passagiere, ihnen bleibe das Herz stehen vor Raserei und Tumult. Dieser Schreck hat
sich gelegt. Wir Heutigen sind durchaus imstande,
mit 220 Sachen über die Schienen zu fegen, ohne
die Zeitung einen Augenblick sinken zu lassen.
Dennoch kennt selbst unsere der Technik angepaß-
te Gegenwart noch Verrichtungen, die mit den in
Zügen herrschenden Fliehkräften nur schwer in
Einklang zu bringen sind. Man versuche einmal,
den randvollen Becher Kaffee aus der rollenden

Minibar zum Mund zu führen, während der Intercity eben ein paar richtungweisende Weichen hinter sich bringt. Von der prozeßgegenständlichen Tätigkeit wollen wir hier nicht reden, aber ein anderes Detail aus dem sanitären Bereich kann sehr wohl erwähnt werden. Es ist eine (auch physikalisch) bemerkenswerte Erfahrung, nach einer Nacht im Schlafwagen zu duschen, möglichst auf kurvenreicher Strecke: Da muß man, um die leichtfertig aufgetragene Seife wieder herunterzubekommen, dem ständig die Richtung wechselnden Rinnsal ganz schön hinterherspringen!

Um es kurz zu machen: Es hat den Anschein, als bedürften bestimmte menschliche Tätigkeiten, nämlich die »allzu menschlichen«, der häuslichen Ruhe, als vertrügen sie es nicht, daß man ihnen im Zustand der Bewegung beziehungsweise des Bewegtwerdens nachgeht. Nun könnte die Bahn einwenden, daß ihre Züge nur ein Abbild der Erde seien. Diese rattere, ein riesiger beschleunigter Personenzug, ja auch durchs All, ohne daß die Menschen deswegen die Geschäfte der persönlichen Notdurft vernachlässigen könnten. Dem wäre spontan entgegenzuhalten: Schon – aber ein normaler Zug ist unten offen, die Erde nicht. Außerdem hält die Erde nirgends.

DER MENSCH, SICH ALS MASCHINE BEGREIFEND,
ist wieder unterwegs, um sich kosmopolitisch,
kräfte-, bräune- und bademäßig aufzuladen, den
»Akku«, wie er sich beliebt auszudrücken, diesen
Akku Mensch aufzuladen für das Leben. Aber
Mensch entkommt uns nicht, wo er sich verbergen
und wie er sich tarnen mag mit Schweiß-Shirt,
Strampelhöschen, schwarzer Behaarung der Extremitäten und genervter Miene. Mensch ist wieder
unterwegs, doch die Rechercheure melden jeden
Schritt und berichten von überstandenen Gefahren.
So auch unser Mitarbeiter Apostel Paulus, Pionier
des Aktivreisewesens. Dreimal schreibt Apostel P.,
sei er gestäupt, einmal gesteinigt worden; dreimal
erlitt er Schiffbruch, erlebte Gefahr durch Flüsse,
durch Mörder, durch Städte, durch die Wüste sowie – wunderschön ausgedrückt – unter falschen
Brüdern. Ja, der Apostel hat mit seiner vorbildli-
chen Unerschrockenheit vor zweitausend Jahren
Maßstäbe gesetzt, rufen wir mal Brennpunkte ...
    Hallo Akropolis? Es ist doppelt so heiß wie in
der heißen Heimat, aber die Senioren riskieren lieber den finalen griechischen Kollaps, als auf der
Bank im Englischen Garten zu versauern. Unsere
älteren Mitbürger einigen sich auf ihrer Flucht vor
sich selbst und vor eingebildeter Langeweile seltsa-
merweise überraschend schnell mit jenen Ruck-
sackträgern, die sie sonst mit kalter Verachtung
strafen. Der Generationenvertrag, der sie verbindet, besteht aus dem programmatischen Satz: *Wo
viel los ist, da erlebt man viel.* Bloß der Akropolis
wird schlecht. Und mit ihr allen Foren, Schädelstät-
ten, Amphitheatern, Uffizien, Pompejis rund ums

Mittelmeer, dem Mt. Saint Michel ebenso wie der Museumsinsel in Berlin, dem kleinen Sanssouci in Potsdam – ja ausnahmslos sämtlichen Marksteinen und Wallfahrtsorten des Welttourismus wird schlecht. Sie leiden unter Atemnot, sie halten die Masse der Menschen nicht aus, nicht die Erschütterungen durch Turnschuh-Bataillone, nicht den Dunst, der aus den Poren steiget. Und polyglott, aber unisono erhebt sich der Chor der Kunst- und Kulturwächter angesichts der bröselnden Steine und der schimmelnden Bilder und verlangt nach Dosierung. Wieviel geballten Mensch verträgt alte Kunst? Anrüchige Architektur? Werden wir ein zugangbeschränkendes Losverfahren uns ausdenken müssen unter Aufsicht der UNESCO? Und: Was denkt eigentlich der reisende Mensch, wenn er denken sollte?

Aus Rügen wird gemeldet, schamversessene Westler hätten den freizügig unten ohne badenden Ostdeutschen Höschen aufgezwungen. Wer hätte das gedacht. Und an der mittelitalienischen Adria geht der Blick über das bleierne Meer in östliche Richtung: Zweihundert Kilometer weiter liegt die Provinz – der Staat Bosnien-Herzegowina, ein Name, den das Urlaubsradio ein bißchen häufiger ausspuckt als die Reiserufe. Doch was hat das mit mir zu tun – ich muß meinen Akku aufladen, verstehen Sie!

WER IST DER SCHLIMMSTE TROTTEL der Saison?
Europas? Der Erde? Nein, nicht jener, für den jeder
eine Beschimpfung bereitliegen hat. Nein, es ist –
Tusch – der Tagestourist, der Wochenend-Ausflüg-
ler – Ausflügler? –, der Schnell-mal-irgendwohin-
Rasende. Er kriecht, schlappt, grillt oder müllt tief
in den letzten Ritzen dieses Planeten, des Starn-
berger Seeufers. Er überfällt in Windeseile, gestählt
im Streß unendlicher Staus (Stauungen?) – der
Deutschlandfunk meldet an Wochenenden nur
noch jene über zehn Kilometer –, überfällt also
kleine idyllische Ortschaften, Millionenstädte oder
jeden sogenannten Geheimtip dergestalt, daß die
Urbewohner Luftschutzkeller aufsuchen – er ...

Halt. Zunächst einmal: Es ist nicht die private
Luft, die uns ausgeht. Vielmehr kann man am Ende
(?) einer grenzen- und gnadenlosen Reisesaison viele Seufzer und manchen Entsetzensschrei hören von
Bürgermeistern, Wirtsleuten, Stadtpräsidenten und
Kulturforschern. Fassungs- und wehrlos starren sie
auf den nie mehr abebbenden Strom der »Kühlta-
schentouristen« (wo kämen wir hin, wenn es nicht
gleich ein packendes neues Wort gäbe?) und erleben ein Fluchtverhalten, welches nicht nur viermal
drei Wochen pro Jahr währt, sondern, wenn es irgendwie zu machen ist, auch noch an 52 Wochenenden losbricht. Die Klagenden wiederum sind hin-
und hergerissen zwischen ihrem Gewissen als ver-
antwortungsvolle Ökologen einerseits und der Ma-
ximierung ihrer Geldgier andererseits. Lieber ein
Essen weniger verkaufen? So viel Platz auf den Pro-
menaden des Bodensees, daß man das Schwäbische
Meer sogar sehen, »erfahren« kann? Oder sich fü-

gen und alles einnehmen? Wie der Mechanismus des Schreckens funktioniert, zeigt das Beispiel der Insel Hiddensee vor Rügen. Ein Flecken Erde fast ohne Kraftfahrzeuge. Aber die Tagestouristen schaffen's auch ohne Auto. Ziellos und kaum informiert, trampeln und schieben sich die Massen zu Tausenden über das ökologisch verwundbare Eiland. Und morgen lehren sie die Venezianer das Fürchten und schnüren verstopfte Weltstädte doppelt ein.

Über die Ursachen des Wahns grübeln die Besten – vergebens. Den Großvätern galt zweckfreies Reisen als höchste Kultur- (und nicht bloß Zivilisations-)Stufe. Sie erhofften sich kosmopolitische Weitsicht und »Bildung«. Aber der moderne Trieb zum voraussetzungslosen Aufbruch nach überallhin steht wohl unsichtbar unter dem Imperativ des Düsseldorfer Flugunternehmens LTU. »Nix wie weg!«, lautet der Befehl. Weg aus der Wohnung, weg von den Erwartungen des Nächsten, weg von einer hochgeregelten Zivilisation, die man nicht anfassen oder im Tempo verändern kann. Ende der Sackgasse, keine Empfehlungen. Es gibt nämlich keine. Dafür ewigen Trost von der seligen Dichterin F. Kempner: »Unser Jammer bürgt für Ewigkeiten – / Und das offne, nimmersatte Grab! / Doch ein Gott erschuf den Sinn der Ferne, / Und wir sinken drum getrost hinab.«

AUF DER SUCHE NACH SELTENEN, schönen Worten
durchstöberten wir letzthin den Prospekt über den
neuen Audi 100, welcher übrigens, soviel sei über
das Fahrzeug selbst verraten, wieder mal ausge-
sprochen »satt und stämmig auf der Straße« steht.
Wer beschreibt unser Glück? Auf derselben Seite
nicht nur die Worte »innenbelüftete Scheibenbrem-
sen«, sondern auch »Torsionssteifigkeit«, ja: »Ab-
rollkomfort« und »Knautschraum«! Wir stellten
uns vor, wie geniale Ingenieure auf Reißbrettern
und in Windkanälen mit ihrer ganzen geistigen
Kraft nicht nur den Cw-Wert um ein weiteres Hun-
dertstel nach unten drücken, sondern auch diese
wunderbaren Worte entwerfen, herumexperimen-
tieren (Steifigkeitsbelüftung? Torsionskomfort?),
schließlich nach langen Sitzungen zum Endgültigen
vordringen, zu satten, stämmigen, vollverzinkten
Worten, denen man eine Durchrost-Garantie für
zehn Jahre geben kann.

Natürlich ist zu solchen Energieleistungen, zur
Kombination von, dürfen wir sagen: sprachlicher
Windschlüpfrigkeit und Verbalkomfort, nur die
westdeutsche Autoindustrie imstande. Indes, indes:
Man verachte nicht die Zahnpflegebranche des
Landes, die nicht nur kurz vor der Erfindung der
karierten Zahncreme steht, sondern dabei ist, sich
endgültig von der klassischen Zahnbürste zu verab-
schieden. Was aber tritt an deren Stelle? Wir sehen
auf den vielfarbigen Abbildungen eines weiteren
Prospektes, welcher der Zeitung entfällt, ein
schwermotorisiertes, raketenförmiges Gerät, das an
seiner Spitze mit zehn Haarbüscheln besetzt ist.
Jene Büschel drehen sich um ihre eigene Achse,

getrieben von einem System feiner Zahnräder. 4200mal in der Minute rotiert jedes Büschel, und zwar entgegengesetzt zum Nachbarbüschel. Nach jeweils anderthalb Umdrehungen wechselt es die Richtung, also 46mal pro Sekunde. Aaaah! Triumph der Mechanik! Wir lesen: »Die wechselnde Rotation läßt die Büschel mit pulsierender Bewegung tief zwischen die Zähne und unter den Zahnfleischrand dringen.« Wie sich das hineinbüschelt, hindurchborstelt, alles hinwegbürstelt! Wie satt und stämmig die Zähne hinterher im Zahnfleisch stehen! »Schon von 1000/min. an dreht der Motor ohne zu stottern oder zu ruckeln, die Leistung entfaltet sich absolut problemlos.« (Entschuldigung, das war jetzt wieder der Autoprospekt.)

Unverkennbar, wie intensiv hier Erfahrungen genutzt wurden, die man in Autowaschanlagen gewonnen hat. Moderne Technik ist unteilbar. Wir lesen, das Gerät trage die Bezeichnung »Interplak-Zahnbelag-Entfernungs-Instrument«. Das klingt so wunderbar nach der versunkenen DDR, und am liebsten würde man die drei Bindestriche mit Hilfe der rasend rotierenden, tief zwischen die Worte dringenden Büschel wegputzen. Gerührt kleben wir das alles auf Seite 217 unserer Sammlung. Wird man der Versuchung widerstehen können, Knautschraum und Scheibenbremsenbelüftung des neuen Audi 100 ein wenig mit diesem herrlichen Gerät zu polieren?

WENN WIR HEUTE JENES TAGES VOR 85 JAHREN, an dem zum erstenmal ein Linienverkehr mit motorisierten Omnibussen eingerichtet wurde, mit Verspätung gedenken, so mit der herzlichen Bitte an das Omnibusgewerbe, dies nicht als Spitze zu verstehen. Die Pünktlichkeit des Linienbus-Verkehrs steht ganz außer Frage, und auch jener welt-erste Kraftomnibus erfüllte am 1. September 1904 seinen Dienst, wie es heißt, »mit beispielloser Pünktlichkeit«. Aber erstens waren wir am 1. September mit einem anderen Gedenktag beschäftigt und zweitens der Überzeugung, die Premiere habe erst am 1. Juni 1905 auf der Linie Bad Tölz – Lenggries stattgefunden. Drittens wähnten wir die Geschichte des Omnibusses fest verknüpft mit der Entwicklung großer Städte, Berlin zum Beispiel, wo schon 1837 fünf Linien mit 20 allerdings pferdegezogenen Wagen verkehrten.

Indes: Jener von einem Verbrennungsmotor betriebene Bus fuhr damals im niedersächsischen Landkreis Peine (sprich: Pahne), einer Gegend, in der nach gemeinem Vorurteil normalerweise überhaupt nichts geschieht, schon gar nicht historische Ereignisse. Der Kraftwagenbauer Heinrich Büssing hatte das Vehikel konstruiert und mit einer Geschwindigkeit von 16 Kilometern pro Stunde ausgerüstet, dazu mit einem Fahrrad, um bei Pannen Hilfe holen zu können, sowie einer Bergstütze gegen das Zurückrollen an den in Niedersachsen so gefürchteten Steigungen. Daß damit aber ein Linienverkehr aufgenommen wurde, ist dem Pfarrer Hayder von Wendeburg bei Peine (sprich: Pahne) zu verdanken, welchen es schmerzte, daß die Glieder seiner Gemeinde das Kultur-Angebot der 15 Kilometer entfernten Stadt Braunschweig nur zum Preis eines sechsstündigen Fußmarsches in Anspruch nehmen konnten – ein zu hohes Entgelt, wie jeder Kenner Braunschweigs weiß. So inspirierte Hayder Büssing zur Schaffung der Omnibuslinie, und der »Wackelpott« (Wilhelm Raabe) fuhr zwanzig Personen dreimal am Tag hin und her. Am Wochenende wurde dies gefeiert: ein Nachbau des Büssingschen Busses rumpelte die Strecke entlang, musikalisch umrahmt vom Jagdhorn-Bläserkreis Peine-Ost (sprich: Pahne-Ost), welcher den kulturellen Aufschwung durch den seit 1904 dauerhaft gewährleisteten Kontakt mit Braunschweig symbolisierte.

So diente – der graugesichtige Pendler im Sechs-Uhr-Vierzehner vernimmt es staunend – der Linienbus dem Vergnügen und nicht der Arbeit, und das platte Land, nicht die pferdebahngesättigten Städte, trieb die technische Entwicklung voran. Wenn demnächst wieder der Busfahrer an der Haltestelle Lochham-Bahnhof die Tür direkt vor unserer schwer schnaufenden Nase schließt, oder wenn wir auf dem Weg ins Büro in einer Kurve gegen den Fahrkarten-Entwerter geschleudert werden, oder wenn wir die Zeitung nicht entfalten können, weil die anderen Ölsardinen es nicht zulassen – ja, dann wollen wir darüber nachdenken, was aus einer großen Idee in 85 Jahren werden kann.

Sommer
oder: Still ruht
das Loch

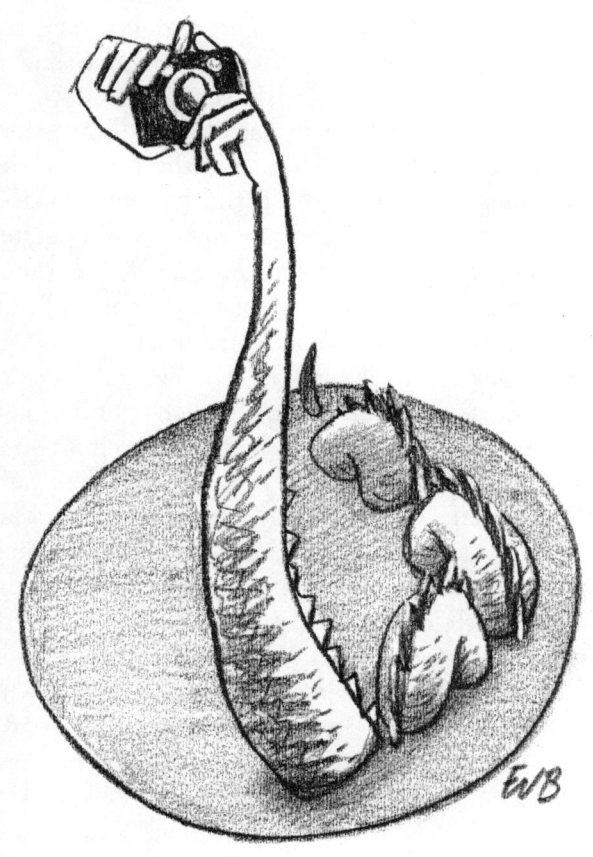

AN DIE GESELLSCHAFT FÜR DEUTSCHE SPRACHE, Taunusstraße 11, 6200 Wiesbaden. – Liebe Gesellschaft! In Deiner jüngsten Aussendung fragst Du nach dem bisher ungeklärten Ursprung des Wortes »Sommerloch« und versprichst demjenigen eine Buchprämie, der die früheste Erwähnung dieses Wortes findet, früher jedenfalls als der bisher älteste bekannte Beleg. Der findet sich in einem Exemplar der *Frankfurter Allgemeinen Zeitung* aus dem Jahr 1974. Da hieß es: »Hersteller und Händler von Farbfernsehgeräten sind davon überzeugt, daß es wegen der Fußballweltmeisterschaft im Geschäftsverlauf dieses Jahres nicht das übliche Sommerloch geben wird.« Wir haben natürlich gleich den *Brockhaus* von 1885 zur Hand genommen, aber unter dem Stichwort »Sommerloch« nichts gefunden, nicht einmal ein Loch, nur die Worte »Sommerkönig« und »Sommerpunkt«. Damals also, liebe Gesellschaft, gab es das Wort anscheinend noch nicht. Das ist auch logisch, denn es gab ja auch noch keine Farbfernseher, folglich konnte kein Loch im Absatz derselben entstehen, auch im Sommer nicht. (Beweis: Es gab 1885 keine Fußballweltmeisterschaft, weil eben kein Loch zu stopfen war.)

Stimmt schon, das ist ein bißchen eng gesehen. Aber stellt sich denn nicht die Frage, was denn das Sommerloch eigentlich ist, das Du da so eifrig suchst, liebe Gesellschaft? Wir greifen hier – das ist unvermeidlich – auf den alten Lochtheoretiker Kurt Tucholsky zurück, der schrieb: »Ein Loch ist da, wo etwas nicht ist.« Was also gibt es, das im Sommerloch nicht wäre? Wer einen Blick riskiert, wird feststellen, daß dort schon immer etwas war.

Früher waren es saure Gurken, dann ein (seit einiger Zeit verschollenes) Monster namens Nessie, ersatzweise der Schneemensch Yeti. Und heute? Das Loch ist randvoll: ein Bundesarbeitsminister, 72 Raketen, Festspiele, sogar ein Sommertheater – nicht mal Möllemann fand heuer richtig Platz. Aber wenn ein Loch zugestopft wird, so fragte Tucholsky, »wo bleibt es dann? Drückt es sich seitwärts in die Materie? Oder läuft es zu einem andern Loch, um ihm sein Leid zu klagen – wo bleibt das zugestopfte Loch?« In diesem Jahr erübrigt sich die Antwort: Weil es keinen Sommer gibt, kann auch kein Loch darin sein. Wahrscheinlich ließe sich ohne Mühe die These vertreten, daß es das Sommerloch überhaupt nicht gibt: Wir könnten es einfach wegdefinieren, noch bevor der heiße Herbst ins Land zieht.

Keine Angst, liebe Gesellschaft, das tun wir heute nicht mehr. Du wirst ohnehin schon gemerkt haben, daß wir zu Deinem Wettbewerb gar nichts beizutragen haben. Das macht aber nichts, denn, so schrieb nun wieder Heidegger, »das Dasein ist das Hineingehaltensein in das Nichts«, und dieser Text ist das Hineingeschriebensein in ein gähnendes Loch von mehr als 70 Zeilen. Damit ist unser Dasein für heute wieder gerechtfertigt, denn wir haben mit Nichts ein Loch gefüllt, und das soll uns erst einmal einer nachmachen.

WIR HATTEN UNS VORAUSSCHAUEND an Ort und Stelle begeben, um den erwarteten Lügen noch fester als sonst begegnen zu können. Hier unser verläßliches Kabel: Das Loch ist, nach einer schönen älteren Maßeinheit, neun Stunden lang. Etwa in der Mitte, am nördlichen Ufer des Sees, stießen wir auf die Loch-Ness-Monster-Exhibition, welche wissenschaftlich exakt alle Unternehmungen und alle verwendeten Geräte dokumentiert, die jemals der sogenannten Nessie nachgestellt haben. Auch mit der russischen Zenith-Camera ist eine Beobachtung gemacht worden. Alle Photographien bestechen durch Qualität, besonders die früheren. Kein UFO ist so gut getroffen worden. Das schlanke Haupt auf dem wellig durch das Loch Ness pflügenden Schlangenkörper trägt irgendwie Trauer, Stolz und Dekadenz, wie einer, der schon fünfunddreißig Millionen Jahre auf Erden ist. Unglaublich, daß Menschen das fabelhafte Wesen Monster nennen konnten – ungeheuer. Wir können wohl von uns selbst nicht absehen.

Draußen stoßen wir nach beschwerlichem Fußmarsch durch wildes Gestrüpp aus Typenhebeln und Telexleitungen auf die unvorstellbare Zeltstadt der Redakteure für Vermischtes und Buntes aus aller Welt. Latrinenparolen schwirren gefährlich durch die Luft. Nessie eingeschlechtlich? Nessie entwarf Maggie Thatchers Wirtschaftspolitik! Wir lassen uns, wie sie, nicht beirren. Ein alter Schotte, der hartnäckig behauptet, Maria Stuart zu heißen und aus Stuttgart zu sein, führt die typische Bourbonflasche an der Longe spazieren. Im Loch-Ness-Center wird gerade ein ganz flacher Text über die obligate diesjährige Monsterexpedition per Brief an die Heimatredaktionen verschickt. Mit Schleppnetzen soll das Loch durchkämmt, mit sechzig Unterwasserkameras jeder Kubikmeter »auf die Platte gebannt« werden, heißt es da. Nessie könnte mir leid tun, wäre das Loch nicht viel zu tief (293 Meter).

Um der Wahrheit die an dieser Stelle gewohnte Ehre zu geben: Die Zahl der Sichtungen des sogenannten Monsters (wissenschaftlich *tubustubus N.*) hat beständig abgenommen. Die Gründe liegen auf der Hand. Erstens Schrumpfung. Die Aufheizung des Loch Ness durch ignorante Berichterstattung vernichtete den größten Teil der zarten Monsterspeise, des Tartan-Planktons; *tubustubus N.* ist nur noch würmchengroß und würde selbst einem Sigmund Freud durch die Maschen flutschen. Zweitens Metamorphose. Des Alleinseins müde, verwandelte sich Nessie in eine Metapher. Sie tummelt sich heute zusammen mit unzähligen echten wie falschen Anspielungen und Bildern in den Fluten aller Weltsprachen. Lange vor Beginn der Saison wurde deshalb eine zwei Papierschiffchen starke Expedition ausgeschickt, die aus einer das Nessie-Fieber betreffenden Zeitungsseite gefaltet waren. Das war am 8. Juni 1980 um 16.25 Uhr. Seitdem fehlt von etwa siebentausend Wörtern über den phantastischen Gegenstand jede Spur. Still ruht das Loch, so still.

ES REGNET. Es regnet ununterbrochen. Hier in München steht das Wasser schon meterhoch. Gestern morgen holte der CSU-Generalsekretär Erwin Huber uns zu Hause mit seinem neuen Schlauchboot ab, und wir ruderten gemeinsam stadteinwärts, bis in der Nähe des Landtags die abgebrochene Antenne eines unter den Wassermassen verborgenen PKW unseren Untersatz ritzte und wir prustend versanken. Huber schien sich in den Fluten überraschenderweise aufzulösen wie Würfelzucker in Kaffee, wir aber schwammen die Maximilianstraße hinab. Aus den Kammerspielen drang Brecht an unser Ohr: »Der Leib wird leicht im Wasser / Wenn der Arm leicht aus dem Wasser in den Himmel fällt / wiegt ihn der kleine Wind vergessen / weil er ihn wohl für braunes Astwerk hält.« So begann der Tag. Und am Freitag beginnt der Sommer.

Ach, Jahreszeiten, dahingespült. Nicht jeder ist ein Wasserfreund wie Leopold Bloom, der, am Wasserkessel sinnend, die Zustandsformen des Meeres bewunderte: »... seine hydrstatische Ruhe bei Windstille; seine hydrokinetische Geschwollenheit bei Nipp- und Springflut; seine Gelassenheit nach Verheerungen ...« (Wir haben den Joyce noch im Ohr vom vergangenen Sonntag, als es regnete und deshalb in München 18 Stunden lang »Ulysses« gelesen wurde.) Aber das Wasser, meterhoch in den Straßen, ist hinfort unser Schicksal. Es wird nie mehr aufhören zu regnen. Es wird Pausen geben, gewiß, besonders mittwochs. Aber nie an Wochenenden. In diesen Unterbrechungen werden wir uns kurzen Hoffnungen hingeben, um dann bei sich fortsetzendem Tropfenfall um so tiefer in der Nacht der Depression zu versinken. Woher wir das wissen? Keine Ahnung. Vielleicht von der SPD, vielleicht von den Philippinen ... ist doch egal. Es stimmt jedenfalls. Erste Biergartenbesitzer satteln bereits auf Gondoliere um.

Wir denken zurück an den Juni '87, als es gleichfalls ohne Pause regnete und der Pegel bei Karlsruhe-Maxau auf acht Meter fünfzehn stieg. Bauern bangten um ihr Gemüse, Erdbeerkulturen faulten und verfielen, Läuse fraßen die Blätter, die sie doch vor dem Regen schützten, Gärten verpilzten und verschneckten. Das ist nichts gegen das, was nun bevorsteht. Am Himmel stehen Wolken, »Sendboten des Todes« (Hermann Hesse). Dieses Land wird untergehen, vielleicht wegen des Hauptstadtfragenstreits, vielleicht weil ein Sozi Landrat geworden ist in Dingolfing, das ist jetzt auch egal. Es reut den Herrn, daß er uns gemacht hat, und es bekümmert ihn. Immer mehr Fußballspieler fliehen vom FC Bayern über die Alpen, wo sie sich sicher fühlen vor der Flut. Kalli Feldkamp läßt das Betzenberg-Stadion mit Werg und Teer abdichten, denn der FC Kaiserslautern will den Europacup, und der Herr hat zu ihm gesprochen: »Du sollst in den Kasten gehen mit deinen Söhnen, mit deinem Weibe und mit deiner Söhne Weibern.« Wir aber sitzen im zweiten Stock und schauen aus dem Fenster wie in ein Aquarium, sehen Karpfen vorbeiziehen und Hechte und auch – da ist er ja doch noch! Erwin Huber ... adieu, adieu!

SOMMER? Ja doch, August Bernhard Karl Sommer, thüring. Dialektdichter von Gemüt, geboren im tiefsten Winter 1816 zu Rudolstadt. Hatte wohl auch Theologie studiert, war später Garnisonsprediger dortselbst, halb erblindet, hochgeachtet. Neun Hefte füllte er zwischen 1849 und 1880 mit »Bildern und Klängen aus Rudolstadt«. Nicht unwahrscheinlich, daß darin gelegentlich ein damals im bürgerlichen Leben weitverbreitetes Phänomen Erwähnung fand: eine Zeit des Jahres zwischen Frühling und Winter, in der die Sonne den ganzen Tag schien, die Menschen sich faul in der Fülle der Gräser versteckten, ein Wölkchen aus dem Azur zupften und nicht weiter dachten, als ein Grashüpfer hüpfen kann.

So war das damals. August Bernhard Karl S. ist dann gegen Ende des Jahrhunderts verstorben, das gleichnamige Phänomen hat ihn nicht lange überlebt. Es begann in den fünfziger Jahren, als nacheinander sechs Sommer nicht mehr so gerieten, wie die Väter sie beschrieben hatten. Danach ward alles nie wieder, wie es gewesen war. Das Jahr wurde wettermäßig zu einer Einheit, mit Sprüngen und Wechseln im Kleinen. Mal ist die Firma Sonnenschein erlaubt, mal verboten. Aber Gleichmaß, Einebnung, Ausgleich herrschen im Großen. Der moderne Mensch schließlich lehnt den Sommer aus innerer Überzeugung ganz ab. Er braucht ihn nicht mehr. Das stille Rumpeln warmer Heizkörper ersetzt das Flirren der Luft. Der Wetterbericht wird immer zuverlässiger: Kaum ist ein Schauer angesagt, da läuft er den Rücken herunter. Dämmert der Bürger sanft einem am Fenster vorbeiziehenden

Zwischenhoch nach, ist die Regierung vielleicht gerade in einem Zwischentief. Abwechslung? Weißer Hagel fährt gelegentlich prasselnd nieder und erschlägt den Goldigen Neger, die Sonnenblume, deren Samen der Emsige frühlings der Krume anheimgab, um Begleitung übers Jahr zu haben. Es gibt kein Menschenrecht auf Isarfeste, auf Dackelrennen und eigene Erdbeeren.

Die Sommer der Vergangenheit waren immer groß und heiß und herrlich, aber sie waren nicht die Wahrheit dieses Kontinents. Der Mittel- bis Westeuropäer lebt auf einer Halbinsel Eurasiens, hineinragend in den Atlantik. Diese Lage macht Monsuneinfluß unvermeidlich, Indien nicht unähnlich, das uns die Krähen schickte, Indras, des Regengottes, Inkarnation. Nicht genug: Immer öfter brechen riesige Vulkane aus, deren Asche und feinfeinste Schwefeltröpfchen uns stratosphärisch vor der Sonne schirmen, auf der allerdings auch nur wetterwendende Sonnenstürme toben. Es wird keinen Sommer mehr geben, nicht in Rudolstadt und auch nicht anderswo. Wer ihn erleben will, reist fern in die Türkei wie ins Museum. Und er zahlt milli-bar dafür. Mag jemand Wolken zupfen, wird er sehen, was er davon hat. Denn (denkt doch an Thales von Milet!): Das Prinzip aller Dinge ist das Wasser. In höheren Lagen auch der Schnee.

Beziehungskisten
oder: Alles wird
anders

ES GIBT GROSSE VÖGEL – nehmen wir zu ihren
Gunsten an, es seien Schwäne –, die ein Leben in
Monogamie führen. Herr Schwan lernt auf dem
Teich vor dem Nymphenburger Schloß Frau
Schwan kennen. Beide entbrennen in gelbgeschnä-
belter Liebe zueinander, sie verschlingen anmutig
ihre Hälse und produzieren fürderhin graugefieder-
te Kleinschwäne, die ihrerseits wiederum monogam
sind. So weit, so gut. Herr Schwan muß seiner Frau
nie erklären, warum die Konferenz bis halb vier
Uhr morgens gedauert hat; Frau Schwan muß sich
nie dafür rechtfertigen, daß sie mitten in der Nacht
von ihrer Mutter kommt, aber frisch geduscht
riecht. Menschen sind, wie allgemein bekannt, keine Schwäne, und trotzdem sieht die Institution der
Ehe sowie ihre feige Stiefschwester, das eheähnliche
Verhältnis, Monogamie vor. Weil der Mensch unablässig in Gedanken, Worten oder Werken das
Weib oder auch den Mann seines/seiner Nächsten
begehrt, gibt es kaum ein ergiebigeres Thema im
Kreise der Bekannten als die Frage, wer es seit
wann mit wem treibt.

Dieses vorausgesetzt, müssen wir nun nicht
mehr erklären, warum wir uns im folgenden – trotz
unseres hohen journalistischen Ethos – mit dem angeblichen Verhältnis von George Bush und Jennifer
Fitzgerald beschäftigen. Ersterer nämlich ist in seiner Eigenschaft als US-Präsident ein Bekannter.
Letztere wiederum war Bushs langjährige persönliche Referentin – schon sehen wir die Leser schmie-
rig grinsen –, und ausweislich der Aussage eines leider verstorbenen Zeugen teilte sie 1984 mit dem
damaligen Vizepräsidenten Bush ein Chalet in

Genf, in dem es – ts, ts – angrenzende Schlafzimmer gab. Bush hat das Ganze als Lüge zurückgewiesen, seine Frau Barbara beschimpft die Presse und Jennifer ist auf Reisen, hat aber das alte Gerücht schon früher dementiert. Wie das in solchen Fällen ist, klebt die Geschichte unabhängig von ihrem Wahrheitsgehalt, und Bill Clinton, Bushs Widersacher, hat schon sein Mitgefühl geäußert. Clinton ist Experte. Schließlich haben die Medien seine Affären besser dokumentiert als den Fall Fitzgerald.

Selbstverständlich geht das eigentlich niemanden etwas an. Wenn man in Amerika erzählt, daß die außerehelichen Verhältnisse der letzten drei Bundeskanzler, hätte es sie denn gegeben (ein schmieriges Grinsen auf dem Gesicht des Autors), in der Politik keine Rolle spielten, dann nicken die Gesprächspartner anerkennend. Gleich darauf vertiefen sie sich in die neueste Ausgabe der *New York Post,* die erläutert, daß George Bush als Botschafter in Peking Jennifer häufiger als Barbara gesehen habe. Im Weißen Haus haben eben Schwäne noch nie eine große Rolle gespielt. Außerdem: Wie kann man sich nicht für einen Satz wie diesen interessieren, den der einstige Präsident Johnson mitten in dunkler Nacht zu einer auf seiner texanischen Ranch einquartierten Scholarin gesagt haben soll: »Rutsch rüber; es ist Dein Präsident.«

GÄBE ES NICHT ZWEI, sondern drei oder vier Geschlechter, dazu die Möglichkeit sexueller Beziehungen (Fortpflanzung inklusive) zwischen allen dreien oder vieren – die Welt wäre schöner! Wir hätten nicht nur Männer und Frauen, sondern, sagen wir, auch noch Myhle und Wunsen. Bekäme eine Frau die Männer satt, sie würde sich eben einem Myhl zuwenden. Könnte ein Mann keine Frau mehr sehen, er versuchte es mit einer Wunse. Leider unmöglich, wie alle wissen. Männer und Frauen sind aufeinander verwiesen, es sei denn, sie entschlössen sich zur Homosexualität, aber das ist nicht jedermanns Sache. Was bleibt, ist das Leid am anderen Geschlecht. Kurz nur greift unsere Hand in die große Unglückstrommel mit den täglichen Meldungen zur Mann/Frau-Thematik und greift ein dpa-Gespräch mit dem Berliner Psychotherapeuten Krüger heraus, welches wir hier, nur in Stichworten, wiedergeben: Deutscher Mann in Krise. Konzentration Beruf. Wenig Freizeit, darin nur Familie. In allen sozialen Beziehungen Verlaß auf Frau. Kaum eigene Freunde – halt! Hier müssen wir zitieren: »Zwei von drei Männern haben keinen einzigen Freund.« Entschuldigung, es wird salzig im Gesicht, hätten Sie vielleicht – ein Tuch! »... keinen einzigen Freund.«

Was tun die freundlosen Männer? Sie ziehen die Frauen in den Strudel ihrer Krise, überhäufen Sie unaufhörlich mit Geschäftssorgen, Kollegensorgen, Körpersorgen, bis die Frauen ... Nein, zunächst noch eine Meldung des Marplan-Forschungsinstituts, welches herausfand, daß die Urlaubskoffer von 42,9 Prozent der westdeutschen und sogar

62,3 Prozent der ostdeutschen Männer von deren Partnerinnen gepackt werden ... Bis die Frauen also dermaßen genug haben, daß sie ihre Männer allein lassen. 70 Prozent aller Trennungen, so wieder Krüger/Berlin, gehen von Frauen aus, welche emotional unversorgte Männer zurücklassen. Klare Fälle für die Gefühlsfürsorge, können sie auf Grund fehlender Kenntnisse im Kofferpacken nicht einmal mehr in Urlaub fahren, um einer neuen Kofferpackerin zu begegnen.

Was auch aus anderen Gründen schwierig wäre! Einer im Auftrag der *Freundin* veranstalteten Untersuchung zufolge warten 96 Prozent aller Männer darauf, daß beim Kennenlernen »die Frau ihnen den Weg ebnet und deutlich Interesse oder Sympathie signalisiert«. Aber: Nur 45 Prozent der Frauen tun, worauf die Männer warten! Haben alle Fäden in der Hand, handeln aber nicht! Warum? Weil sie keine Lust haben auf Kofferpacken und Problemhören! Wir sehen also Scharen ziellos männerverlassender Frauen, hohe Prozentsätze ergebnislos wartender Männer, Männer mit Koffern voller Sorgen, die keiner öffnet, Frauen, des Wege-Ebnens müde – eine Situation, ausweglos alles in allem und allmählich auch verzweifelt. Denn nicht in Sicht, allen Bemühungen der Genforschung zum Trotz, sind Myhle, sind Wunsen.

IN UNSERE REIHE »Naturkatastrophen und Welt-
untergänge« hören wir heute vom Waschen, genauer: Vom Wäsche-Wasch-Zwang des mod. Menschen, unterteilt in a) Wäsche der Hemden und
b) Waschverhalten der Kleinfamilie. Zu a) gibt es
wenig Neues. Bei den Dresdner Erich-Kästner-
Tagen ist hinausposaunt worden, was wir wußten
oder ahnten: der Dichter war bleibend auf Muttern
fixiert. Sie wusch und bügelte ihr Leben lang seine
Wäsche (Vulgo: die Hemden) – wusch und bügelte
auf eine Art, daß kein anderes Weib an den mütter-
lichen Liebesbeweis heranreichte. Gelangweilt win-
ken wir ab. Dutzend-Enthüllung! Klar, daß Kästner
nicht fähig war, sich zu verehelichen, weil er mit
steigender Erregung allwöchentlich dem Wäsche-
paket entgegenfieberte. Ist was dabei? Millionen er-
wachsene, ältere Jungchen überantworten wie zu
allen Zeiten ihre Hemden den Müttern – notfalls,
wenn dieser Verkehr nicht mehr möglich sein sollte,
der Mamma daheim. Kenner sprechen von einem
regelrechten Hemden-Tourismus. Anwesenheit/Nä-
he/Sohnesliebe gegen frische Wäsche. Es ist übrigens unglaublich, wie naiv junge Frauen handeln.
In der Sekunde des Kennenlernens sollten sie die
Hemdenfrage stellen. Formt sich bei Männchen
ein: Die Mu ... – sollten sie laufen und laufen, soweit die Springerstiefelchen tragen.

Nächster Punkt: Waschen in Kleinfamilie und
Zweierbeziehung heute. Zuvor ein winziger Ex-
kurs. In untergegangenen, arbeitsteiligen Kulturen
war Wäsche Frauensache. Erst gesellig am Bach,
am Fluß, am Weiher, am Brunnen; später in der
dumpfen, dampfigen Waschküche. Wäsche wurde

geschlagen, mit Soda und Salmiak malträtiert, ge-rubbelt, gekocht, getrocknet, und geplättet, mit schweren, glutenden Eisen. Ende des 19. Jahrhunderts tauchten die ersten Waschmaschinen-Saurier auf, aus Amerika. Heute ist ihr Sieg vollkommen. Winzige ratternde und rüttelnde Apparate finden sich in jeder kleinsten Hütte – und WER WÄSCHT jetzt? Und was? Und wie? Der französische Soziologe Jean-Claude Kaufmann hat die Wasch-Frage als das Instrument erkannt, »in die Tiefenstrukturen des ehelichen Gewebes« vorzustoßen. Das Resultat füllt ein Buch. Und überrascht uns nicht. Die neue Arbeitsteiligkeit führt zu diffizilen Umschreitungen der Wäsche-Erledigung. Ist Kern des Beziehungs-Wesens. Müssen nur uns selbst befragen.

Hier unsere Antwort. Männer, von der Werbung unentdeckt, erobern massenhaft die Waschmaschinen, vertreiben Gattinnen und Gefährtinnen, tauschen »die Wäsche« gegen geringere Positionen, etwa das häusliche General-Management. Unser früher Heiliger ist der antike Held Herakles, der Zeus-Sohn, welcher in Weiberkleidern der Königin Omphale diente und für sie spann und wusch et cetera. Bis er eines Tages wieder streunen ging.

Es GIBT GUTE GRÜNDE, diesen schlafenden Hund zu wecken, tun wir's also und lesen zur Vorbereitung ein bißchen in mittelalterlichen Schriften über die Ehe. Der außerhalb ausgeübte GV, heißt es da (diese Zeitung wird auch von unaufgeklärten Kindern in die Hand genommen) – also noch einmal: »… der außereheliche GV verstößt in schwerem Maß gegen die Menschenwürde und gegen eine Sexualität, die zur Zeugung und Aufzucht von Kindern verordnet wurde.« Schon gut, Vatikan, aber wie beschaffen war noch die Rolle der Frau in der Ehe? Dazu ein weltliches Lieblingszitat: »Was wäre ein Tänzer ohne Musik, was ein Flieger ohne Bodenorganisation.« Ja, ist aber eigentlich klar, daß wir, nach einer winzigen dialektischen Drehung über das Gegenteil, über nichteheliche Lebensgemeinschaften, adventlich sprechen wollen? Über die früher einmal so genannte wilde Ehe? Über ihre Rolle in der Gesellschaft, ihr Selbstverständnis, ihre Erscheinung in der Öffentlichkeit?

Vor allem über das letztere. Den Anlaß liefert der grübelsüchtige Boris B. Als er nämlich die mit ihm liierte Barbara F. in aller Unschuld (?) als »meine Frau« vorstellte, begann in Kreisen der ausnahmslos ordentlich verehelichten Sportredakteure ein Beben. Das Zeichen! Der Stern über Boris' Ehebett! Boris hat geheiratet oder wird heiraten. Juchhuhhh! Nichtsda juchhuhhh, sondern falsch, falsch, falsch! Was wissen die Exponenten ehelicher Lebensgemeinschaften über das komplizierte Bedeutungs- und Benennungswesen der Konkurrenz. Ob die immerwährende Sehnsucht nach festlicher Beflaggung der Zusammengehörigkeit voll getroffen, gestreift oder verfehlt wurde, ist eine der größten Herausforderungen fürs wilde Paar. Dieses genaue Hinhören quer durch den Lärm von Tausenden, wenn Lebensgefährtin oder Lebensgefährte nach Synonymen suchen, welche zu gleichen Teilen Freiwilligkeit und noch viel mehr unverbrüchliche Festigkeit ausdrücken. Verschwunden die postachtundsechziger Attitüde, da zu sagen lächerliche Regel war: Dies ist mein Bekannter und unser Kind – isn't it? Der Tod des Bekannten hat gleich noch die Freundin mitgerissen. Du wolltest mich wohl zu deiner Kommundgehfrau degradieren, heißt es später eisig. Nein, der Wandel ist unüberhörbar. Ursprünglich war unter Angehörigen nichtehelicher Lebensgemeinschaft jede Besitzanzeige strengstens verboten; heute wird sie gefordert, vorausgesetzt, sie verrät ungetrübten Enthusiasmus. Mein Geliebter. Die Meinige. Und – geradezu der Myrtenkranz einer innigen Trauung – mein Mann – meine Frau.

Die Ehelichen, welche sich gewöhnlich mit: mein Oider – der Vadder – oder: meine Gattin! zufriedengeben, hören das nicht gern. Geschlechtszuweisende Apostrophierung (Mann – Frau) in Verbindung mit Besitzanzeige wird nur zusammen mit dem Trauschein ausgegeben – Becker hat also geklaut, sagen sie. Aber der Ton, sein Ton! War er nicht wie das Zerspringen einer Saite am Racket?

MAN KOMMT AUF DIE WELT; das ist schon der erste Fehler. Anschließend erlernt man die Kunst des Lebens – und zwar, das ist der zweite (auch nicht mehr gutzumachende) Fehler, erlernt man diese Kunst in der Regel von Leuten, die sie selbst nicht beherrschen: von den eigenen Eltern. Die Eltern nämlich haben den dritten und vierten Fehler schon hinter sich; sie haben ihre Vitalitätsreste als Treueprämien (was in den meisten Fällen bedeutet: als verlorene Zuschüsse) in eine Versicherungsgesellschaft namens Ehe einbezahlt, und sie haben Kinder in die Welt gesetzt. Die Kinder sollen es einmal besser haben, was aber nicht möglich ist: siehe oben. *Du mußt dein Leben ändern.* So reden nur Dichter und Narren; die haben gut reden. Unsereiner weiß, daß er seiner Normalität nicht entkommt; weiß aber auch, daß die Dichter und Narren recht haben. Und überhaupt, was heißt hier schon normal? Das Leben als Tretmühle, in der die schönen Ideale nach unten wegsinken, ohne daß man selbst nach oben kommt – ist es das? Wer so zu denken beginnt, lebt gefährlich. Entweder gewöhnt er sich das Denken ab oder das Leben, wenigstens sein altes Leben. *Ich geh' nur mal schnell Zigaretten holen.*

Die Flucht vollzieht sich am Abend; keiner kann sich einen Sinatra-Song mit dem Titel »Strangers in the Afternoon« vorstellen. Am anderen Morgen aber gehen die Zurückgelassenen zur Polizei und erstatten eine Vermißtenanzeige. Die Polizei nimmt die Anzeige auf und tut sonst nichts; wenn keine Lebensgefahr droht und kein Verdacht auf Straftaten besteht, darf sie gar nichts tun. Weil der Zigarettenholer sich bis zu jenem Abend ganz normal verhielt, behaupten die Zurückgelassenen immer, er müsse überfallen oder angefahren oder entführt worden sein. Die Polizei kennt das und lächelt mehr oder weniger taktvoll in sich hinein. Zu verschwinden ist leichter als viele glauben. Doch Achtung, Zigarettenholer! Von jetzt an werdet ihr gejagt, und zwar öffentlich.

Das Fernsehen läßt bekanntlich nichts und niemanden mehr aus. »Vermißt« heißt die Montagabendsendung (im kabelweit verbreiteten WDR-Programm), in der die Ausreißer und Aussteiger hinfort zur Fahndung ausgeschrieben werden sollen. Sehr sozial das Ganze; denn anders als bei »Aktenzeichen XY«, wo ein schwitzender Möchtegernpolizist der echten Polizei bloß im Handwerk herumpfuscht, wird mit »Vermißt« ja eine tatsächliche Bedarfslücke geschlossen. Tatsächlich? Wer bedarf hier wessen? Die Zurückgelassenen werden im Studio sitzen und dem Zurücklasser versichern, sie seien ihm nicht böse. Mehr noch: Wir brauchen dich, werden sie sagen, wir lieben dich. *Komm zurück, alles wird anders!* Der, dem die Botschaft gilt, versteht: Alles soll werden, wie es einmal war. Er weint ein bißchen, und dann flieht er weiter, irgendwohin, wo nicht einmal das Fernsehen ihn mehr einholen kann.

ALSO GUT, auch von dieser Stelle aus noch ein Nachwort auf – ja, auf was denn, zum Teufel? Auf das Ende einer Ehe? Aber Frau Di und Herr Charles bleiben doch verheiratet. Auf die britische Monarchie? Das sehen wir erstens nicht so, und zweitens interessiert es uns nicht besonders. Wem aber soll dann unser Nachruf gelten? Was ist da drüben überhaupt zu Ende gegangen? Was hat John Major am letzten Mittwoch dem Unterhaus zu erklären versucht? Man kann den Text drehen, wenden, schütteln, er enthält keinen anderen Kern als diesen: Herr Charles und Frau Di schlafen nicht mehr miteinander, aber sie bleiben verheiratet. So etwas soll auch anderswo als bei Hofe vorkommen, weswegen der beschriebene Zustand als solcher gar nichts sensationelles enthält. Sensationell, ja revolutionär ist die öffentliche Mitteilung des Zustandes – nicht etwa deshalb, weil sie den bigotten Bettenschnüfflern endlich recht gibt, sondern weil er ihnen wahrhaft souverän das Maul stopft.

Vielleicht die allergrößte Merkwürdigkeit (und Denkwürdigkeit) unserer alles und jedes zerfieselnden Medienkultur ist der diskrete Bogen, den sie um das Thema Ehe schlägt. Behaupte niemand, dies geschehe aus Rücksicht auf Intimsphären: Ehebrüche und ihre Begleitumstände, je intimer, desto besser, werden ja begeistert breitgetratscht. Hier geht es schief, dort geht es schief, und, schau einer an! selbst da, wo sich alles so wunderbar zusammenzufügen schien, ist es nun auch schiefgegangen. Rätselhaft? Das wirklich Rätselhafte daran ist die an Schwachsinn grenzende Systemblindheit, die angesichts des vielfach beobachteten Schiefgehens von Ehen zutage tritt: In tausend Fällen wird (kichernd, mitleidend oder schadenfroh) neunhundertachtundneunzigmal die Ausnahme konstatiert – aber kein Mensch kommt auf die Idee, die Regel in Frage zu stellen.

Ach ja, wir sind alle in Wahrheit viel jämmerlicher als wir zu sein vorgeben – und unsere Ehepartner machen uns erst recht nichts mehr vor. Weswegen wir, wenn auch unsere eigene monogame Glücks-Utopie im Lauf der Alltage zur grauen Resignation verkommen ist, die Schuld gern zerknirscht in uns oder, den Partner zerknirschend, im anderen suchen. Tausend Ehen, zweimal neunhundertachtundneunzig zerknirschte und zerknirschende Individuen: Soviel individuelles Unglück, ausgehalten (das heißt: verlängert und verschärft) oft genug nur *den Kindern zuliebe,* nützt dem Therapiegewerbe; den Individuen selbst nützt es nichts, im Gegenteil, es treibt sie in die Verbitterung, bestenfalls in den Zynismus. Wie wäre es, wenn wir statt dessen von vornherein die Unsinnigkeit jener Regel begriffen, nach der das bürgerliche Zusammenwirken zweier Menschen (im Haushalt, auf dem Königsthron oder bei der Erziehung von Kindern) zwangsläufig mit deren sexuellem Zusammenwirken verbunden sein muß? Frau Di und Herr Charles haben begriffen. Nie waren sie bessere Vorbilder.

Frauenpauer
oder: Grapschen ist gräßlich

OFT SIND ES JA DIE KLEINEN ERFINDUNGEN, die der Menschheit ein großes Stück Fortschritt bescheren, ihr also mühsame Verrichtungen zeit- und kraftsparend erleichtern. Denken wir nur an das Rad, den Reißverschluß oder die Rasierklinge. Wer aber kennt die Namen der Erfinder und setzt ihnen Denkmäler? Niemand. Das kommt wohl daher, daß der wahrhafte Genius jeglichen Rummel um seine Person scheut und sich stets bescheiden im Hintergrund hält. So verfuhr auch ein gewisser Werner Uhlmann, den wir nach langen Recherchen als Vater einer ähnlich bahnbrechenden Erfindung identifizieren konnten. Vor 40 Jahren befreite Uhlmann die Frauen von einschnürenden Hüfthaltern und kneifenden Strapsen – er war der Erfinder der Strumpfhose.

Als gelernter Heizer auf einer Dampflok hatte Uhlmann natürlich einige Startvorteile. Um dem Strumpfgarn die notwendige Elastizität zu verleihen, erhitzte er aufgeribbelte Nylongaze mit ... natürlich: Wasserdampf. Mit Hilfe einiger Wirkmaschinen aus Marshallplan-Mitteln gründete der Tüftler im westfälischen Lippstadt die Uhli-Werke, von wo aus er im D-Zug-Tempo die Beine der Frauen umgarnte. Nicht überliefert ist, welche tieferen Motive Heizer Uhlmann dazu trieben, den Frauen ein bißchen mehr Bewegungsfreiheit zu gönnen. Und das ausgerechnet in den fünfziger Jahren, da die wg. Männermangels zuvor zwangsemanzipierte deutsche Frau soeben wieder auf spitzen Pumps mit trittunsicheren Pfennigabsätzen in ihren natürlichen Wirkungskreis *Heim & Herd* zurückgescheucht wurde. Werbespots dieser Zeit (»Mein

Hüfthalter bringt mich um«) bezeugen, daß die Frau sich vor allem mit zwei quälenden Fragen den kleinen Kopf zerbrach: Was koche ich, was ziehe ich an?

Wo also die Modemacher der damaligen Zeit an einer weiblichen Körperarchitektur arbeiteten, die den Frauen die Luft abschnürte, und versuchten, ihre neue Abhängigkeit gefällig nach dem Leitbild »junge Dame« zu dekorieren, da sabotierte Strumpfhosen-Uhlmann seine am neuen alten Weiblichkeitsbild herumstrickenden Mit-Männer. Außerdem war jetzt durch den durchgehend gewirkten Einteiler nicht nur das Stückchen bloßen weiblichen Beinfleisches zwischen oberem Strumpfende und Miedergürtel jeglichem aufdringlichen Zugriff entzogen. Auch erinnern sich ältere Zeitzeugen an die Anfänge der Strumpfhosenära nur widerwillig und in unklaren Andeutungen: Als damals Spätpubertierende haben sie offenbar traumatisierende Strangulationserlebnisse durchlitten. Wahrscheinlich war sich Uhlmann der Tragweite seiner Erfindung nicht bewußt, vielleicht hat er die Anziehungskraft, die das weibliche Bein auf die Männerwelt seit jeher ausstrahlt, nur hautnah gespürt und sie mit seinen technischen Mitteln sozusagen materialisiert. Aber die Frauen hatten zum ersten Mal wieder, ihm sei Dank, die Hose an – wenn auch nur eine hauchdünne. Setzen wir ihm dafür ein Denkmal.

NEULICH, ALS WIR AUF DER RASTSTÄTTE »Wonne-
gau« an der A 61 einem Bedürfnis nachgaben und
uns anschließend etwas die Beine vertraten, trafen
wir eine einsam umherirrende Frau. Sie trug nur einen Schuh, hatte ein Badetuch über ihr dünnes
Hemdchen geschlungen und weinte bitterlich. Eben
erst selbst der 15 Kilometer langen Blechlawine am
Hockenheimring entkommen, tippten wir auf einen
akuten Schub von Autobahnpsychose (ein neuent-
decktes pathogenes Nähe-Distanz-Konfliktmuster,
das sich vorläufig noch jedem therapeutischen Zugriff entzieht). Wie wir dann der aufgelösten Frau
ein paar beruhigende Worte als erste Hilfe angedei-
hen lassen wollten, offenbarte sie uns ihr Leid: Sie
habe nur kurz das Auto an der Tankstelle verlassen,
um einige Bananenschalen in den Papierkorb zu be-
fördern, als ihr Mann, dies wohl nicht bemerkend,
den Wagen wieder bestieg, startete und davonfuhr.
Wir übergaben die Ärmste sogleich der Autobahn-
polizei, die das Paar mittels Funk und Blaulicht auf
dem Kölner Ring später wieder zusammenführte.

Nun hätten wir dieses Erlebnis gedanklich bald
zu den Akten gelegt, gewissermaßen als kuriosen
Solitär unter der bunten Formenvielfalt menschlichen Irrens, wenn da nicht über diese Anhäufung
ähnlicher Ereignisse zu berichten wäre. Dreimal innerhalb von nicht ganz zwei Wochen vermeldeten
die Blätter Vorfälle der unvorstellbaren Art, daß
Ehemänner ihrer Frauen an Rast- und Tankstellen
verlustig gingen und den Mangel mal 150, mal erst
600 Kilometer später entdecken. Getreu der Devise
eines Hamburger Nachrichten-Großhändlers: »Ein
Fall ist ein Trend, zwei sind eine Bewegung und drei

eine Massenhysterie« fühlen wir uns aufgerufen, dem Phänomen der vergessenen Ehefrau analytisch auf den Grund zu gehen.

Es muß sich, soviel dürfte feststehen, um eine moderne Erscheinungsform altbekannter, manifester Kommunikationsstörungen in der traditionellen Zweierbeziehung handeln. Das sublime Muster patriarchaler Entwertung der Frau, das sich dahinter verbirgt, war uns bisher als das schon zum Klischee erstarrte »Ehemann versteckt sich beim Frühstück hinter der Zeitung«-Symptom vertraut. Da sich das private Leben aber mehr und mehr – als Indikator seien hier nur die stündlichen Verkehrsdurchsagen erwähnt – auf die öffentlichen Straßen verlagert hat, müssen wohl auch die häuslichen Konfliktherde mitgewandert sein. An die Stelle der Zeitung (was uns aus durchsichtigen Gründen betrübt) ist das Autolenkrad als männlicher Potenzverstärker getreten, und im Geschwindigkeitsrausch heischt der Kilometerfresser hinterm Steuer nicht einmal mehr, minimal kommunizierend, »Noch 'n Kaffee«. Und so wird auch in diesem Moment wieder irgendwo einer dieser maulfaulen Psycho-Rambos mutterseelenallein auf einer BAB entlangrauschen; und auf irgendeiner Raststätte wird eine einsame Frau weinen. Sagen Sie ihr, wenn Sie sie zufällig treffen sollten, sie sei nicht allein.

NICHT, DASS WIR HIER DER VERROHUNG DER
Sprache eine Gasse bahnen wollen; doch es gibt
Fälle, in denen nur ein kräftig Wörtlein weiterhilft.
Unser Respekt gebührt daher dem niedersächsischen Regierungssprecher Uwe Karsten Heye. Dem
fiel auf die dumpfe Frage, ob die Umweltministerin
Monika Griefahn sich dem amtsbedingten Streß
nun durchs Kinderkriegen entziehe, nicht nur die
richtige Antwort ein; er ließ sich auch nicht daran
hindern, diese Antwort sozusagen höchstamtlich
bekanntzumachen: Hinter solchen Vermutungen,
sagte Heye, stecke eine »bearschte Männersicht«.
Stimmt. Bearschter Männersicht entspringen außer
der dämlichen Frage auch die rührenden Spekula-
tionen, die in der Öffentlichkeit um Frau Griefahns
mittlerweile geborene Tochter gerankt werden.
Nicht dennoch, sondern deswegen würden wir die
Diskussionen gern über die feministische Ebene
hinausführen.

Die Tatsache, daß sich da eine Ministerin in den
Mutterschaftsurlaub abmeldet und zugleich ankündigt, in Zukunft werde sie das Baby halt zum Regieren mitbringen, irritiert ja keineswegs nur die
Männerwelt. Wirklich bedrohlich daran wirkt vielmehr der Einbruch des Privaten in die Welt der Arbeit. Natürlich ist es frauenfeindlich, wenn die Herren der Arbeit (die auch Damen sein können) der
normalen Sachbearbeiterin oder Redakteurin das
verweigern, was jetzt wenigstens einer Ministerin
zugestanden wird: die Einrichtung von Kinderzimmern und die Bereitschaft, sich in Dienstgesprächen
notfalls auch einmal von gellenden Sopranstimmen
unterbrechen zu lassen. Doch hinter dieser Weige-

rung steckt etwas furchtbar Grundsätzliches, nämlich die Frage: Wo kämen wir denn da hin? Es geht, beim Barte des Karl Marx, letzten Endes darum, ob wir unseren Arbeitgebern weiter unsere Seele verkaufen wollen.

»So ein Blödsinn!«, rufen da die Arbeitgeber: »Ihre komische Seele können Sie getrost behalten; wir wollen Ihre Arbeitskraft und sonst gar nichts!« Eben. Weil sie unsere Arbeitskraft wollen, verlangen sie, daß wir das, was eventuell sonst an uns dran und in uns drin und um uns herum sein könnte, gefälligst draußen lassen, wenn wir die Firma betreten. Was tun? Strenggenommen hilft da nur die Revolution. Doch weil wir im Gegensatz zu Lenin, Stalin und Mielke unseren Marx gelesen haben, wissen wir, daß wir vor Ausbruch der Revolution erst noch geschwind den Kapitalismus in sein Ende treiben müssen; und das tun wir wiederum, indem wir ihn nach Kräften fördern – zum Beispiel mit dem Argument, daß unsere Arbeitskraft sich noch viel toller ausbeuten ließe, wenn sie nicht dauernd als abstrakte betriebswirtschaftliche Größe betrachtet würde. Die Männerwelt der Arbeit gibt sich gern seriös; dabei genügen ein paar Sekunden Kindergeschrei und eine nasse Babywindel, um sie als das vorzuführen, was sie wirklich ist: eine eher lächerliche Veranstaltung. Soll das so bleiben?

WAS DAS GRAPSCHEN ANGEHT, sind wir uns einig: Grapschen ist gräßlich, Grapschen ist doof, Grapschen gehört verboten. Und deswegen ein Hoch auf die Bundesfrauenministerin Merkel, die das jetzt gesetzlich unterbinden wird – das Grapschen, die Zudringlichkeit und die sexuelle Belästigung am Arbeitsplatz überhaupt. Noch Fragen? Bitte nicht; Fragen machen immer alles so kompliziert. Zum Beispiel die einfache Frage, was sexuelle Belästigung überhaupt ist. Grapschen, Tätscheln, Zotenreißen, alles kein Problem für die Juristen: Derart grobes Gebaren läßt sich mühelos als gesetzlicher Tatbestand fassen. Schwierig wird es da, wo die Belästigungen weniger greifbare Formen annehmen – ohne daß sie deswegen weniger gemein wären. Was passiert mit dem Vorgesetzten, der sich, seiner Macht bewußt, mit Andeutungen begnügt, um sein Ziel zu erreichen? Wie kommt der Gesetzgeber dem Sachbearbeiter bei, der seine Kollegin tagaus, tagein mit begehrlichen Blicken und tolpatschigen Komplimenten nervt, obwohl die doch gar nichts von ihm wissen will?

Wo hört der normale Umgang zwischen Männern und Frauen auf? Wo fängt die Belästigung an? In Wahrheit ist alles nur eine Frage des Standpunkts. Das gleiche Verhalten, das der einen Frau als hinreißender Charme imponiert, empfindet eine andere als widerwärtige Anmache. Recht haben beide – und der Gesetzgeber sitzt in der Klemme. Wie er da herauskommt, haben freilich nicht nur Feministinnen längst erkannt: Verboten gehört nicht nur, was im konkreten Fall als sexuelle Belästigung empfunden wird, sondern alles, was so empfunden werden *könnte*. Weil sich aber letzten Endes von keiner Form erotischer Aktivität mit Gewißheit sagen läßt, wie sie von den Betroffenen aufgenommen wird, verbannt man halt die Erotik als solche vom Arbeitsplatz. Die Lösung hätte den Vorteil, daß dort mit den Zudringlichkeiten ein für allemal Schluß wäre; sie hat den Nachteil, daß sie sich nicht durchführen läßt.

Was aber dann? Je intensiver wir das Problem durchdenken, desto größer wird unsere Lust, eine breitangelegte Kampagne zu starten, und zwar eine für *mehr* Erotik am Arbeitsplatz. Womit wir natürlich keineswegs der Grapscherei das Wort reden wollen. Grapschen ist ja so etwas von unerotisch; und Tätscheln und Zotenreißen sind es nicht minder. Man muß weder Sexualforschung noch Psychologie studiert haben, um zu sehen, daß solch dämliches Macho-Getue (nicht anders übrigens als manch weibliche Herumkokettiererei) in Wahrheit bloß Ausdruck einer abgrundtiefen Verklemmtheit sind. Wer ausgerechnet am Arbeitsplatz, wo sich (leider, leider) der Großteil unseres Lebens abspielt, aus Frauen und Männern unschuldige Neutren zu machen versucht, fördert nicht die Menschenwürde, sondern die Bigotterie und das Duckmäusertum – genau jenes Klima also, in dem sich doofe Grapscher und rüpelhafte Chefs am wohlsten fühlen. Der Glaube, daß daran mit Gesetzen zu rütteln sei, widerspricht jeder Erfahrung.

Der Araber nennt ihn Abu es sa'ika, also Vater des Blitzes (gemeint ist: des zündenden Einfalls). Im Wilden Westen heißt er an allen namhaften Lagerfeuern nur Panka-lau, was mit Großer Scherzhäuptling wiedergegeben werden kann (wörtlich: der mit dem Kopf tanzt). Der Brite aber sagt Mister Stripelight zu ihm. Sie alle meinen den Mann, der zweitausend Streiflichter und noch ein paar mehr aufgesteckt hat, ohne sich dessen groß zu berühmen: Fred Hepp.

Nie hat Fred »Herr Doktor« Hepp zu den sogenannten großen Themen – Nordamerika! Nordatlantikpakt! Nordelbische Kirche! – gegriffen. Seine Stärke war es, das Große im Kleinen darzustellen. Besser gesagt: das vermeintlich Große im vermeintlich Kleinen, weil der Wertewandel ja keine Pause macht und man nichts Genaues weiß. »Das Leben«, so Hepp zu diesem Komplex, »ist halb Schwerter-, halb Eiertanz.« Ob es nun eigene waren oder in freier Kongenialität adaptierte: Weisheiten wie diese befähigten ihn, zu so unterschiedlichen Daseinsfragen wie den zweiten Zähnen, der Maiandacht, »Mainz, wie es singt und lacht« oder der Aktion »Das sichere Haus« kompetent Stellung zu beziehen.

Selber friedlich, scheute er den Konflikt nicht, wenn es die Sache forderte. »Morgens um sieben ist das Geld noch in Dortmund«, zitierte er. Die Bundesbank schäumte, doch Hepp obsiegte: Das Geld war in Dortmund. Oft kamen übrigens auch wir Jüngeren in Versuchung, Widerworte zu geben. Einmal, als er behauptete: »Das Bindeglied zwischen Mensch und Affe sind wir«, lag uns ein scharfes »Sie vielleicht, Dottore« förmlich auf der Zunge. Gottlob behielten wir's für uns, ohne damals zu wissen, wie recht er hatte.

Muß man erwähnen, daß ohne ihn, den nunmehrigen Rentner, in Kalauerbachs Keller kaum mehr was los ist?

Fred Hepp
oder: Sich totlachen mit dem Herrn Schautzer

WIE KAUM ANDERS ZU ERWARTEN, holt unser Sommer, der keiner war, zum Herbstanfang jetzt geradezu hektisch alles nach, was man an ihm vermißt hatte. Mit subtropischen Heißluftströmen führt er die Hundstage vor, markiert mit Hitz- und Hagelschlägen den großen Zampano und startet auch noch eine wilde Wespeninvasion. Das stark angeheizte Klima schlägt sich fast handgreiflich in der Politik nieder, die zur Zeit einem Wespennest gleicht. Die aggressivste Wespe nistet in Bayern, aber die Bonner Geißler- und Gallwespen stechen auch nicht schlecht zurück. Der Stachel sitzt tief in den Stiefschwesterparteien CDU/CSU. Zu allem Überfluß leidet Helmut Kohl, dem F.J.S. jetzt sogar den Kanzler-Bonus abgesprochen hat, an einer schweren Allergie. Darunter versteht man die Überempfindlichkeit gegen gewisse Stoffe. Allergisch reagiert Kohl auf das Gift, welches im Begriff Strategie-Debatte kreist. Er kann das Wort nicht mehr hören.

Hier findet der Bundeskanzler unsere volle Zustimmung. Aber wir gehen noch einen Schritt weiter. Die inflationäre Anwendung des griechischen Lehnwortes Strategie hängt uns schon lange zum Hals heraus. Ursprünglich bedeutete es Feldherrenkunst sowie die Lehre vom Krieg als solchem (im Gegensatz zu Taktik des Gefechts), doch von Clausewitz, der etwas davon verstand, ist heute quasi nur noch ein Witz übriggeblieben. Im Zug der Totalvermarktung willkürlich besetzter Modevokabeln steht der Begriff neuerdings für alles und jedes. Das begann beim Formel-1-Rennen mit der sogenannten »Strategie an der Boxe«, und es endet vor-

läufig damit, daß sich die Miederindustrie demnächst eine eigene Strategie zum Comeback des
duftigen Damenhüftgürtels ausdenken mag. Im
zünftigen Therapie-Deutsch erhebt sich die Frage:
Wie erlebe ich neue Unterwäsche bei meiner Partnerin, und vor allem, wie gehe ich verantwortlich
damit um?

Die altehrwürdige Philosophie, ehedem kluge
Tochter der Theologie, ist noch mehr herunterge-
wirtschaftet. Köpfe wie Hegel und Bloch wären
sprachlos, wenn sie wüßten, wofür ihre Disziplin
im Billigverfahren heute herhalten muß. Neben der
Kurzphilosophie zur Pershing-1A-Rakete haben wir
im Autobereich eine Philosophie des Antiblockier-
systems, auf dem Kosmetiksektor die Bräunungs-
philosophie des Solariums, im Feinküchenwesen
die Philosophie der rechten Knoblauchdosierung
und in der Naßzelle die Philosophie des neuen
feuchten Zweittoilettenpapiers. Das ganze Marke-
ting tarnt sich hochstapelnd in dieser Richtung.
Kein Mensch protestiert. Wozu auch, ist doch alles
irgendwie anheimelnd, wie etwa die nette Verniedli-
chung bekannter Gruppen: der Promis und der
Brummis, der Fundis und der Julis, der Spontis und
der Chauvis, der Groupies und der Grufties. Jetzt
haben wir sogar schon die Rollis (Rollstuhlfahrer).
Gott bewahre, daß die Opfer morgen »Queris«
heißen!

WENN PHILANTHROPISCHE KURZDENKER anfall-
weise vom Glück der Menschen in vergangenen
Goldenen Zeitaltern schwärmen, vergessen sie gern
die damaligen nervenzerfetzenden Zahnkatastro-
phen. Die Erotik des Rokoko brach nicht unter
dem Reifrock, sondern im Mund der Schäferspieler
zusammen; ein Eiterzahn, vom Bader brutal her-
ausgestemmt, hinterließ eine häßliche Lücke. Bald
hielten nur noch ein paar Beißerchen die wackelige
Stellung, und dann? Kein Ersatz, weit und breit.
Auch die Geschichtsschreibung darüber besteht
fast nur aus Lücken. Gut, eine ägyptische Prinzessin bekam um 1500 v. Chr. eine feine Goldschmie-
dearbeit in den Schmollmund. Etwas später, um
1750, bürgerte sich im preußischen Adel der
Wachsabdruck ein, wie er beim Alten Fritz und seinen Windspielen das Ersatzwesen auf den Weg gebracht hatte. Aber immer noch dauerte es hundert
Jahre, bis der Amerikaner Wells 1845 mit seinem
Lachgas wenigstens die brüllenden Schmerzen be-
täuben konnte.

Mark Twain, der wie Goethe schwer mit prothetischen Problemen zu ringen hatte, beneidete Adam
und Eva darum, daß sie alle Zähne sofort und auf
einmal bekommen hatten. Er sprach auch vom
blitzartigen Zusammenbruch aller Philosophie,
wenn den Philosophen Zahnschmerz befällt. Diese
gesunde Mischung von Theorie und Praxis im Den-
talwesen wird neuerdings gekrönt durch einen rich-
tungweisenden Beitrag des Amerikaners Randy
Wilson. Er schrieb den Bestseller »Essen ohne Kau-
en« und lieferte damit den Prototyp eines Koch-
buchs für »Zahnlose, Kaufaule und Beißbehinder-

te«. Wenn die dritten Hackerchen in Reparatur sind, greift man künftig nicht zu einem Prothesen-Gourmet aus der französischen, sondern zum Pragmatiker aus der amerikanischen Abteilung. Ob nun im Mixer püriert oder weichgekocht und kleingeschnitten, gewürzt und mit Sahne traktiert – ein Drei-Sterne-Menü wird es nicht, aber über der Big-Mac-Schwelle kann es gut und gern liegen.

Einen kleinen Foltertrip für Maso-Naturen bietet Wilson auch: Beißunfähige befriedigen geschmackliche Fleischeslust dadurch, daß sie ein saftiges Steak-Stück auf die Zunge legen und nur den Saft schmecken. Das nehme den absoluten Heißhunger. Hierzu bedarf es charakterlich starker Persönlichkeiten. Jedenfalls spielen sich im Schlagschatten der dritten oder behelfsmäßig überbrückten zweiten Zähne bei Mann und Frau nicht selten unaussprechliche Dramen ab. Da helfen flotte Sprüche wenig. Selbst Theodor Fontane läßt uns voll im Regen stehen (»Gute Zähne sind mindestens so viel wert wie das Assessorexamen«). Auch bei Gustave Flaubert beißt es erheblich aus. Seine Mahnung, die dritte Zahnung nicht im Schlaf zu verschlucken, ist so wenig hilfreich wie jene Karikatur, auf der Gerstenmaier dem Kanzler Adenauer »die Zähne zeigte«, die er als Gebiß in der Hand vorführte. Und das auch noch am »Tag der deutschen Kaueinheit«!

URSPRÜNGLICH WOLLTEN WIR UNS HEUTE mit ein paar besonders geneigten Lesern in eine stille Ecke setzten, um einem Schlüsselwort der Bundesgesundheitsministerin nachzulauschen. Wenn nicht alles trügt, hatte Ursula Lehr neulich auf einem Gerontologenkongreß den Satz formuliert: »Die Sterbefreudigkeit hat nachgelassen.« Jedermann ahnt, was dieser Lehrsatz besagen will – weil die Leute immer älter werden, wird weniger gestorben. Etwas ungewöhnlich daran ist indessen die schöpferische Fortentwicklung von der *Häufigkeit* zur *Freudigkeit* im Zusammenhang mit dem Sterben. Handelt es sich um eine eher gedankenlose Analogieprägung zur Geburtenfreudigkeit, oder steckt doch mehr dahinter? Womöglich ein mißverstandener Rilke *(Groß ist der Tod, wir sind die Seinen lachenden Munds...)*, aber das wäre wiederum zu geschmäcklerisch. Während wir noch darüber grübelten, daß beim Sterben wohl relativ selten reine Freude aufkommt, beanspruchte plötzlich ein anderer Tod unsere Aufmerksamkeit.

In der Ausgabe von Allerheiligen fuhren die großen deutschen Blätter eine große Ernte ein. Das Ableben eines Supermanagers der Wirtschaft schlug sich in Superplantagen von Anzeigenseiten nieder, bei uns zum Beispiel in 15 viertelseitigen Todesanzeigen; was hier zur Abrundung noch fehlte, war eine Danksagung des Münchner Kabinetts für Herrn v. Bennigsen-Foerder dafür, daß er durch das Aus für Wackersdorf der bayerischen Staatsregierung letztlich unendlichen Ärger erspart hatte. Aber nichts ist vollkommen, und der Leser lernte auch so jene faszinierende Verflechtung von Aufsichtsrats- und Vorstandsposten kennen, worüber der Dichter in seiner schlichten Art sagt: *Was einer ist, was einer war, beim Scheiden wird es offenbar.* Freilich, solche Beispiele von Transparenz kommen nur alle Jubeljahre vor. Allgemein ist der spezielle Leser von Todesanzeigen schon mit einem Großformat zufrieden, wenn es etwa mit folgender Dachzeile lockt: »Ein leidenschaftlicher Rückversicherer ist von uns gegangen ...«

Gerade am Allerseelentag kann man ruhig auch über Eigenheiten im heimischen Grableben sprechen. So lernen wir beim Wandern im schönen Münchner Waldfriedhof, daß der Deutsche in Sachen Albrecht Dürer gern eine Zweiteilung vornimmt: Im Wohnzimmer den *Feldhasen,* auf dem Grabstein die *Betenden Hände.* So feingliedrig und aussagekräftig diese auch sind, in der Häufung können sie den individuellen Charakter verlieren, ähnlich wie bei dem lapidaren, doch unmäßig zitierten Satz »Gott sprach das große Amen«. Aber wir treiben ja keine Grabkritik, sondern gehen nur offenen Auges fürbaß, während alarmierte Eichhörnchen mit ihren Fallschirmschwänzen von Ast zu Ast fliegen. Draußen im Freigelände mit dem Möwenteich tritt gerade ein Dohlenkonvent zusammen wie zu einem Probebegräbnis. Hier ist für künftige Tote noch ein bißchen Platz oder – um es auf gut friedhofamtsdeutsch zu sagen – *Gräbererwartungsland.*

WIE GING DOCH GLEICH der unheimlich scharfe
Witz, den sich unsere Großväter bei der Ballsaison
1911 hinter vorgehaltener Hand weitererzählten?
Also: Graf Bobby möchte auf einem langen Wald-
spaziergang seinen halbwüchsigen Sohn über das
Wunder der Fortpflanzung aufklären. Mancher
Schmetterling ist an ihnen schon vorbeigetorkelt,
da entdeckt der Sohn im Gebüsch plötzlich ein
rühriges Liebespaar. Zu Bobbys Entsetzen sagt der
Bursche ungerührt: »Schau, Papa, da treiben's
zwei!« Darauf der Graf, sehr erleichtert: »Ja, siehst
du, und genauso ist es im Tierreich.« Unsere Groß-
eltern, wenn sie helle waren, lernten daraus zweierlei – erstens, die Kinder wissen meistens mehr als
man denkt, und zweitens, ein Erwachsener rettet
sich vergebens ins unverfängliche Aufklärungsmu-
ster vom IQ Bobbys. Heute mutet uns das Problem
vorsintflutlich an, wenn etwa nach der *Tagesschau*
zur besten Sendezeit der Warnstreifen *Gib Aids keine Chance!* in Wohn- und Kinderzimmern läuft.

Das Kondom, dessen Gebrauch dort dringlichst
empfohlen wird, ist zu einem Dutzendgegenstand
geworden wie Zahnbürste oder Deostift. Diese
Selbstverständlichkeit wirkt entwaffnend zum Beispiel auf ältere Jahrgänge, die erstmals mit dem
Verhüterli im letzten Krieg in Berührung kamen
und dabei oft ambivalente Erlebnisse hatten. Einerseits wurde der Soldat bestraft, der »ohne« bei-
schlief und sich ansteckte (Wehrkraftzersetzung!),
andererseits war die großdeutsche Gummilage an-
gespannt und der Vorratshaltung befreundeter
Drogistinnen eine natürliche Grenze gesetzt. Weiterhin bekannt die Scherzfrage an die Verkäuferin:

»Kennen Sie die Hauptstadt von Frankreich? Dann geben Sie mir bitte drei Einwohner!« Für zusätzliche Unsicherheit sorgte das Gerücht, ein Parteiheini im Bevölkerungsamt überwache die Miniperforierung der Präservative zum Zweck der Kopf- und Arterhaltung. So kehrte der Soldat nach dem Krieg im Verhütungswesen mit sehr gemischten Gefühlen heim.

Unsere kleine Sittengeschichte geht Mitte der Fünfziger weiter, als Beate Uhse die Sache in die Hand nahm und mit dem »diskreten Versand« von Gummiwaren begann, produziert auf den Inseln Uhsedom, Kondom und Wollin (wie ein Scherzfreund meinte). Danach schien die Pille dem lästigen Überzieher den Garaus zu machen, bis die neue Menschheitsgeißel brutal eine Rückkehr zur alten Anzugsordnung verlangte. Inzwischen ist die Massenproduktion schon derart verfeinert, daß es bereits ein Schafdarmkondom für alternative Latex-Allergiker gibt. Und dann, man halte sich fest: Im Rahmen einer größeren Geschmacksverirrung bietet der Hersteller den Präser jetzt sogar in den Vereinigungsfarben Schwarz-Rot-Gold an! Die Safer-Sex-Werbung wird uns sicher sagen, was den deutschen Mann vom 3. Oktober an in diesem Kondominium erwartet: *Von Flensburg bis nach Dinkelsbühl / ein neues Nationalgefühl* ...

ALS DIE ERSTEN MENSCHEN nach ihrer Vertrei-
bung aus dem Garten Eden bei Nieselwetter so da-
hinstolperten, war die Stimmung ziemlich mies.
Eva fing ein bißchen zu weinen an und stellte ihrem
Partner plötzlich die Urfrage: »Liebst du mich
noch?« Vielleicht ausweichend, aber wahrheitsgemäß antwortete Adam: »Ja, wen denn sonst?«,
worüber Eva, verblüfft, kurz und trocken lachen
mußte. Hier haben wir nicht nur den ersten Witz
der Weltgeschichte vor uns, sondern auch den aller-
ersten mündlich überlieferten »Lacher«. Seitdem
hält sich hartnäckig, ja hartleibig, das Gerücht, daß
Lachen gesund sei. Daran ist vieles nicht falsch, vor
allem wenn man die krankhaften Formen aus-
schließt, also etwa das unstillbare Zwangslachen
des Psychopathen, das sardonische Grinsen (eine
Verzerrung der Gesichtsmuskulatur) oder diese
scheinbar grundlosen, hämisch-verzweifelten Selbst-
haßorgien der Hahaha-Bajazzos in der Oper. Deren
Bezugspersonen haben nichts zu lachen und enden
mit Vorliebe tragisch.

Nicht zuletzt im Musiktheater wird man daran
erinnert, daß im Frühstadium der Menschheit das
Lachen als Drohgebärde mit dem Zähnezeigen begann, woraus im Zeitalter der Jacketkronen und
sonstigen prothetischen Versorgungen oft nur eine
leere Drohung oder das entwaffnende Lächeln geworden ist. Im übrigen läßt uns der ernste Lachfor-
scher den arroganten Anspruch nicht durchgehen,
daß Lachen nur Erbteil des Homo sapiens sei.
Schon die gedankenlos hingeworfene Redensart *Da
lachen ja die Hühner!* müßte eigentlich zu denken
geben. Nicht von ungefähr flattern Lachtaube und

Lachmöwe durch unsere Fauna, und wer jemals in Australien das Kookaburra-Gelächter erlebt hat, vergißt nie, warum dieser Eisvogel bei uns *Lachender Hans* heißt. Das menschenähnlichste Lachen bringt freilich der Menschenaffe hervor, wenn ein Wärter ihn kitzelt und ihm noch einen Lachsack unterlegt. Selten so gelacht, sagen dann die Zoobesucher nach dem Ausflug ins Tierreich. Und der Affe wird sich sein Teil denken.

Um nun die medizinische Abteilung zu streifen: Bisher hat ein Psychopatient der Gruppe oder solo sein Herz ausgeschüttet, damit er wieder lachen lerne. Neuerdings soll das andersherum zugehen, wie man kürzlich auf einer Therapietagung erfuhr. Jetzt werden durch herzhaftes Lachen körpereigene Morphine ausgeschüttet, die Wohlgefühle erzeugen und die Seelenheilung fördern. Das Lachsalvenrezept kommt aus Amerika. Unser potentielles deutsches Krankengut ist für diese Therapie bestens vorbereitet, zum Beispiel durch eine der wohl unbedarftesten Sendungen der ARD, nämlich »Pleiten, Pech und Pannen«. Darin zeigt der lustige Herr Schautzer lustige Videofilme, die von lustigen Amateuren aus dem lustigen Publikum gefertigt sind. Es dreht sich nur um Schadenfreudenfälle: Frau fällt in Torte, Kind ins Wasser, Mann in den Schnee. Es ist an sich zum Totlachen, aber der Arzt sagt aus seiner Sicht ganz richtig, daß das Lachen nie gesünder ist, als wenn die Leute sich ordentlich kranklachen können.

UNTER ZEITGESCHICHTE VERSTEHT MAN – nach einer fabelhaft anschaulichen Definition – »Geschichte, die noch qualmt«. Da gibt es eine Zeugenschaft von Zeitgenossen, die von sich sagen können, wie Goethe bei der Kanonade von Valmy dabeigewesen zu sein. Zur Zeit qualmt es wieder gewaltig in der Erinnerung unserer Veteranen, die vor genau einem halben Jahrhundert den Anfang vom Ende des Germanischen Weltreiches erlebt haben. So möchten auch wir in dieser Spalte unser Anamnese-Scherflein einwerfen. Der Verfasser, damals gerade 18, denkt hier an zwei Vorgänge, die schlaglichtartig die »Ausgangslage« erhellten: An dem heißen Sonntag des 22. Juni 1941 unterhielten sich zwei alte, etwas schwerhörige Herren vor dem Wasserfall des Augsburger Lech-Freibades. »Was sagen Sie nun dazu?« schrie der eine. »Jetzt hat er sich überfressen!« schrie der andere. Unser Gymnasiast, der die Gesprächsfetzen mitbekam, erinnerte sich daran am nächsten Tag als sein Geographielehrer den Unterricht mit folgendem Ansinnen beendete: »Und bis zum nächsten Mal probieren Sie auf Ihrem Atlas, wie oft Großdeutschland in die Sowjetunion hineinpaßt.«

Der Mann stellte die Aufgabe scheinbar wertfrei. Wie wir ihn nach dem Krieg kennenlernten, hat damals nur noch sein Hinweis darauf gefehlt, daß auch Napoleon an einem 22. Juni mit seiner Invasionsarmee nach Moskau aufgebrochen ist. So geht es vielen Zeitzeugen übrigens oft, daß sie die interessantesten, entlarvendsten Passagen erst hinterher erfahren. Nehmen wir den ungeheuerlichen Ausspruch des »Gröfaz« Hitler, den er fünf Tage vor dem Überfall im kleinen Komplicenkreis tat: »Ob Recht oder Unrecht, wir müssen siegen. Wir haben sowieso soviel auf dem Kerbholz, daß wir siegen müssen, weil sonst unser ganzes Volk und wir an der Spitze mit allem, was uns lieb ist, ausradiert werden.« Das ist Ganovensprache, Verbrecherjargon und nebenbei fast schon das Eingeständnis der *Untermenschenentsorgung* im Stil der Ungeziefervernichtung. Ausradieren oder ausradiert werden, eine Lieblingsfloskel des Braunauers.

Kaum einer der Zeitzeugen hatte *Mein Kampf* gelesen, worin der brutalste aller Raubkriege schon vorgedacht war. Nur wenige erinnern sich noch an die Kleinstbeute, die Ostfrontkämpfer 1942/43 in den Heimaturlaub mitbekamen. Es war das sogenannte »Führerpaket« mit Mehl, Zucker, Sonnenblumenöl, damit die Soldatenfrauen wußten, warum wir die Ukraine erobern mußten. Im Rahmen des NS-Wehrmachtstourismus quer durch Europa war dies das vorletzte Souvenir, welches der Soldat seinen Lieben mitbrachte. Brecht hat die Sammlung aufgezählt: aus Oslo das Kräglein aus Pelz, aus Brüssel die Spitzen, aus Paris das Seidenkleid, aus Tripolis das Amulettchen am Kettchen. »Und was bekam des Soldaten Weib aus dem weiten Russenland? Aus Rußland bekam sie den Witwenschleier, zu der Totenfeier den Witwenschleier ...« Was blieb von der grimmigen Volk-ohne-Raum-Ideologie? 1945 fragte ein US-Offizier einen deutschen Gefangenen, warum Hitler Krieg gemacht hat. »We had not enough livingroom«, sagte der Mann in tadellosem Wohnzimmer-Amerikanisch. Ein historischer Treppenwitz.

Kurzbiografien

JÜRGEN BUSCHE, Jahrgang 1944, auf Zeilenzahlen fixiert: Kommentar, Leitartikel, Editorial. Manchmal braucht er eine Textlänge »dazwischen«, da greift er zum Streiflicht.
Von ihm stammen die Streiflichter auf den Seiten 90, 128

DAGMAR DECKSTEIN, Jahrgang 1953, weiß, daß Frauen keine Streiflichter schreiben können. Da geschlechtsrollenspezifisch ihre Begabung im Technikbereich liegt, hat sie ein Software-Programm entwickelt, mit dessen Hilfe der Redaktions-Computer (nach Eingabe von Stichwörtern und drücken der Taste »str«) ein fertiges Streiflicht ausspuckt.
Von ihr stammen die Streiflichter auf den Seiten 150, 290, 292

AXEL HACKE, Jahrgang 1956, gilt als nervenschwächster aller Autoren. Großer Zeitdruck kann ihn so verwirren, daß er durch die Münchner City irrt und Passanten um Streiflichter anbettelt. Polizeistreifen sind im Umgang mit ihm geschult und bringen ihn an seinen Platz zurück.
Von ihm stammen die Streiflichter auf den Seiten 24, 26, 50, 74, 76, 84, 106, 110, 114, 120, 136, 142, 146, 170, 186, 206, 208, 260, 262, 266, 270, 272, 278

FRED HEPP, Jahrgang 1923, ist in Streiflichtkreisen das, was man in Diplomatenkreisen den Doyen nennt. Selbst wenn er nicht über 2000 Stück geschrieben hätte, wäre er unangefochten der große alte Mann dieser – wie er selbst einmal sagte – »vielfältig subjektivierten, oftmals artistischen Bonsai-Prosa«.
Von ihm stammen die Streiflichter auf den Seiten 300 bis 311

WOLFGANG HÖBEL, Jahrgang 1962, verdankt der mimischen Umsetzung seiner Preßwehen bei der Textverfertigung den schönen redaktionsinternen Beinamen »Pekinese des Schmerzes«.
Von ihm stammt das Streiflicht auf der Seite 140

JOSEF JOFFE schreibt hauptsächlich schwergewichtige Meinungsstücke auf der deswegen auch »Meinungsseite« genannten Seite 4 der Süddeutschen Zeitung. Wenn's ihm zu schwer wird, »vergreift er sich« (so er selbst) am Streiflicht.
Von ihm stammen die Streiflichter auf den Seiten 62, 220

JOACHIM KAISER, Jahrgang 1928, fiel in Adornos Hauptseminaren durch kecke Einreden auf; zur Strafe ist er heute Ordent-

licher Professor. Und Kritiker. Und leitender Feuilletonredak-
teur der SZ. Und Autor von zwölf Büchern – zuletzt: »Vieles ist
auf Erden zu thun.«
Von ihm stammt das Streiflicht auf der Seite 162

KURT KISTER, Jahrgang 1957, liebt das Absurde so sehr, daß er
freiwillig nach Washington übergesiedelt ist. In Amerika, sagt
er, gebe es zwar keinen sauren Pressack, aber der werde dann
wenigstens von einem Indianer serviert.
Von ihm stammen die Streiflichter auf den Seiten 20, 22, 58,
158, 276

CLAUS HEINRICH MEYER wurde als Kind beschimpft, daß er/es
sich »immer so gewählt« ausdrücke; beleidigt überschüttet
Meyer seitdem die Welt mit leichteren, gern auch schwereren
Sätzen. Hauptwerke: *Die begehbare Frau – Robinson & Freitag*. Als »Cloe Hilgunde Mürbig« unterwegs zum Friederike-
Kempner-Preis. Geboren 1931 links oben.
Von ihm stammen die Streiflichter auf den Seiten 30, 32, 34,
42, 44, 46, 60, 66, 68, 70, 94, 154, 172, 174, 176, 182, 200,
212, 214, 230, 238, 256, 258, 268, 280, 282

HERBERT RIEHL-HEYSE, Jahrgang 1940, schreibt seine Streiflichter ausschließlich in Biergärten, weil ihn, wie er angibt, jede
andere Umgebung zu sehr an Arbeit erinnere. Mit diesem Hinweis erklärt sich wohl eine gewisse Sommer-Lastigkeit des
Riehlschen Streiflicht-Ausstoßes. Allerdings berichten Spazier-
gänger, sie hätten an Februar-Tagen schon mal einen freundli-
chen Herrn samt festgefrorenem Manuskriptpapier von einer
Bank im Münchner Hirschgarten abtauen müssen.
Von ihm stammen die Streiflichter auf den Seiten 54, 56, 72,
80, 86, 96, 102, 112, 118, 122, 124, 134, 196

WOLFGANG ROTH, Jahrgang 1947, Rezitator und Umwelt-
beauftragter. Sieht alles, hört alles, sagt nix. Aber schreibt.
Von ihm stammt das Streiflicht auf der Seite 204

JENS SCHNEIDER hat sich aus dem ruhigen Hoch im Norden in
die Welt hineinentwickelt. Leidenschaftlicher Außenpolitiker im
Frühstadium. Weiß immer noch alles über Sankt Pauli, Olympia
Wilhemshafen etcetera. Geboren 1963 in Hamburg.
Von ihm stammt das Streiflicht auf der Seite 180

CHRISTIAN SCHÜTZE, geboren 1927 in Dresden. War Luft-
waffenhelfer, Fliegersoldat, Schütze, Kriegsgefangener, Schäfer,
Gärtner, Student der Geschichte und Philosophie in Kiel sowie

Heidelberg, Werbetexter bei der BASF, Dokumentar für das Auswärtige Amt, Zeitungsredakteur in Stuttgart und endlich – neben anderem – Streiflichtschreiber in München.
Von ihm stammen die Streiflichter auf den Seiten 48, 226, 240

RAINER STEPHAN, Jahrgang 1948, läßt sich die Welt von Karl Marx und Thomas von Aquin erklären. Kochte im Juli 1972 auf dem Gipfel des Mont Blanc unter widrigen Umständen vier Tassen Kaffee.
Von ihm stammen die Streiflichter auf den Seiten 98, 126, 130, 148, 156, 164, 166, 168, 188, 192, 194, 216, 218, 228, 234, 236, 248, 250, 252, 284, 286, 294, 296

HERMANN UNTERSTÖGER, Jahrgang 1943, hat ganz unten im Schreibtisch eine gebrauchte Mitra. Die soll er gelegentlich beim Streiflichtschreiben aufsetzen. Er selbst dazu: »An kalten Tagen, warum nicht?«
Von ihm stammen die Streiflichter auf den Seiten 28, 36, 40, 82, 92, 104, 108, 138, 184, 198, 210, 224, 242, 244, 254

F. W. BERNSTEIN, geboren 1938 als Fritz Weigle in Göppingen. Studium an Kunsthochschulen in Göttingen und Berlin. Lehrtätigkeit in Frankfurt und Göttingen, seit 1984 Professor für Karikatur und Bildgeschichte an der Berliner Hochschule der Künste.

Register

Dritte Auflage 1995
20. – 25. Tausend
© für diese Ausgabe: Verlag Antje Kunstmann GmbH,
München 1994
© für die einzelnen Streiflichter: Süddeutsche Zeitung
Ausstattung: Frese / Göhler
Satz: Frese, München
Druck und Bindung: Pustet, Regensburg
ISBN 3-88897-084-9